Unsere Heimat Egerland

Unsere Heimat Egerland

Alles, was sie über das Egerland wissen müssen!

Eine Zusammenfassung
von Beiträgen Egerländer Autoren,
deren Artikel in den „Egerländer Jahrbüchern"
von 1954 bis 1962 erschienen sind.

Helmut Preußler-Egerland-Verlag · Nürnberg

Impressum:
© 2004 by Helmut Preußler Verlag, Nürnberg
Druck: Helmut Preußler Druck + Versand GmbH, Nürnberg
ISBN: 3-934679-10-2

Miar Eghalanda

Dös is dös, wos uns ållawaal
Am Dåmm u gsund håut ghåltn:
Mia(r san in Fleiß un Spoarsåmkeit
Af's Håua wöi die Åltn;
Håbm Baima gföllt u Fölsn g'sprengt,
An Boch ins rechte Rinnl zwengt,
Håbm schwa(r uns plåugt u gschundn
U's Schwüarsta üwawundn.

Die gånz Woch g'rowat, g'fischt u g'jågt,
In Summa wöi in Winta.
Wöi Gieft håut uns da Büttl g'håßt, –
Dear ålta Bauernschinda!
Sua månchra håut nan's hoimlich gschwuarn.
Mia(r san niat woach u wenga wuarn.
Da Burghherr is vagånga, –
Es kraht nåuch ih(n koa(n Håhna! –

A Spåutz dea(r bringt sechs Spåutzn as, –
A Baua, niat sechs Bauern.
Es is niat unna Oart u Weis',
Am Bedlkreuza z'lauern.
Håbm mei(n Togh g'spunna, g'spoart u baut,
Af Gott u unna Kråft vatraut;
Håbm zimmert, g'råbt u g'mauert
U 's Ärgsta uwadauert.

Sua woa(r's, suar is's, sua wiard's aa bleibm!
Dös låu'n mar uns niat nehma,
Daß mia(r da Nåut, da Zwidakeit
Rechtschåffm widastänga.
Drüm wiß' ma heint scho hali-gwiß,
Das z'letzt da Herrgott mit uns is
U daß nåuch Nåut u Greina
Uns d'Sunn u d'Sternla scheina!

Otto Zerlik

Ein Volk, das Gott gewollt, kann nicht vergehn,
ein Volk, das Gott gewollt, das muß bestehn!
Hermann Claudius

Dr. Heribert Sturm

Vom geschichtlichen Werden des Egerlandes

Nichts kann unanfechtbarer das Anrecht auf den Besitz der Heimat begründen als die Arbeit, die während vieler Jahrhunderte von Generation zu Generation die Heimat geschaffen hat. Wie der einzelne Mensch nur durch ein redliches und gediegenes Schaffen, durch Leistung und Bewährung seinem Leben Sinn zu geben vermag, so auch das Volk in der Vielheit seiner Stämme. Mühevolles Arbeiten, Wagemut und zähes Beharren, Standhaftigkeit bei schweren Schicksalsschlägen und zuversichtliche Tatkraft haben auch dem Egerlande, das wir unsere Heimat nennen, Wesen und Gestalt, sowie einen geschichtlichen Sinn gegeben, bis ein Machtspruch uns von ihr trennte.

Das Egerland ist trotz der vielgestaltigen industriellen Entwicklung seit der Mitte des 19. Jahrhunderts und trotz des modernen Ausbaues der vom nahen und weiten Ausland in immer steigendem Maße besuchten Weltkurorte im Wesen eine bäuerliche Landschaft geblieben. Diesen, über viele Jahrhunderte beständigen und kennzeichnenden Grundzug schuf die mittelalterliche Kolonisation, die auf weithin gerodetem Neuland durch den fortschreitenden Ausbau die Landschaft in ihrer Gesamtheit erst eigentlich zu einem Kulturland machte. Vor Beginn dieser Kolonisation bildeten nur die waldfreien, meist an Flußniederungen gelegenen Landstriche die Voraussetzungen für eine vom Innern Böhmens her jeweils flußaufwärts sich vorschiebende Besiedlung, die hier allerdings schon sehr frühzeitig Fuß zu fassen vermochte. Den weitaus überwiegenden Teil der Landschaft, insbesondere die Grenzgebirge im Norden und Westen und die Berge vom Duppauer Gebirge über den Kaiserwald und seine südlichen Ausläufer bis zu den Hängen des Böhmerwaldes, bedeckte im Zeitraum der vor- und frühgeschichtlichen Perioden unwegsamer Wald, der als natürlicher Grenzschutz Böhmens noch bis in das 13. Jahrhundert kolonisatorischen Unternehmungen größeren Ausmaßes versperrt war.

Diese vor- und frühgeschichtlichen Perioden waren durch den Wechsel sich jeweils ablösender Bevölkerungsschichten gekennzeichnet. Dabei wurden die waldfreien Landstriche von der Altsteinzeit angefangen bis zur Bronzezeit und von da ab durch die Kelten, dann durch germanische Stämme und schließlich nach der Mitte des ersten Jahrtausends unserer Zeitrechnung durch die Slawen immer wieder als Siedlungs- und Lebensraum in Besitz genommen. Schließlich kam es dazu, daß das eine große Land Böhmen die Heimat zweier Völker wurde: der Deutschen und der Slawen. Wenn sich – um ein Beispiel aus der Sprachgeschichte anzuführen – in den Egerländer Flußnamen Eger, Uslawa und Angel so wie im Landesnamen Böhmen keltisches Sprachgut, und zwar über germanischen, althochdeutschen und später mittelhochdeutschen Entwicklungsstufen und ohne Abänderung und Umformung durch slawisches Sprachempfinden bis zur Gegenwart erhalten hat, so ist dies auch ein Anzeichen dafür, daß doch zumindest in Bevölkerungsresten eine Kontinuität der Deutschen seit der germanischen Vorzeit bis zur mittelalterlichen Kolonisation und dann weiter bis zur Gegenwart bestanden hat, und dies vor allem gegen das Innere des Landes zu: neben den Slawen. Die Grundlagen des breiten geschlossenen deutschen Siedlungsraumes im Egerlande entstanden indes durch die mittelalterliche Kolonisation, die durch Rodung, Gründung von Dörfern und Städten und durch Bildung von Herrschaften nicht nur ein neues Siedlungsland aus wilder Wurzel schuf, sondern die soziale und wirtschaftliche Struktur des ganzen Landes erheblich umgestaltete und auf eine höhere Ebene hob.

Die bäuerliche Landnahme im Mittelalter erfaßte zunächst das Egerer Becken, das seit Anbeginn seiner geschichtlichen Entwicklung nicht zu Böhmen gehörte, sondern ein Teil des baierischen Nordgaues war. Den Mittelpunkt des erstmals 1135 als eine eigene Verwaltungseinheit urkundlich genannten Egerer Landes (regio Egere) bildete die an einer alten Furt im ersten Drittel des 12. Jahrhunderts errichtete markgräflich-nordgauische Burg Eger, die nach dem Heimfall des Landes als erledigtes Reichslehen (1146) durch den Stauferkaiser Friedrich Barbarossa zur Kaiserburg umgebaut wurde. Im Schutze dieser Burg entwickelte sich aus einer Furtsiedlung ein Marktort und alsbald auf der Grundlage des Nürnberger Stadtrechtes eine Königsstadt, die in der zweiten Hälfte des 13. Jahrhunderts Rang und Stellung einer freien Reichsstadt gewann. Der Verlauf der Kolonisation im Egerer Becken war in der ersten Phase durch den Einsatz der markgräflichen Ministerialen und deren Leute, sowie durch die Rodungstätigkeit der Mönche des 1133 gegründeten Zisterzienserklosters Waldsassen bestimmt. Die Staufer unterstützten dann auch ihrerseits das Kolonisationswerk sowohl durch Schenkung von Rodungsland, als auch dadurch, daß die staufischen Reichsministerialen kolonisatorisch und herrschaftsbildend tätig waren. Zur Mitte des 13. Jahrhunderts war die Neuerschließung und Rodung innerhalb des Egerer Beckens noch im vollen Gange. Zu einem restlosen Abschluß kam sie im Mittelalter noch nicht, da auch in den nächsten Jahrhunderten, etwas anhaltender im 14. Jahrhundert, dann aber noch bis in die Neuzeit hinein vereinzelte kolonisatorische Unternehmungen den Siedlungsraum vollständig ausbauten. In kirchlicher Hinsicht gehörte das Gebiet um Eger zur Diözese Regensburg und wurde im gleichzeitigen etappenweisen Ausbau, ausgehend von der Mutterpfarrei Tirschenreuth, mit einem Netz von Pfarreien um die etwa zu Beginn des 12. Jahrhunderts errichtete Egerer Pfarrei St. Johann überzogen. Das Patronatsrecht in Eger und dem Egerer Land wurde 1258 vom letzten Staufer Konradin an den Deutschen Ritterorden übertragen. Übrigens blieb das Egerer Land bis zum Beginn des 19. Jahrhunderts bei der Diözese Regensburg und wurde dann erst im Zuge staatlicher Maßnahmen gegen den Protest des Regensburger Ordinariates in die Erzdiözese Prag eingegliedert.

Die vom 11. bis zum 13. Jahrhundert zunächst im Egerer Becken durchgeführte Kolonisation von Baiern her beschränkte sich nicht nur auf diesen kleinen Landstrich um Eger, sondern griff ostwärts auch auf weite Gebiete des nordwestlichen Böhmen über. Hier waren es die von den Staufern zu Königen erhobenen Přemysliden, die die Lebenskraft der deutschen Siedler als Nutzen für ihr Land frühzeitig erkannten und vor allem das Kloster Waldsassen durch Schenkungen von Rodungsland und durch Gewährung weitreichender Privilegien veranlaßten, in Böhmen neue Dörfer auszubauen, Felder aus wilder Wurzel zu kultivieren und Tochterklöster zu errichten.

Alt Eger. *Linolschnitt von Rudolf Schweinitzer*

Im Egerland bildeten insbesondere der Waldsassener Gutsbezirk um Chodau einen wichtigen Stützpunkt der zisterzienserischen Güter, deren ostwärts davon zunächst gelegener Gutskomplex zwischen Kaaden und Saaz ausgebaut war. Kurz nach der bahnbrechenden kolonisatorischen Tätigkeit der Zisterzienser aus Waldsassen in Böhmen wurden im Egerland noch weitere Klöster anderer Orden gegründet, die ebenfalls zur siedlungsmäßigen und wirtschaftlichen Erschließung weiter Landstriche wesentlich beitrugen. Im Kaiserwald war es das 1193 gegründete Prämonstratenserstift Tepl, das seine Besitzungen bis zum Südhang des Erzgebirges bei Lichtenstadt und durch die Tochtergründung des Klosters Chotieschau (um 1200) bis in die südlichen Teile des Egerlädner Sprachgebietes ausweitete. Zu Beginn des 12. Jahrhunderts war in der benachbarten Gegend das Benediktinerstift Kladrau errichtet worden, dem im 14. Jahrhundert die Stadt Kladrau, zwei Marktflecken, drei Propsteien und 128 Dörfer gehörten.

Im Egertal schoben sich die Besitzungen des Prämonstratenserinnenklosters Doxan bis knapp vor die Ostgrenze des Reichslandes Eger: dieses Kloster gründete 1232 die Stadt Königsberg und legte in der Gegend von Schlackenwerth neue Dörfer am Hang des Erzgebirges an. Und so wie die Klöster kolonisatorisch tätig waren, entstanden auch um die von Ministerialen besetzten Burgen neue Herrschaftsbezirke, indem die vielfach aus nordgauischen Geschlechtern stammenden Adeligen, die Paulsdorf, die Nothaft, die Leuchtenberg und andere, ihre rittermäßigen Aufgaben mit Besiedlung und Rodung der umliegenden Landstriche verbanden, um durch Erweiterung ihres Grundbesitzes auch ihre Stellung und Herrschaft zu vergrößern. Wenn in unserer Gegenwart die ostwärts des Landes Eger gelegenen Gebiete bis über Schlackenwerth hinaus mit dem Egerer Becken nach Mundart, Brauchtum und Sitte das „weite Egerland" bildeten, so wurden die bevölkerungsmäßigen Grundlagen dieser geschlossenen Volkstumslandschaft durch die von Baiern her weit ausgreifende und durch den Egergraben und über die Gebirgshänge des Oberpfälzer Waldes nach Böhmen vorgedrungene Kolonisation vor rund siebenhundert Jahren geschaffen.

Mit dieser bäuerlichen Besitznahme, die wie hier im Egerland auch in anderen Landschaften Böhmens einen freien Bauernstand erst entstehen ließ, ging der ebenfalls von den Königen von Böhmen und den adeligen Grundherren großzügig geförderte Ausbau des Städtewesens Hand in Hand. Zu den ältesten Städten im Egerland – die Reichsstadt Eger fällt hier wegen ihrer gesonderten Entwicklung außer Betracht – zählen die Klosterstädte Kladrau, Lichtenstadt und Königsberg. Unter König Przemysl Ottokar II. (1253 – 1278) werden Mies, Elbogen, Tachau und als grundherrliche Stadt Dobrzan erstmals als Städte kundbar und noch im letzten Viertel des 13. Jahrhunderts Tepl. Weitere Stadterhebungen erfolgten insbesondere im 14. Jahrhundert, wobei für die Städte im nördlichen Egerland die 1322 an Böhmen verpfändete ehemalige freie Reichsstadt Eger einen festen Rückhalt bot. Dies wird vor allem in der Reichweite des Egerer Stadtrechtes deutlich, die sich ostwärts mit der Ausdehnung des Egerländer Stammesgebietes deckte. Die östlichsten Städte im Egerer Stadtrechtskreis waren Schlackenwerth, Luditz und Buchau; nach Westen reichte das Egerer Stadtrecht bis Weißenstadt, Kirchenlamitz, Wunsiedel, Selb und Redwitz, im Norden bis Schöneck im Vogtland und im Süden bis Bärnau in der Oberpfalz. Die Städte in den anderen Teilen des Egerlandes gehörten zum Altstadt-Prager Stadtrechtsgebiet, das wie das Egerer Stadtrecht ebenfalls Nürnberger Prägung war, wenn auch bei deser Städtegruppe nicht die unmittelbare Beziehung zu Nürnberg durch Rechtsholungen so wie von Eger aus bestanden hat. In seiner Gesamtheit hatte so das Städtewesen im Egerland durch das Egerer Stadtrecht und das Altstadt-Prager Stadtrecht wie die bäuerliche Landnahme in der Kolonisationszeit süddeutsche Grundlagen: zur vorwiegend nordgauischen bäuerlichen Besiedlung kam nun in den Städten das hier gültig werdende fränkische Recht.

Auch die in der Erde ruhenden Bodenschätze wurden bereits in dieser ersten großen Ausbauperiode der Landschaft nutzbar gemacht. In diesem Zusammenhang ist besonders Mies zu nennen, wo schon im 12. Jahrhundert Silberbergbau betrieben wurde. Es entstanden dann auch am Abhang des Westerzgebirges und im Kaiserwald als Vorläufer der großen Bauperiode im 16. Jahrhundert Bergbaubetriebe, die der wirtschaftlichen Kapazität des ganzen Landes zugute kamen. Durch die Städte belebte sich der Handel, dessen Anfänge noch in vorkolonisatorische Zeit zurückreichen, und zwar vor allem durch die Handelsstraßen, die vom Westen über Eger und den Egergraben oder über die Pässe des Böhmerwaldes in das Innere des Landes und nach Prag führten. Nicht wenige Städte an diesen Auslandsstraßen sind aus älteren Zollstationen zu Märkten und städtischen Gemeinwesen erwachsen oder sind in ihrer Wirtschaftskraft geschwächt worden, wenn – wie im 14. Jahrhundert – bestimmte Straßenzüge durch Privilegierung zum Nachteil anderer bevorzugt wurden. Ein umfassender Aufbau der Landschaft auf allen Gebieten war der Erfolg mühevollen Arbeitens der Generationen des Mittelalters, ein Erfolg, der wesentlich dazu beitrug, daß zur Regierungszeit Karls IV. (1346 – 1376) Böhmen sein „goldenes Zeitalter" erlebte. Die hussitischen Wirren zu Beginn des 15. Jahrhunderts machten vieles von dem Erreichten zunichte. Schwere Einbußen und Schäden erlitten die Landschaft und ihre Bevölkerung, obgleich die ehemals freie und nun an Böhmen verpfändete Reichsstadt Eger alle Kräfte eingesetzt hatte, das Wüten der Hussiten auch von den äußeren Bezirken der Landschaft fernzuhalten. Trotz allem konnte dadurch die Grundsubstanz der Landschaft, je näher den Grenzgebieten desto mehr, erhalten werden. Mit zäher Beharrlichkeit ging man alsbald daran, die Schäden zu bessern, die Verluste auszugleichen und einen Neuaufbau vom kleinen Bereich des Örtlichen her in die Wege zu leiten. Die durch Erstarken der ständischen Macht zu größerer Bedeutung gelangten adeligen Grundbesitzer, im Egerland vor allem die Grafen Schlick, die Herren von Plauen und in der ersten Hälfte des 16. Jahrhunderts die Pflug von Rabenstein, sorgten auf ihren Herrschaften für Hebung der Wirtschaftskraft, um größeren Ertrag aus ihren Besitzungen zu erzielen. Eine nicht unbeträchtliche Zahl von Märkten wurde in dieser Periode zu grundherrlichen Städten erhoben, wodurch das Gewerbe und der Handel zumindest im örtlichen Wirkungskreis belebt wurde, die landwirtschaftlichen Leistungen innerhalb der Herrschaften wurden im Hinblick auf deren Ertragssteigerung intensiviert und im Bergbauwesen wurden neue Möglichkeiten erschlossen. Allenthalben, sowohl am Südhang des Erzgebirges wie auch im Kaiserwald, bahnte sich schon gegen Ende des 15. Jahrhunderts jene zweite Phase der Bergbautätigkeit im Egerland an, die dann durch die Erschließung des Obererzgebirges mit dem Mittelpunkt St. Joachimsthal ihre überragende Vollendung fand.

Im Kaiserwald, insbesondere auf der Herrschaft Petschau, die 1501 Sebastian Pflug von Rabenstein von den Herren von Plauen übernommen hatte, wurde der Bergbau auf Zinn in einer Weise vorangetrieben, daß alsbald eine Reihe von neuen Bergstädten erwuchs, als bedeutendste unter ihnen Schlaggenwald. Auch im Erzgebirge wurden nun an verschiedenen Orten neue Bergwerke gegründet oder ältere erweitert. Aber alle diese Sonderentwicklungen überbot die durch die Entdeckung der reichen Silbererzlager im Kammgebiet des Obererzgebirges ausgelöste Bergbautätigkeit. Ein Großneffe des aus einem Egerer Bürgergeschlecht hervorgegangenen Kanzlers des Reiches Kaspar Schlick, Graf Stefan Schlick, gab im Jahre 1516 durch Gründung einer Gewerkenvereinigung den Anstoß zur Erschließung der überaus reichen Joachimsthaler Silbererzlager. Wo kurz zuvor noch dichter Wald die steilen Südhänge und den Kamm des Obererzgebirges bedeckte, wuchsen nun dicht aneinander gereiht die Bergorte empor; viele entwickelten sich in unglaublich kurzer Zeit zu bedeutenden Bergstädten. Gefördert wurde diese Entwicklung dadurch, daß jenseits des Gebirgskammes gegen Ende des 15. Jahrhunderts die meisten Bergbaubezirke in allmähliche Erschöpfung geraten waren. Der nun wie ein Lauffeuer im ganzen Erzgebirge und darüber hinaus sich verbreitende Ruf von den ergiebigen neuen Silberlagern im Keilberggebiet lockte die Fachkräfte und viele Menschen vorwiegend aus den sächsischen Bergbauorten in den bis dahin unerschlossenen Landstrich. Der Anteil Innerböhmens an dieser Gewinnung eines neuen Siedlungs- und Wirtschaftsraumes war völlig unbedeutend; die Anfangsentwicklung und der völlige Ausbau des obererzgebirger Bergbaugebietes mit dem Mittelpunkt St. Joachimsthal vollzog sich vielmehr ausschließlich von Sachsen her. Die überragende Bedeutung, die St. Joachimsthal als Bergstadt, als Sitz des Bergoberamtes, als Vorort des dann auch für Böhmen wirksam gewordenen sächsischen Bergrechts und als Stätte der Münzprägung binnen weniger Jahren gewann, war aber für das Königreich Böhmen ein ungeheurer Gewinn. Nicht nur in wirtschaftlicher Hinsicht, sondern auch durch seine kulturellen Leistungen zählte St. Joachimsthal für ein Menschenalter zu den hervorragendsten Städten Böhmens. Die engeren Beziehungen dieser Bergstadt zu den Bergbaugebieten in Nordwestböhmen beschränkten sich keineswegs allein auf die übrigen Bergstädte des Obererzgebirges, von Bleistadt im Westen bis Preßnitz im Osten, sondern griffen auch auf die Bergstädte im Kaiserwald über und weiter darüber hinaus bis zur alten Bergstadt Mies. Eine noch in der Mundart erkennbare obersächsische und damit mitteldeutsche Beeinflussung der oberdeutschen Grundschicht vor allem im östlichen und in dem an das Erzgebirge anschließenden nördlichen Teil des Egerländer Sprachgebietes ist auf diese Vorgänge im 16. Jahrhundert zurückzuführen.
So rasch die Entwicklung in den Bergbaugebieten voranging, ebenso unvermittelt setzte hier der Niedergang im Silberbergbau ein. Die Ursachen dieses schon kurz nach der Mitte des 16. Jahrhunderts zu beobachtenden Verfalls sind großenteils im Bergbaubetrieb selbst zu suchen: frühzeitige Erschöpfung der Erzsegens, zum Teil mitbestimmt durch privilegierten Raubbau; weiters die Konkurrenz der neuentdeckten Erzlager in Amerika, die eine unerwartete Entwertung der Edelmetalle in Europa hervorgerufen hat; dazu kam, daß nach anfänglich privater Initiative, die die Bergbaubetriebe entstehen ließ, der Staat frühzeitig den Besitz der Bergwerke an sich zu ziehen trachtete und sehr bald der Unternehmergeist der Gewerken unter den Maß-

Rathaus, Pfarrkirche und Uranbergwerk in St. Joachimsthal.   Hans Heimrath

nahmen der staatlichen Organe erlahmte. Nebenher gingen verfehlte wirtschaftliche Maßnahmen und eine vielfach korrupte Verwaltung. Nicht unwesentlich wurde diese Entwicklung dadurch beeinflußt, daß die Niederwerfung des Aufstandes im Schmalkaldischen Krieg (1547) zum willkommenen Anlaß genommen wurde, die Bergwerke nun vollständig zu enteignen und in staatliche Verwaltung zu überführen, nicht nur im ehemals Schlickschen St. Joachimsthal, sondern auch auf den weitreichenden Besitzungen der Pflug von Rabenstein. Mit dem Niedergang des Silberbergbaues bereits in der zweiten Hälfte des 16. Jahrhunderts gewann der Bergbau auf Zinn wieder mehr an Bedeutung, im Obererzgebirge nicht in dem starken Ausmaße wie in den Kaiserwaldbergstädten, unter denen sich Schlaggenwald, das auch Zinnhandel und Zinnverarbeitung betrieb, weiterhin eine Vorrangstellung bewahrte. Selbst in dieser Verfallsperiode wurden noch Bergorte mit Stadtrecht und Bergfreiheit ausgestattet, allerdings in der Absicht, dadurch den Bergbau aufs neue zu beleben. Allein alle angestrengten Bemühungen halfen auf die Dauer doch nichts. Den kurzen Jahrzehnten der Blüte, die kaum ein Menschenleben umspannte, folgten in den Bergbaugebieten nun lange Zeiten karger Erwerbstätigkeit. Die außergewöhnlich große Bevölkerungszahl vor allem im Obererzgebirge minderte sich stark durch Abwanderung des Bergvolkes, und was zurückblieb, mußte sich anderen Erwerbszweigen, insbesondere der Hausindustrie (Spitzenklöppelei, Bortenwirken) und der Waldarbeit zuwenden.

Das stabile Element bei diesem wirtschaftlichen Zusammenbruch einer ganzen Teillandschaft blieb das bodenständige Bauerntum in den fruchtbaren Gebieten des Egerlandes. Aber auch hier beeinflußten die Zeitverhältnisse die stetige Fortentwicklung. Schon zu Beginn des Dreißigjährigen Krieges wirkten sich die Maßregelungen nach der Schlacht auf dem Weißen Berge (1621) auch in den ländlichen Gegenden nachteilig aus, indem viele Herrschaften enteignet und als Kammergüter eingezogen oder neuen Besitzern übereignet wurden. Auch wurde die Gegenreformation mit Nachdruck durchgeführt, was vor allem in den Städten – in den Bergstädten mehr als in den anderen – Abwanderung durch Emigration zur Folge hatte. Im übrigen litten fast alle Teile der Landschaft durch unmittelbare Kriegshandlungen und insbesondere durch Truppendurchmärsche, Plünderungen, Kontributionen und Brandschatzungen sehr. Die Bevölkerung wurde wie auch anderwärts durch Krankheit, Not, Flucht und Drangsale stark vermindert. Da mancher Besitz während des Dreißigjährigen Krieges wüst geworden ist, die Steuerlast aber, die die Grundherrschaft auf die Untertanen abwälzten, immer größer und drückender wurde, verschlechterten sich gerade auch auf dem Lande die Lebensbedingungen. Das Grunduntertansverhältnis führte nicht zuletzt infolge der Auswirkungen des Dreißigjährigen Krieges zu Unterdrückung und persönlicher Unfreiheit. Kein Wunder, daß wie fast überall in Böhmen auch in verschiedenen Gebieten des Egerlandes 1680 Bauernunruhen ausbrachen, im Elbogener Kreis sogar bewaffneter Widerstand. In einem seltsamen Gegensatz dazu und doch so recht das Zeitbild des Barock widerspiegelnd standen die prunkhaften Hofhaltungen etwa in der Sachsen-Lauenburgschen und dann markgräflich Badenschen Residenz in Schlackenwerth oder im Schloß zu Petschau. Lange Zeit brauchte die Landschaft, um sich von den Auswirkungen des Dreißigjährigen Krieges, die noch im 18. Jahrhundert spürbar waren, allmählich zu erholen.

Inzwischen hatte eine neue Entwicklung, die für das Egerland von wesentlicher Bedeutung wurde und die Struktur der Landschaft um vieles bereicherte, ihren Verlauf genommen: der Aus- und Aufbau der Heilbäder. Noch im 16. Jahrhundert, als die Bergstadt St. Joachimsthal wie ein Magnet die Menschen anzog, beschäftigten sich von hier aus Ärzte mit der Erforschung der Heilquellen im benachbarten Kaiser-Karlsbad, das damals noch ein kleiner Ort war, aber immerhin schon seit dem Spätmittelalter von Gästen besucht wurde. Dr. Wenzel Bayer, der als Schlickscher Leibarzt in Joachimsthal wirkte und hier 1523 die Schrift über die Joachimsthaler Bergmannskrankheit schrieb, war der erste, der in seinem „Tractatus de termis Caroli quarti imperatoris, sitis prope Elbogen et Vallem S. Joachimi" (1522) den Karlsbader Sprudel zur Trinkkur empfahl. Seinem Beispiel folgten weitere Ärzte in St. Joachimsthal, die insbesondere in den Jahren des Niederganges des Silberbergbaues immer mehr zugleich auch in Karlsbad Praxis ausübten und hier zu „Badeärzten" wurden. Daß sie und die in Karlsbad ansässigen Ärzte sich auch publizistisch mit den Heilquellen befaßten, machte Karlsbad überall bekannt und die Stadt entwickelte sich nun betont zum Kurort, den in steigendem Maße Kurgäste, darunter sehr viele prominente Persönlichkeiten aus aller Welt aufsuchten. In die medizinische Publizistik wurde von Karlsbader und Egerer Ärzten alsbald auch der unweit der Stadt Eger gelegene „Egerer Säuerling" einbezogen, der schon seit dem 16. Jahrhundert von Gästen in Eger gebraucht und kistenweise in Tonkrügen versendet wurde. Nach dem Bau eines Füllhauses (1661) und eines Gasthauses (1694), in welchem man 1708 die ersten Bäder einrichtete, wurde erst gegen Ende des 18. Jahrhunderts (1792) auf Veranlassung des Egerer Stadtphysikus Dr. Bernhard Vinzenz Adler die Grundlage für den Aufbau des neuen Kurortes Franzensbrunn (1793) geschaffen. Franzensbad, wie bald nachher der Kurort genannt wurde, ist 1865 zur Stadt erhoben worden. Als der dritte und jüngste Egerländer Kurort von Weltruf ist auf Stift-Tepler Grund um die Wende vom 18. zum 19. Jahrhundert Marienbad gegründet worden, das sich 1812 als eigene Gemeinde konstituierte, 1818 zu einem öffentlichen Kurort und 1865 zur Stadt erhoben wurde. Daneben entstanden weitere kleinere Kurorte, die Vielzahl von Heilquellen und Säuerlingen im Egerlande nutzend.
Noch andere Bodenschätze boten im 19. Jahrhundert die Voraussetzung für eine strukturelle Bereicherung der Wirtschaftskraft der Landschaft. Das schon in früheren Jahrhunderten bekannte Braunkohlenvorkommen im Egergraben, dann aber auch im südlichen Egerland im Anschluß an das Pilsener Becken wurde nun in größerem Ausmaß fachmännisch erschlossen, wobei insbesondere das Falkenauer Braunkohlenrevier im Rahmen der Kohlengewinnung in Böhmen zu besonderer Bedeutung gelangte. Durch die Förderung der Kohle in Schächten und Tagbauten veränderte sich das Siedlungsbild des vormals landwirtschaftlich betonten Gebietes ganz erheblich; der Bergbau und die damit in Zusammenhang stehende Industrialisierung hatten aber auch in bevölkerungsgeschichtlicher Hinsicht einen Wandel verursacht: nicht nur im beträchtlichen Anwachsen der Bevölkerung, sondern auch durch erstmals spürbar werdende tschechische Unterwanderung, die allerdings dann erst im 20. Jahrhundert ein merkliches Ansteigen (im Falkenauer Bezirk von 1,08% im Jahre 1900 auf 5,9% im Jahre 1930) aufwies. Die Ton- und Kaolinlager, Grundlage für die Porzellanindustrie in den Bezirken Elbogen und Karlsbad, ermöglichten den Aus-

bau des Eisenbahnnetzes in der zweiten Hälfte des 19. Jahrhunderts auch den Export, der insbesondere der nordbayrischen Porzellanindustrie, dann aber auch dem weiteren Auslande dienlich war. Mit der Auswertung der Bodenschätze paarte sich die Industrialisierung, die infolge der Randlage des Egerlandes zu Innerböhmen verhältnismäßig spät, im allgemeinen erst nach der Mitte des 19. Jahrhunderts, an Boden gewinnen konnte. Bezeichnend in diesem Zusammenhang und im besonderen für die Grenzlage des ursprünglich nicht zu Böhmen gehörenden Egerer Landes ist die Tatsache, daß die Eisenbahnverbindungen mit der Kopfstation Eger zunächst von Bayern und Sachsen aus gelegt wurden und erst ein halbes Jahrzehnt danach der Anschluß an die Bahnstrecken gegen Komotau und Pilsen und damit in das Innere Böhmens erfolgte. Und gerade diese Zugsverbindungen nach den Nachbarländern waren für viele Zweige der gewerblichen Produktion und der Industrie von ausschlaggebender Bedeutung, da diese sich weitgehend auf Export einrichteten. Rückhalt und Förderung fand die seit der Mitte des 19. Jahrhunderts in ständigem Ausbau begriffene Industrialisierung durch die am 28. Dezember 1850 konstituierte Handels- und Gewerbekammer, neben Prag, Pilsen, Budweis und Reichenberg die fünfte in Böhmen, die ihren Sitz in Eger hatte und deren Wirkungsbereich sich nach Osten bis einschließlich der Gerichtsbezirke Osegg, Teplitz und Dux und gegen Südosten bis zur tschechischen Sprachgrenze des Pilsener Raumes erstreckte. Nach der im Mai 1930 durchgeführten Betriebszählung befanden sich in diesem Sprengel 78.871 landwirtschaftliche und 69.280 gewerbliche bzw. industrielle Betriebe, davon 22.912 Handelsbetriebe.

Als die Industrialisierung schon geraume Zeit im Gange war, eröffnete sich gerade für den seit dem Niedergang des Silberbergbaues wirtschaftlich am schlimmsten betroffenen Teil des Obererzgebirges eine ungeahnte Entwicklungsmöglichkeit. In St. Joachimsthal erzeugte seit der Mitte des 19. Jahrhunderts ein Betrieb in Auswertung der nirgend in solcher Ergiebigkeit wie hier geförderten Uranpechblende Farben für die Glas- und Porzellanindustrie. Aus den dabei angefallenen Erzlaugenrückständen, die damals und für lange Zeit noch keine weitere Verwendung fanden und dann auf Ersuchen den Pariser Physikern Pièrre und Marie Curie zu Forschungszwecken zur Verfügung gestellt wurden, gelang diesen kurz vor der Jahrhundertwende die erste Darstellung des von ihnen entdeckten Elementes Radium. Die nunmehr als „radioaktiv" bezeichnete Eigenschaft des Uranerzvorkommens und auch der Grubenwässer in St. Joachimsthal, die den Bewohnern in ihrer Wirkung nicht unbekannt geblieben war – die alten Leute hatten hier ein gutes Hausmittel gegen Rheuma, indem sie Säckchen mit Erzlaugenrückständen auflegten, ohne zu wissen, daß sie damit „Radiumkompressen" benutzten –, bildete die Voraussetzung nicht nur für die Umstellung des Bergbaubetriebes auf Radiumgewinnung, sondern auch für den Auf- und Ausbau des ältesten Radiumheilbades der Welt.

Was immer die Landschaft an naturgegebenen Möglichkeiten bot, diente im Ablauf vieler Generationen der vor rund siebenhundert Jahren bodenständig gewordenen Bevölkerung als Grundlage ihres Lebensraumes. Es war die werktätige Arbeit vieler Geschlechterfolgen unserer Vorfahren, die solcherart die Heimat schufen. Und diese Leistung ist nicht nur unser Stolz, sondern begründet auch den Anspruch auf unsere Heimat, das Egerland.

Alle Schätze, die ich ferne suchte, trägt der Heimatschoß.
Und so segn' ich meine Sterne und so preis' still ich mein Los!
J. W. Goethe

Dr. Viktor Karell

Das Egerland
Ein Abriß seiner Landeskunde

Das Herzstück des Egerlandes ist, erdkundlich gesehen, das Egerer Becken mit seinen Umrahmungen. Da streichen von Westen her die Ausläufer des Fichtelgebirges herüber und umrahmen noch mit Höhen von 650 - 750 m von Wildstein über Oberlohma bis Markhausen das Egerer Becken. Die südöstliche Fortsetzung dieser Umrahmung bildet der nördliche Teil des Oberpfälzer Waldes, der sich bis zur Senke von Taus hinzieht. Der Schwarzkopf ist mit 1.039 m hier die höchste Erhebung. In der Nordumrandung schließt sich an das Fichtelgebirge in nordöstlicher Richtung das Elster- und das Erzgebirge an. In SSO-Richtung verläuft der Abbruch des Erzgebirges nach Königsberg a.d. Eger, so daß der Leibitsch-Kamm von Westen gesehen den Eindruck einer 150 m hohen, geschlossenen Mauer erweckt. Der westliche Kaiserwald, das Sandauer Granitgebiet und der Tillenberg mit 939 Meter Höhe bilden bis an den Rand des Oberpfälzer Waldes die Südumrahmung.

In diesen Grenzen breitet sich das Egerer Becken aus, eine schwachwellige, gut bebaute tertiäre Landschaft von 450 - 480 m Höhe, während die von tiefen Tälern zerschnittenen Randgebirge vorwiegend bewaldet sind. Der Boden des Beckens, von der jungen Eger und breiten Tälern der in Mäandern dahinfließenden Bäche durchzogen, birgt in meist zweigeteilten Flözen Braunkohlen bis zu einer Mächtigkeit von 30 Metern, weiter Zyprisschiefer, die feuerfesten weißen Wildsteiner Tone, die der Chamottefabrikation dienen, und das hochwertige 5 m mächtige Mineralmoor von Franzensbad. Vulkanischen Ursprungs sind die Franzensbader Quellen, die Säuerlinge des Elstertales sowie die kleinen Vulkane – der Kammerbühl bei Franzensbad, dem schon Goethe die größte Aufmerksamkeit widmete, und der Eisenbühl am Südabhang des Rehberges, die dem jüngeren Diluvium entstammen. Randbrüche und Quarzfelsgänge wie die Rommersreuther Felsen und der Goethestein bei Asch sowie die Durchbrüche der Eger in und aus dem Becken, das Terrassensystem des Flußnetzes und kristallinische Rumpfplatten bringen reiche landschaftliche Abwechslung hervor.

Die hohe Lage des Beckens und seine Abgeschlossenheit bedingen ein recht rauhes Klima mit kontinentalem Einschlag und jährlichen Niederschlagsmengen unter 600 mm. Trotzdem ist aber das Egerer Becken wegen der Fruchtbarkeit seines Bodens eine der besten Bauernlandschaften Mitteleuropas, und die ausgedehnten Talwiesen bieten die Grundlage für die Züchtung des ausgezeichneten Egerländer rotbraunen Rindes. In stattlichen fränkischen Fachwerk-Vierkanthöfen siedelte ein wohlhabendes selbstbewußtes Bauerntum, innig verwachsen mit seiner Väterscholle und treu seiner Mundart und seinem schönen Brauchtum. Neben Sitte und Brauch, die ebenfalls schon Goethe bei seinen vielfachen Besuchen der Egerländer Bäder lobend hervorhob, spielten echte Volksmusik, Volkstänze und das Volkslied für den Egerländer, einem der artgebundensten der deutschen Stämme, der seine Herkunft auf die frühesten Zeiten der deutschen Ostkolonisation zurückführen kann, eine wichtige Rolle. Die völlige Übereinstimmung der Volkssprache und des Brauchtums mit der westlichen Oberpfalz sowie die vielen Ortsnamen auf -reut und -grün diesseits und jenseits der Landesgrenze weisen auf die nordbayerische Herkunft der Bewohner hin, wie ja auch das Kloster Waldsassen, gegründet 1132, für die spätere Besiedlungsgeschichte des Egerlandes von entscheidender Bedeutung war. So ist es verständlich, daß in den alljährlichen Treuekundgebungen sich Oberpfalz und Egerland als der alte bayerische Nordgau aufs innigste verbunden fühlen.

Als das Haupt des Egerlandes, dort, wo die Eger aus der letzten Enge ins offene Land tritt, entwickelte sich zu Füßen einer alten Burgstelle die freie Reichsstadt Eger. Schon 1061 wird sie urkundlich genannt. Unter den Hohenstaufer-Kaisern gelangte sie zu ihrer ersten Blüte, so daß sie mit Stolz sich als Stauferstadt bezeichnete. Erst 1322 kamen Stadt und Land Eger durch Verpfändung von Kaiser Ludwig dem Bayer an die böhmischen Luxemburger und damit an die Krone von Böhmen, sie bewahrten aber jahrhundertelang ihre Sonderstellung und hatten bis ins 18. Jahrhundert ihren eigenen Landtag. Niemals ist das Egerland staatsrechtlich ein Bestandteil von Böhmen geworden, nur der Gewalt mußte es sich fügen.

Die Bedeutung Egers liegt in seiner ausgezeichneten strategischen Lage als Schlüssel zu Böhmen und in seiner ungewöhnlich günstigen Verkehrslage. Schon seit den ältesten Zeiten führten wichtige Völkerwege ins Egerer Becken, und so ist es verständlich, daß Eger bis in die neuere Zeit eine wichtige Festung und im 19. Jahrhundert der Knotenpunkt von sechs wichtigen Eisenbahnlinien wurde. Die gute Verkehrslage begünstigte auch die Entwicklung einer vielseitigen Industrie in Bierbrauerei, Textil-, Metallwaren und Keramik. Trotzdem hat sich die Stadt viel von ihrer spätmittelalterlichen Schönheit bewahrt mit vielfachen Erinnerungen an seine reichbewegte Geschichte. Vor allem ist Eger immer eine kerndeutsche Stadt geblieben und hat im Abwehrkampf gegen das vordrängende Tschechentum an der Spitze gestanden.

Nördlich von Eger entwickelte sich seit dem Ende des 18. Jahrhunderts Franzensbad durch seine alkalisch-salinischen Glaubersalz-, Lithion- und Stahlquellen und durch sein kostbares Mineralmoor zu einem der ersten Weltbäder für Herz- und Frauenleiden. Vor dem Kulmer-Riegel aber wurde Königsberg a.d. Eger zu einem wichtigen Sitz der Möbelindustrie.

Infolge der höheren Lage von 5 – 700 m und dem rauheren Klima trat im Ascher Ländchen, das sich auf die Höhen des Elstergebirges hinaufschiebt, die Landwirtschaft zurück, und eine rührige Hausindustrie in Spitzenklöppelei, Stickerei, Handschuh- und Instrumentenerzeugung trat an ihre Stelle. Mancherorts entwickelte sich eine fabrikmäßig betriebene Woll- und Baumwollerzeugung, die neben vielen kleineren Städten wie Haslau und Roßbach in Asch zum Aufblühen einer der lebhaftesten Textilfabrikstädte des Sudetenlandes führte. Durch die Erzeugung von ausgezeichneten Streichinstrumenten sicherte sich Schönbach eine führende Stellung auf dem Weltmarkt.

Ins Egerländer Mundartgebiet gehörte auch der westliche Südabfall des Erzgebirges. Hier entwickelten sich ebenfalls gewerbefleißige Städte wie Graslitz, Bärringen, Neudek und Bleistadt. Stickerei, Wirkerei, Strickerei, Eisenindustrie und Instrumentenfabrikation gaben diesen Städten das Gepräge.

Asch, Rathaus mit Treppe. *Federzeichnung Atelier E. Falle*

Südlich der Eger liegt als Gegenstück zum Erzgebirge der Kaiserwald mit seinem südlichen niederen Teile, dem Tepler Hochland. Mit einer steilen, bis 300 m hohen Bruchstufe fällt der Kaiserwald im Norden zum Egergraben ab. Nach Süden dagegen senkt sich dieses Gebiet, das als ein Halbhorst bezeichnet wird, allmählich gegen das Pilsner Becken. Im Relief fallen hier die bis 800 m hohen Basaltkuppen auf, die der Hochfläche aufsitzen. Das Haupttal ist das Tepltal, das durch Anzapfung von Norden her entstanden ist. Im Mündungsgebiet der Tepl liegt in einem jüngeren Flußlauf die Weltkurstadt Karlsbad, während das Aicher Gelenk einen alten direkten Tepllauf zur Eger andeutet. Weite zusammenhängende Wälder, unterbrochen von großen Mooren, bedecken noch den Kaiserwald, und die tief eingeschnittenen, oft schluchtartigen Täler, besonders am Nord- und Westrand, bieten überraschend reizvolle Bilder. Im tiefer gelegenen fruchtbaren Tepler Hochland dagegen herrschen Wiesenbau und Feldwirtschaft vor.

Auch dieses Gebiet ist altes deutsches Kulturland. Seit dem Ende des 12. Jahrhunderts setzte die deutsche Kolonisation durch den Johanniterorden bei Weseritz und Mies ein, wo 1183 die Silberadern eröffnet wurden. Von dem Zisterzienserkloster Plaß, gegründet 1146, wurde die Manetiner Gegend besiedelt, von dem Prämonstratenserkloster Mühlhausen aus die Gegend von Theusing, von den Herren von Schwanberg im 13. Jahrhundert das Gebiet von Pfraumberg. Vor allem aber war es das Prämonstratenserkloster Tepl, gegründet 1197, das in 84 Dörfern das Tepler Hochland, einschließlich Sandau am Fuße des Kaiserwaldes und Lichtenstadt bei Karlsbad samt 14 Dörfern mit deutschen Rodern besiedelte, die Städte Neustadtl, Weißensulz und Haid gründete und im 16. Jahrhunderte Kuttenplan und Michelsberg durch Silberbergbau emporbrachte. Seit seiner Gründung hat sich Stift Tepl als ein starker Mittelpunkt deutscher Kultur und deutschen Geisteslebens bewährt. Auch der frühe Bergbau auf Zinn bei Schönfeld und Schlaggenwald machte Schlaggenwald im 16. Jahrhundert nicht nur zu einer bedeutenden Bergbausiedlung, sondern wie Eger, zu einem Zentrum der Humanistenkultur. In einem malerischen Waldtal des Tepler Hochlandes entstand durch den tatkräftigen Abt des Stiftes Tepl, Karl Reitenberger, zu Anfang des 19. Jahrhunderts das dritte der Egerländer Weltbäder, Marienbad, das durch seine zahlreichen Mineralquellen, besonders an Glaubersalz-, Eisen- und Kohlensäurequellen rasch zu weltweitem Ruhme aufstieg.

Die heißen Quellen Karlsbads, von denen der alkalisch-salinische Sprudel mit einer Temperatur von 72 Grad Celsius die wichtigste ist, waren schon vor der Stadtgründung durch Kaiser Karl IV. im Jahre 1379 bekannt. Doch erst der Fürsorge des großen Luxemburgers verdankt Karlsbad seine Entwicklung zum Adelsbad Europas und später zum bedeutendsten Weltbad, gefördert durch seine glänzenden Badeeinrichtungen und die prächtige landschaftlich reizvolle Umgebung. So verstehen wir es, daß Wilhelm von Humboldt Karlsbad „einen Brillanten in smaragdner Fassung" genannt hat. Die Quellen Karlsbads sind auf einer NNW streichenden Querspalte im Tepltale aufgereiht und haben durch die Ablagerung von Sprudel- und Erbsenstein die Grundlage gegeben für die Entwicklung der Sprudelstein-Industrie, die aus dem schönen Aragonit Kunstgegenstände aller Art erzeugte. Dazu kamen ein hochentwickelter Mineralwasser- und Sprudelsalz-Versand, Oblaten- und Becherbitter-Erzeugung sowie Luxus- und Fremdenindustrie der verschiedensten Art. Vor allem war

Karlsbad der Sitz der böhmischen Porzellan-Industrie, die hochwertiges Porzellan in mehr als 30 Fabriken in der Umgebung von Karlsbad erzeugte. Wurde Marienbad jährlich von 30.000 Kurgästen besucht, so stieg die Zahl der Heilungsuchenden in Karlsbad jährlich auf 70.000 mit fast 200.000 Passanten.

Die beiden großen Weltbäder Karlsbad und Marienbad sind durch eine Bahn verbunden, die im Tepltale sich hinzieht. Beide Städte sind volkswirtschaftlich von größter Wichtigkeit für das Umland, da sie Hauptabnehmer der landwirtschaftlichen Güter sind und auch für die Binnenwanderung der Bewohner zur Zeit der Saison größte Bedeutung haben. Aus diesem Grunde war sogar im rauheren und waldreicheren Kaiserwald die Volksdichte höher als im rein landwirtschaftlich genutzten Tepler Hochland, das diesen Zentren schon ferner lag.

Neben den beiden Weltbädern gaben zahlreiche Säuerlinge im Kaiserwald noch die Grundlage für die Entwicklung von kleineren Badeorten wie Sangerberg, Konstantinsbad und Bad Königswart. Auf einem Umlaufberg des Egerdurchbruchs durch den Granit ist das uralte Elbogen, das sudetendeutsche Rothenburg genannt, erbaut, das lebhafte Porzellan- und Lebkuchenerzeugung betrieb. Im Tepltal zwischen Karlsbad und Marienbad lag die Musikantenstadt Petschau und im Quellgebiet der Tepl auf der Hochebene neben dem berühmten Prämonstratenserstift das kleine Landstädtchen Tepl. Von Petschau führt eine Eisenbahnlinie über Theusing und Luditz ins Gebiet der Beraun.

Östlich vom Kulmer Riegel liegt zwischen Erzgebirge und Kaiserwald das Falkenauer Becken. Hier bildete die Eger das reizende, 200 m tief eingeschnittene Talstück von Elbogen und die sagenberühmten Hans-Heiling-Felsen. Durch diese Granitschwelle wird das Falkenauer vom Karlsbader Teilbecken getrennt. Auch dieses Gebiet hatte seit 1200 eine rein deutsche Bevölkerung. Die Klöster Osseg und Doxan haben hier Großes geleistet. Der rein landwirtschaftliche Charakter der Falkenauer Beckens, wo noch zur Goethe-Zeit Hopfenbau betrieben wurde, wich im 19. Jahrhundert durch die Ausbeutung der mächtigen Braunkohlenlager dem Bergbau und der Industrie. Das Liegendflöz, das im Tiefbau ausgebeutet wird, eignet sich besonders für die Briketterzeugung. Feuerfeste und plastische Tone lieferten das Material für die Tonwarenindustrie von Falkenau und Chodau, das hochwertige Kaolin aber von Zettlitz und Umgebung gab nicht nur Veranlassung zu einer großangelegten Gewinnung und Schlämmung dieses besten Kaolins der Welt, sondern bildete auch die Hauptgrundlage für die berühmte Karlsbader Porzellanindustrie mit ihren größten Fabriken in Altrohlau, Fischern, Dallwitz, Chodau, Pirkenhammer usw.

Mittelpunkt des Kohlenabbaues war Falkenau, an der Mündung der Zwodau in die Eger gelegen. Die Stadt hatte aber auch eine große chemische Fabrik sowie keramische und Textilbetriebe. Das in der Nähe gelegene Neusattl, Ausgangspunkt einer Bahnlinie in den Kaiserwald, trieb lebhafte Glasindustrie. Reine Industriestädte von 6.000 – 10.000 Einwohnern waren auch Chodau, Fischern und Altrohlau. So stieg auch in diesem Gebiet die Volksdichte auf über 300 Menschen auf 1 qkm.

Den östlichen Abschluß des Falkenauer Beckens bildet das Duppauer Gebirge, der Rest eines mächtigen Stratovulkans, dessen Zentrum im 20 qkm großen Becken von Duppau lag, einer durch die Erosion des Aubaches aufgeschlossenen und durch Denudation erweiterten Caldera. Der 644 m hohe Flurbühl, der aus dem seltenen Theralith besteht und an dessen Fuße das schöne Gebirgsstädtchen Duppau mit seinem berühmten Stiftsgymnasium liegt, stellt die herausgeschälte Gangausfüllung des zentralen Schlotes dar. Die höchste Erhebung erreicht das Gebirge im Burgstadtlberg, der auf dem südwestlichen Kraterrand bis zu einer Höhe von 932 m aufragt. Durch diesen gewaltigen Vulkan, der seine 400 m mächtigen basaltischen Ströme und Tuffe hauptsächlich während und nach dem Miozän förderte, wurde die Eger nach Norden abgedrängt und bildet zwischen Karlsbad und Kaaden ein reizendes Durchbruchstal, das von der Eisenbahn Aussig-Karlsbad-Eger benützt wird.

Das Innere des Duppauer Gebirges ist vorwiegend Wald- und Grasland mit rein agrarem Charakter, das Saathafer und Speisekartoffeln von besonderer Güte lieferte. Dagegen folgte namentlich die Porzellanindustrie auch dem Laufe der Eger ostwärts und besaß in Schlackenwerth, das zuletzt der Sitz des Generalvikariates war, in Wickwitz-Jokes und Klösterle noch bedeutende Betriebe. Hier im romantischen mittleren Egertal mit seiner herrlichen Baumblüte und alten Ruinen lagen auch die berühmten Säuerlinge von Gießhübl, Krondorf und Klösterle, deren Heilwasser jährlich in Millionen Flaschen in alle Weltteile versandt wurde. Auch dieses Gebiet war seit alters rein deutsch besiedelt. Von Duppau südlich ging die Egerländer Mundartgrenze bis östlich von Wiesengrund, um südlich von Staab, Bischofteinitz und Ronsberg die westliche Landesgrenze von Böhmen zu erreichen.

Trotz der starken Industrialisierung hat fast kein deutscher Stamm ein so lebendiges Heimatgefühl entwickelt wie der Egerländer. Wo immer in der Welt einige Egerländer Arbeit und Brot fanden, gründeten sie zur Pflege ihrer Heimatkultur ihre Egerländer Gmoi. Da erklang und erklingt immer wieder wehmutsvoll das Lied der Heimatsehnsucht auf, wie es der große Sohn des Egerlandes, der Karlsbader Heimatforscher und Mundartdichter Josef Hoffmann, gesungen hat:

„Ho(b) i a in da Frem(d) a schäins Lebm,
Wos i brauch u sünst ållahånd.
Rechta Freid ho(b) i koina,
Mir is 's oft zan Woina.
Eghalånd, Eghalånd!
Nau(ch) dir tout ma's ånt!"

Was in jahrhundertelanger Arbeit deutsche Menschen mit Blut und Schweiß geschaffen, einige Monate des erbittertsten Deutschenhasses haben das alles im Jahre 1945 zerstört. Auch die 800.000 Egerländer mußten sozusagen über Nacht ihre über alles geliebte Heimat verlassen. Es ist einerseits klar, daß diese treuen, arbeitsamen Menschen mit der besten Kraft ihrer Hände und Hirne im deutschen Vaterland, das sie in ihren bittersten Notzeiten aufnahm, versuchen, sich ein neues Leben zu zimmern, doch ist es andererseits jedem Einsichtigen verständlich, daß ihr Herz nur dem Land gehört, das ihnen Heimat war und für immer Heimat bleiben wird – ihrem unvergessenen Egerland. Aber nicht Gedanken des Hasses und der Rache bewegen heute die heimatvertriebenen Egerländer. Nur zwei große Gefühle durchpulsen die Herzen der Heimatlosen: das Recht und die Liebe. Heimat kann nicht willkürlich genommen werden. Heimat kann nicht freiwillig geopfert werden. Heimat bindet mit ehernen Ketten und ruht auf ewigem Recht. Und die Liebe zu ihr höret nimmer auf.

Wer d' Seins niat denglt,
dian denglt d' Seins.

Aus Pirten bei Petschau

Dr. Karl Uhlig

Die Wirtschaft des Egerlandes

Das Egerland besteht aus einem großen Industriegebiet im Norden, einem räumlich doppelt so großen Agrargebiet, das im Süden angrenzt, und einem kleinen Industriegebiet im äußersten Süden um Staab.

Die beiden Industriegebiete haben ein höchst respektables Alter von mindestens 600 Jahren, sie begannen im ausgehenden Mittelalter mit dem Erzbergbau.

Damals entdeckten gescheite Leute, die es merkwürdigerweise schon damals gab, daß das Erzgebirge, der Kaiserwald und die Mieser Gegend „reich an armen Erzen" seien, d.h. an Erzen verschiedenster Art, deren Metallgehalt zwar gering ist, die aber bei Aufwendung vieler Mühe doch erlaubten, den noch geringen Metallbedarf zu einem wesentlichen Teil zu decken. Aus ganz Deutschland strömten Menschen zu den meist im Urwald gelegenen Fundstätten und bauten dort nach einem immer wiederholten Plan ihre streng rechtwinklig ausgerichteten Bergstädte. Wenn sie auch an Metallen im ganzen Jahre kaum mehr produzierten als die heutige Welt an einem einzigen Tage, so war der damalige Bergbau doch ein recht gewinnbringendes Weltgeschäft und für den damaligen Stand der Technik eine gewaltige Leistung. Man muß sich nur vorstellen, daß z.B. die Eispinge bei Platten ohne Pulver und Maschinen in Handarbeit mit Schlägel und Eisen aus dem Felsen gehauen und die Erze ohne Kohle verhüttet wurden. Es war eine große und recht wohlhabende Zeit und vor der Intelligenz, dem Können, Fleiß und Wagemut der „Alten" kann man auch heute, wo wir es ja so herrlich weit bis zur Atombombe gebracht haben, nur den Hut ziehen.

Der Niedergang dieses blühenden Weltgeschäftes des Erzbergbaues begann mit der glorreichen Entdeckung Amerikas und des Seeweges nach Indien. Diese bewirkten nach dem Jahre 1500 bei uns eine ungeheure Wirtschaftskrise, weil die viel reicheren Erzvorkommen der Übersee dieser sehr bald erlaubten, Metalle aller Art zu einem Bruchteil unserer Gestehungskosten nach Europa zu bringen. Gegen diese übermächtige Konkurrenz führten unsere Bergstädte durch 100 Jahre einen verzweifelten Kampf, bis der 30jährige Krieg den Erzbergbau zum Erliegen brachte. Unsere einst so reichen Bergstädte waren brotlos. Da die alten Bergleute ein sehr bewegliches Volk waren, das jedem guten Verdienst sofort in die weiteste Ferne nachzog, wäre ihr Wegzug und die Verödung der Bergstädte die natürliche Folge dieser Wirtschaftskatastrophe gewesen. Sie blieben aber und zwar nicht, wie man sich heute so gern rührselig einredet, weil sie sich von dem kargen Boden nicht trennen wollten, der jeder Generation mindestens eine große Hungersnot bescherte, sondern weil sie freie Leute waren und frei bleiben wollten.

Aus Freiheitsdrang und um nicht leibeigen zu werden,
wählten unsere Vorfahren das Aushalten und Durchhungern im Gebirge.

Als Bergleute fanden sie nirgends Verdienst, denn die übrigen „armen" Bergbaue Europas waren meist auch erlegen. In die Reichsstädte, wo noch Freiheit war, konnten sie nicht, weil diese durch die Richtungsänderung des Welthandels selbst in Not geraten waren und sich absperrten. Und in die Dörfer des Tieflandes wollten sie nicht, weil diese nach Niederwerfung der Bauernaufstände in Leibeigenschaft gesunken waren. *Ersatzerwerbe zu finden*, das war das Ziel, an das sie die hohe Intelligenz, den unvermeidlichen Fleiß und den Wagemut setzten, die ihnen der selige Kolumbus nicht nehmen konnte, und dieses Ziel haben sie auch erreicht. Da wurde aus Brabant das Spitzenklöppeln übernommen, das Gorlnähen kam auf und dann wurde eine kleine Industrie nach der andern aufgebaut, vom Spielzeugschnitzen zum Musikinstrumentenbau, vom althergebrachten Zinngießen zum Nägel- und Nadelmachen. Dann kam das Spinnen und Weben, zunächst mit Wolle und Flachs, denn die Massenverwendung von Baumwolle begann ja erst vor ca. 230 Jahren. Und überall horchte man in der Welt herum, um die modischsten Sondererzeugnisse herauszubringen, mit denen man im Ausland ein gutes Geschäft machen konnte. Alles geschah mit einer allgemeinen unermüdlichen Betriebsamkeit, bei der in der Heimarbeit die ganze Familie vom ältesten Großvater bis zu den kleinen Kindern arbeitete. Soziale Unterschiede gab es fast nicht. Die Unternehmer, die ohne Rücksicht auf die Größe des Betriebes „Fabrikanten" genannt wurden, waren in Aussehen, Kleidung, Denkungsart und Arbeitsleistung von den Arbeitern schwer zu unterscheiden. Es ist von besseren Leuten über diese „Auch-Fabrikanten" viel gespottet worden. Aber ihnen, die sich Tag und Nacht den Kopf zermarterten, durch welche neuen Exportartikel sie ihren Leuten Brot verschaffen könnten, ist es zu danken, daß hüben und drüben von der deutschen Grenze die Leute frei auf der Scholle weiterleben konnten. Sie haben das mächtige Industriegebiet geschaffen, welches drüben vor dem Emporkommen des Ruhrgebiets das größte Deutschlands war, und sie haben im rauhen böhmischen Erzgebirge eine Bevölkerungsdichte ermöglicht, die drei mal so groß war wie in der fruchtbaren Ebene.

Neue große Erwerbszweige kamen um 1750 auf, die nun auch im Vorland der Gebirge neue Menschenzusammenballungen erlaubten. Da war zunächst die Porzellanindustrie um Karlsbad und Elbogen, die zunächst mit Holz arbeitete, weil man an die „brennbaren Steine" vor 1850 nicht recht heranwollte. Die Holzarbeiter im Gebirge waren dafür dankbar. Dann begannen die Kurorte aufzublühen und schließlich war man doch so gut, sich an die Kohle zu gewöhnen, die als Braunkohle im Egergraben in Massen dicht unter der Erde lag, und als Steinkohle um Staab. Die Kohle erlaubte wieder neue „Brennstoff fressende" Industrien, die Hüttenwerke in Rothau und Neudek, den Aufbau moderner Glashütten und vor allem den mächtigen Aufstieg der Porzellanindustrie. Erst dadurch wurde das nördliche Industriegebiet zu dem breiten dichtbevölkerten Streifen, der von Asch und Eger bis Platten und Karlsbad reicht, und 390.000 Menschen, 220 je qkm im Jahre 1930 ernährte, während das doppelt so große Agrargebiet nur 240.000 gleich 65 je qkm hatte und im südlichen kleinen Industriegebiet nur 34.000 oder 140 je qkm wohnten.

Die einzelnen Gerichtsbezirke des nördlichen Industriegebiets.
Asch war das Zentrum der Egerländer Textilindustrie. Diese ernährte im nördlichen Industriegebiet 50.000 Menschen, davon in Asch 21.000 (kein Bezirk der ganzen Tschechoslowakei hatte so viele), in Graslitz und Neudek je 8.000, Eger und Wild-

Rückansicht der Dientzenhofer Kirche in Karlsbad.
　　　　　　　　　　　Holzschnitt von Prof. Walther Klemm †

stein je 3.000, Falkenau 5.000, Platten 1.000, Elbogen und Karlsbad je unter 1.000. Im südlichen Industriegebiet war nichts, im Agrargebiet je 800 in Hostau und Ronsperg.

Der Ascher Bezirk war mit 320 Menschen je qkm schwer übervölkert. Nur 7% lebten von Land- und Forstwirtschaft, 71% von Industrie und Handwerk, davon volle 48% von Textil in allen Stufen, vom Spinnen und Weben bis zu Teppichen und Modeartikeln. Hier war die Textilindustrie zu dem Erwerbszweig geworden, von dem Leben und Sterben des Bezirkes abhingen, also zur Monokultur. Es hat aber seine Tücken, wenn man alle Eier in einen Korb legt, und das spürten die Ascher, als der erste Weltkrieg die Zufuhr des Rohmaterials unterbrach, und sie spürten es wieder, als die Weltwirtschaftskrise ihren Export drosselte. Nach dem ersten Weltkrieg wurden 5.600 Menschen weniger gezählt als vorher. Der Verlust wurde bis 1930 aufgeholt, aber mit der Zunahme war es vorbei und nach der Weltwirtschaftskrise wurden 1939 wieder 300 weniger gezählt.

Graslitz war mit 230 Menschen je qkm auch sehr dicht bevölkert. Nur 8% lebten auf dem kargen Boden von Land- und Forstwirtschaft, aber 21% von Textil, 17% vom Bau von Musikinstrumenten, 5% vom Hüttenwerk in Rothau. Auch Graslitz hat im ersten Weltkrieg wegen Unterbindung der Materialzufuhr und der Fabrikatenausfuhr 3.000 Menschen verloren, diesen Verlust bis 1930 nicht ganz aufgeholt und dann durch die Weltkrise bis 1939 wieder 3.400 verloren. Während Asch nur stagnierte, ging Graslitz stark zurück.

Wildstein hatte auf etwas besserem Boden nur 130 Menschen je qkm. Die Bevölkerungszunahme war gering. 18% lebten von Forst- und Landwirtschaft, 61% von Industrie und Handwerk, davon 13% von Musikinstrumentenbau (Schönbach), 11% von Textil (Fleissen), 10% vom Ton (Wildstein). Alle drei Industrien waren Weltgeschäfte, aber am bekanntesten war der *Bau von Musikinstrumenten*. Davon lebten in Graslitz 6.700, in Wildstein bzw. Schönbach 3.800 Menschen. Von ihrer Leistung erzählen die Exportziffern: 1937 wurden exportiert 1,3 Mill. Mundharmonikas, davon 0,4 Mill. nach USA, Ziehharmonikas 21.000 Stück, die Hälfte nach USA, Geigen 116.000, andere Saiteninstrumente 89.000, Holzblasinstrumente 14.000, Blechblasinstrumente 10.000, die Hälfte nach USA.

Platten, dessen Boden zum größten Teil Wald trägt und wo am übrigen Boden recht wenig wächst, hatte doch 150 Einwohner am qkm, aber die Bevölkerung geht zurück. 3% lebten vom Wald, nur 4% von Landwirtschaft, aber 73% von Industrie. Das war der höchste Prozentsatz im ganzen Egerland. 34% gehörten zur Lederhandschuherzeugung in Abertham und Bärringen. Der Handschuhexport war ein Weltgeschäft. Noch 1937 führte die Tschechoslowakei 9½ Mill. Paar Lederhandschuhe aus im Werte von 200 Mill. Kc, von denen auf Abertham und Bärringen zwar nur der kleinere Teil, aber doch eine sehr schöne Summe entfiel.

Der Bezirk kann wirtschaftlich nicht vom Egerland getrennt werden; muß also hier behandelt werden, trotzdem er nicht mehr Egerländer, sondern sächsisches Sprachgebiet ist.

Neudek hatte 160 Einwohner je qkm und starke Zunahme. 10% lebten von Land- und Forstwirtschaft, 69% von Industrie und Handwerk, davon 29% von Textil („Norddeutsche Wollkämmerei"), 13% vom Hüttenwesen („Rothau-Neudeker").

Die Heimarbeit

Alle bisher angeführten 5 Bezirke hatten viel Heimarbeit. Das sieht man aus folgenden Volkszählungsziffern, von denen man ruhig sagen kann, daß sie nicht nur reden, sondern schon schreien. Der Anteil der „berufslosen Selbständigen", also in der Hauptsache der ausgedienten Alten, beträgt normal 11% bis 14% der Bevölkerung. In Asch und Wildstein betrug er aber nur 5%, in Graslitz und Platten 7%, in Neudek 8%. Das heißt, daß es für die Mehrzahl der Alten keine Altersruhe gab und sie arbeiteten, bis sie die Augen für immer schlossen. Dazu kam noch das Arbeiten der Kinder auf Kosten ihrer Freizeit.

Der Egergraben

Eger hatte 190 Menschen je qkm, was für einen Bezirk, in dem der größere Teil der Bevölkerung in der Bezirksstadt konzentriert ist und zu dem außerdem der Kurort Franzensbad gehört, nicht viel ist. Aber die Bevölkerung nahm stark und stetig zu. 13% lebten von Land- und Forstwirtschaft, je 36% von Industrie und Handwerk einerseits und Handel, Gastgewerbe und Geldwesen andererseits. Eger war der einzige Bezirk des Egerlands, in dem Handel, Gastgewerbe usw. der Industrie und dem Handwerk gleichwertig zu Seite traten. Das ist auf die uralte Handelstradition der ehemals freien Reichsstadt Eger zurückzuführen. Der größte gewerbliche Produktionszweig waren Metallverarbeitung und Maschinen- und Apparatenbau mit 7%, woran die Fahrradfabriken maßgebend beteiligt waren, Textil hatte 5%, Steine und Erden 4% (Ziegeleien). Über Franzensbad spreche ich an anderer Stelle bei den Kurorten.

Falkenau ist das Zentrum des Braunkohlenbergbaus. Es hatte 210 Menschen am qkm, also mehr als Eger, aber weniger als Asch und Graslitz. Dafür hatte es 1910/30 nach Karlsbad und Eger die drittstärkste Zunahme. Von Land- und Forstwirtschaft lebten nur 10%, aber 58% von Industrie und Handwerk, davon 19%, das waren 12.000 Menschen, vom Braunkohlenbergbau, über den ich an anderer Stelle eingehend spreche. 8% gehörten zu Textil (Zwodau, Liebautal, Falkenau), 6% zu Glas (Unterreichenau, Bleistadt), 5% zu Metallen, 3% zu Holz (Königsberger Möbeltischler).

Elbogen hatte noch 200 Menschen je qkm, aber die Bevölkerung geht, sehr im Gegensatz zu den Nachbarbezirken Karlsbad, Falkenau und Neudek zurück. Von Land- und Forstwirtschaft lebten nur 10%, aber von Industrie und Handwerk 63%, davon gehörten 24% zu Steinen und Erden, meist Porzellan, dann Ton und Kaolin. Die Porzellanfabriken waren in Schlaggenwald (älteste im Egerland), Elbogen, Chodau, 11% gehörten zum Bergbau, 5% zu Glas (Neusattl).

Karlsbad hatte nicht nur den größten Kurort Europas und vielleicht der Welt, sondern war auch das Zentrum der Porzellanindustrie und hatte außerdem das einzigartige Kaolinlager in Zettlitz, besaß also drei große Weltgeschäfte. Der Bezirk war mit 375 Einwohnern je qkm der dichtest bevölkerte des Egerlands und seine Bevölkerung nahm noch weiter sehr stark zu. Von Land- und Forstwirtschaft lebten nur 7%, wobei die Agrarbevölkerung weiter stark abnahm. Von Industrie und Handwerk lebten 48%, davon 15% von Porzellan, Kaolin, Ton, die in diesem Bezirke 13.000 Menschen ernährten (in Elbogen 10.000). Das Baugewerbe hatte 10%, z.T. Wandermaurer, von denen im Agrargebiet noch mehr zu reden ist, Metalle 6% (Autoreparaturen), Bekleidung 5% (Kurgasteinkäufe), Bergbau 2%, Glas 1% (Meierhöfen).

Handel, Gastgewerbe, Geldwesen ernährten infolge des Kurverkehrs 15.000 Menschen (Eger nur 6.000) gleich 17%, Verkehr und öffentlicher Dienst (Ärzte, Badepersonal) waren abnorm stark entwickelt und ernährten je 7.000 Menschen.
Die Porzellanindustrie war ein großes Weltgeschäft, ging ja im besten Jahre 1929 Porzellan für 240 Mill. Kc. in die Welt hinaus (1937 noch 137 Mill.). Dazu kam 1929 ein Inlandsabsatz von 71 Mill. Kc. Der Gesamtabsatz betrug also 311 Mill. Kc. Von den 18.000 Porzellanarbeitern (ohne Angehörige), die 1930 gezählt wurden, hatte Karlsbad 6.500, Elbogen 4.600, Buchau 300, Petschau und Asch je 100. Im Jahre 1933 wurden aber infolge der Weltwirtschaftskrise nur noch 8.000 gezählt, von welchen nur eine Hälfte voll, die andere kurz arbeitete.
Marienbad war eine nichtagrarische Insel im Agrargebiet. Der Bezirk war mit 140 Menschen je qkm mittelstark bevölkert, hatte aber starke Zunahme. Von Land- und Forstwirtschaft lebten nur 13%, die Agrarbevölkerung nahm stark ab. Von Industrie und Handel lebten 33%, davon 11% vom Baugewerbe, z.T. als Wandermaurer. Vom Kurbetrieb rede ich an anderer Stelle.

Das südliche Industriegebiet

Das Gebiet ist klein, hatte in Staab und dem deutschen Teil von Dobrzan (Wiesengrund) nur 34.000 Einwohner und war mit 140 Menschen mittelbevölkert, die Zunahme war auch nur mittelstark. Von Land- und Forstwirtschaft lebten 15%, die Agrarbevölkerung nahm langsam ab.
Staab hatte 58% in Industrie und Handwerk, davon 23% im Steinkohlenbergbau, 12% bei Metallen, 4% bei Glas. Der Steinkohlenbergbau wird an anderer Stelle behandelt.
Dobrzan, deutsche Hälfte, hatte 43% in Industrie und Handwerk, davon nur noch 2% im Bergbau, 12% bei Metallen (hier wie in Staab sind viele Arbeiter darunter, die nach Pilsen zur Arbeit fuhren). In Dobrzan waren wegen der großen Irrenanstalt 26% berufslose Selbständige, das doppelte des Normalsatzes.

Das Agrargebiet

Der Fläche nach ist das Agrargebiet das Hauptstück des Egerlandes, denn es umfaßt zwei Drittel der Gesamtfläche, aber es hatte nur ein Drittel der Gesamtbevölkerung des Egerlandes und hier nahm die Bevölkerung ab, während sie in den Industriegebieten zunahm. Von Land- und Forstwirtschaft lebten hier direkt 42%, nimmt man aber die Hilfsberufe dazu, welche indirekt vom Bauern leben – auch die agrarischste Gegend braucht Schmiede, Tischler, Schneider, Schuster, Maurer und Krämer, Gastwirte, Post, Bahn und Ärzte, Hebammen, Gendarmen und Berufslose, also Ausgedinger und Arme – so waren ca. 59%, während im nördlichen Industriegebiet bloß 9% direkt von Land- und Forstwirtschaft lebten und mit Hilfsberufen auch erst 13%.

Die Abnahme der Landbevölkerung

Man muß die in der ganzen Welt auftretende Landflucht zwar als Schädigung wertvollster Volkssubstanz beklagen, aber man kommt doch um zwei bittere Wahrheiten nicht herum, nämlich um die beschränkte Tragkraft des Bodens für eine agrarische Bevölkerung und um die fortschreitende Verminderung dieser Tragkraft durch die Landmaschinen.

Der Boden kann bei mittlerer oder karger Bodengüte, wie wir sie leider vielfach haben, nicht mehr als 27 Menschen je qkm Gesamtfläche mit Land- und Forstwirtschaft anständig ernähren. Mehr ist nur möglich, wenn der Boden sehr gut ist und Spezialkulturen erlaubt, wie Hopfen, Zuckerrübe, Obst, Gemüse. Das sind aber Kulturen, die wir unserem Boden häufig gar nicht oder nur in bescheidenem Umfang zumuten können. Wenn trotzdem mehr Leute am Boden zu finden waren, wie im südlichen Egerland in Hostau und Ronsperg, wo 33 Menschen je qkm agrarisch leben, dann kann die Ursache nur geduldiges Aushalten sein. Das ist zwar rührend, aber kein begehrenswertes wirtschaftliches Ideal.

Die Landmaschine wird von Tag zu Tag unentbehrlicher, aber sie setzt laufend landwirtschaftliche Arbeitskräfte frei. Darum ist 1921/30 im Agrargebiet die land- und forstwirtschaftliche Bevölkerung von 118.000 auf 101.000 um 17.000 oder 14% zurückgegangen, in den Industriegebieten von 46.000 auf 42.000 um 4.000 oder 7%, weil hier die Agrarbevölkerung schon vorher mehr ausgekämmt worden war. Die größten Abnahmen der Agrarbevölkerung hatten Tachau mit 20%, Pfraumberg und Hostau wiesen 19% auf, Königswart und Plau 18%, Buchau und Ronsperg 15%. Die geringsten Abnahmen hatten Luditz mit 8%, Weseritz 10%, Bischofteinitz 11%. Die übrigen Bezirke lagen zwischen 12 und 13% Abnahme.

Leute am Wald

Die Bayern nennen neuerdings das Gebirge zwischen dem Tillen und der Further Senke Oberpfälzer Wald, während vorher sie diese Bezeichnung nur für ihre Vorberge an der Naab gebrauchten. Ich finde auf meinen Karten, die ich noch von drüben habe, hier nur die Bezeichnung Böhmerwald und gebrauche sie im folgenden schon der Einfachheit halber auch für das Gebirge vom Tillen bis Furth.

Krasse wirtschaftliche Unterschiede bestanden zwischen den Böhmerwaldbezirken und den Bezirken im Elster- und Erzgebirge. Zunächst war die Bevölkerungsdichte im Böhmerwald nur ein Drittel der des nördlichen Gebirges. Im Böhmerwald nahm die Bevölkerung ab, im Norden zu. Im Böhmerwald fielen auf Land- und Forstwirtschaft 40% der Bevölkerung, im Norden nur 9%. Auf den qkm Gesamtbodenfläche kamen im Böhmerwald 28 Menschen der Agrarbevölkerung, im Erzgebirge 16. Zum Baugewerbe gehörten im Böhmerwald 11% der Bevölkerung, weil hier mit den Wandermaurern eine Art zeitweiliger Menschenexport betrieben wurde, im nördlichen Gebirge nur 6%. Und die berufslosen Selbständigen, also die Ausgedienten, machten im Böhmerwald 13% der Bevölkerung aus, im Norden aber nur 7%, weil hier die Alten in Heimarbeit bis zum Tode arbeiteten.

Königswart hatte 79 Menschen je qkm und Bevölkerungsabnahme. 6% lebten vom Wald, 23% von der Landwirtschaft, Industrie und Handwerk ernährten 31%, davon lebten 11% vom Baugewerbe. Das waren meist Wandermaurer, die im Winter in Marienbad, im Sommer in Deutschland arbeiteten. 6% gehörten angesichts des Holzreichtums zum Holzgewerbe. Sonst war der Bezirk durch die Nachbarschaft des Kurorts Marienbad beherrscht, wo die Königswarter entweder über die ganze Saison zur Arbeit blieben oder täglich dorthin pendelten.

Plan hatte 70 Menschen je qkm und kleine Zunahme, weil die Stadt ein Bahnknotenpunkt und ein kleines Versorgungszentrum war. Der Bezirk liegt nur zur Hälfte im Böhmerwald, zur Hälfte im Vorland, der Durchschnitt ergibt also ein verwässertes Bild. 42% lebten von Land- und Forstwirtschaft, 27% von Industrie und Handwerk, davon 8% vom Baugewerbe, wieder z.T. als Wandermaurer, 5% von Holzverarbeitung, 3% von Metallverarbeitung.

Tachau war nach Ronsperg mit 80 Menschen je qkm der zweitdichtbevölkerte Bezirk des Agrargebiets, hatte aber starke Abnahme. 33% lebten von Land- und Forstwirtschaft, 39% von Industrie und Handwerk. Davon stellten aber die Wandermaurer 13%. Dann lebten 3.100 Menschen, also wieder 13%, von der Holzbearbeitung und zwar meist zu Spielsachen. Kein anderer Bezirk des Egerlands hat so viel Holzverarbeiter. Von der Erzeugung von Nahrungs- und Genußmitteln lebten trotz der Tabakfabrik nur 1.200 Menschen gleich 5%. Eine kleine Glasindustrie ernährte 200 Leute.

Pfraumberg hatte nur 53 Menschen je qkm und trotzdem starke Abnahme. 49% lebten von Land- und Forstwirtschaft, aber die Agrarbevölkerung geht gewaltig zurück. Industrie und Handwerk ernährten 28%, aber davon war fast die Hälfte Wandermaurer.

Hostau war mit 70 Menschen je qkm stärker bevölkert, hatte aber bedeutenden Abgang. Die Agrarbevölkerung saß hier mit 34 Menschen je qkm der Gesamtfläche dichter als im ganzen Egerland, trotzdem sie schon 1921/30 um ein Fünftel abgenommen hatte. Sie stellte noch 46% der Gesamtbevölkerung. Industrie und Handwerk hatten wie in Pfraumberg stark zugenommen, und ernährten 30%, aber davon waren 11% Wandermaurer. Hier stoßen wir auf Textil mit 2%. Sonst hat im ganzen Agrargebiet nur noch Ronsperg etwas Textil. Bekleidung hatte 3%, Glas 1%.

Ronsperg war mit 82 Menschen je qkm der dichtest bevölkerte Bezirk des Agrargebiets, hatte aber auch eine der stärksten Abnahmen. Die Agrarbevölkerung saß auch hier sehr dicht und nahm stark ab. Sie stellte noch 40%. Industrie und Handwerk ernährten 37%, zeigten aber keine Zunahme. Die größte „Industrie" waren wieder die Wandermaurer mit 12%, dann kamen Steine und Erden mit 7%, Textil mit 6%, Glas mit 1%.

Duppauer Gebirge und Tepler Hochland

Duppau mit seinen Basaltbergen war mit nur 49 Menschen je qkm der dünnst bevölkerte und zugleich agrarischste Bezirk des Egerlands. Er hatte Bevölkerungsrückgang. Hier stellte die Agrarbevölkerung 58%. Was übrig blieb, waren in der Hauptsache die Ergänzungsberufe, welche die Landwirtschaft braucht.

Luditz hatte auch nur 51 Menschen je qkm und stagnierte seit 1910 auf dieser geringen Höhe. Die Agrarbevölkerung stellte 55%, Industrie und Handwerk 21%, davon 6% Baugewerbe. Der Ergänzungsbedarf der Landwirtschaft war fast nirgends überschritten.

Buchau war mit 60 Menschen je qkm etwas besser bevölkert. Es hat seit 1910 ein Zehntel seiner Bevölkerung verloren. Der Verlust der Agrarbevölkerung, die noch 48% stellt, war doppelt so groß. Von Industrie und Handwerk lebten 21%, ohne daß ein Wachstum zu sehen ist. 6% ernährte das Baugewerbe, 5% Porzellan.

Petschau hatte 73 Menschen je qkm, hat aber auch einiges verloren. Noch größer waren die Verluste der Agrarbevölkerung, die noch 35% stellte. Auf Industrie und Handwerk kamen 34%, aber die größte „Industrie" waren Wandermaurer mit 15%, was den höchsten Prozentsatz im Egerland bedeutet. Das war bereits Fernwirkung Karlsbads, das auch im Winter baute. Daß Handel und Gastgewerbe 10% ausmachten (der Durchschnitt für das Agrargebiet war 6) geht auch auf Konto Karlsbads, wo die Petschauer in der Saison arbeiteten.

Tepl war mit 53 Köpfen je qkm wieder recht dünn bevölkert, hat aber trotzdem seit 1910 wie Petschau 7% seiner Bevölkerung verloren. Die Agrarbevölkerung stellte noch 50%. Zu Industrie und Handwerk gehörten 25%, aber 9% waren Wandermaurer.

Der Süden

Weseritz hatte auch nur 51 Menschen am qkm und trotzdem Abnahme. Es war zu 53% agrarisch, aber die Agrarbevölkerung wurde fortschreitend durch die Landmaschine dezimiert, obwohl der Boden hier schon recht fruchtbar ist. 24% lebten von Industrie und Handwerk, aber 13% waren Wandermaurer, alles Übrige fast nur Ergänzungsbedarf der Landwirtschaft.

Mies heißt nicht umsonst im Tschechischen Stribro also Silber. Die Stadt war einst ein Zentrum des Erzbergbaues, der natürlich längst erlegen ist. 1930 hatte der Bezirk nur 65 Einwohner je qkm und stagnierte auf dieser geringen Höhe. Die Agrarbevölkerung machte 38% aus und ging trotz der Bodengüte stark zurück. Industrie und Handwerk stellten 34%, aber wieder waren Wandermaurer mit 9% die größte „Industrie". Metalle stellten 5%, Glas 4%, Kohlenbergbau und Steine und Erden je 3%.

Tuschkau hat sehr guten Boden, war aber, obwohl sich die Fernwirkung der Pilsner Industrie sehr bemerkbar machte, mit 66 Köpfen je qkm eigentlich dünn bevölkert, obwohl die Bevölkerung seit 1910 um ein Zehntel zugenommen hat. Von Land- und Forstwirtschaft lebten 37%, von Industrie und Handwerk 38%, aber 10% waren Wandermaurer. 14% lebten von Metallverarbeitung und Maschinenbau und fuhren nach Pilsen zur Arbeit.

Bischofteinitz hatte 77 Menschen am qkm und die Bevölkerung hat etwas zugenommen. 36% gehörten zu Land- und Forstwirtschaft, 38% zu Industrie und Handwerk, davon hatten 10% die Wandermaurer, 7% das Glas, 5% Metalle, 2% der Steinkohlenbergbau.

Blick auf Bischofteinitz.   *Holzschnitt von Albert Gröschl*

Oberbergrat Dipl. Ing. Dr. jur. Otto Michler

Vom Bergbau im nördlichen Egerland und westlichen Erzgebirge

Etwa 1 km südöstlich vom Horner Berg (westlich von Karlsbad) finden sich zwei Halden schwerer, eisenreicher Schlacken. Hier mitten in einem schwer zugänglichen Waldgebiet ist ein örtlich an die erwähnte Spalte knüpfter Roteisensteingang, der wahrscheinlich aus der Erde emporragte, abgebaut und daneben in primitiven Öfen mit Holzkohle verschmolzen wurde. Die auf solche Weise gewonnenen Eisenklumpen (sog. Luppen) sind offenbar nach dem etwa ½ Stunde entfernten Stahlnhof gebracht, hier durch Hämmern in heißem Zustand von den restlichen Schlacken befreit und in ein zähes Schweißeisen verwandelt worden. Die Karlsbader Heimatkundler hatten bisher die Bezeichnung „Stahlnhof" nicht zu deuten gewußt. Diese am Egerknie liegende Einschicht wurde auch als „Alt-Elbogen" bezeichnet, was darauf schließen läßt, daß von der Burg Elbogen aus die Eisengewinnung geschah. Wahrscheinlich hat das Wappen des Ellenbogens hier seinen Urgrund, denn nur hier beim Stahlnhof macht die Eger einen rechten Winkel, während sie bei der Stadt Elbogen ein Omega Ω macht.

In der Geschichte des Erzbergbaues gibt es zwei Schwerpunkte, mit welchen die Besiedlung des Kaiserwaldes und Erzgebirges verknüpft ist: Schlaggenwald und St. Joachimsthal.

Der Zinnerzbergbau von Schlaggenwald[1] geht auf das 12. Jahrhundert zurück, als die erzreiche, aus dem Gneis emporschauende Kuppe eines „Stockwerkes" entdeckt wurde. Als „Stöcke" oder „Stockwerke" bezeichneten die alten Bergleute Apophysen, das sind kegelförmige Körper von Graniten, die erst zu Ende des Karbons oder im anschließenden Perm emporgequollen sind und verschiedene Erze aus großer Erdtiefe emporgebracht haben. Diesen späten Granituptionen gehört auch der Kreuzberggranit von Karlsbad an. Von hier aus ist in südwestlicher Richtung eine ganze Kette von granitischen Intrusionskörpern über Leßnitz, Schlaggenwald, Schönfeld bis nach Lauterbach-Stadt (Hieronymus-Zeche) zu verfolgen. Nächst Schlaggenwald haben sich die „Zinnzwitter", wie man den Zinngranit nannte, in den überlagernden Gneis eingefressen und diesen mit eingeschmolzen. Nur der größte „Stock" scheint den Gneis durchdrungen zu haben, sonst wären die Zinnerze kaum entdeckt worden. Hier im späteren „Huberhauptwerk" ging der hauptsächliche Zinnbergbau um.

Die Hauptblüte des Schlaggenwalder Zinnbergbaues war vor dem 30jährigen Krieg. Die Erzgewinnung geschah durch Feuersetzen, d.h. man schürte vor der Ortsbrust ein Holzfeuer und schreckte das erhitzte Gestein mit kaltem Wasser ab. Der zersprazte Zinngranit konnte dann leicht abgekratzt werden. Auf diese Weise ist in dem „Stockwerke" ein großer Hohlraum geschaffen worden, der Ende des 16. Jahrhunderts (1586?) verbrach. Das dabei entstandene Getöse war so bedeutend, daß den Bergleuten „der Seelsack platzte".

Die Bedeutung des damaligen Bergbaues kommt dadurch zum Ausdrucke, daß ein 6 km langer Revierstollen, Kaspar-Pflug-Erbstollen genannt, angelegt wurde, durch welchen die Wasserableitung bewirkt wurde. Alle angrenzenden Besitzer von „Fundgruben" und „Kleinen Maßen" konnten gegen einen Zins diesen Erbstollen benutzen. Das Mundloch dieses Stollens befand sich unterhalb Schlaggenwald. Der Stein, welcher den Namen des Stollens trug, wurde im Stadtmuseum verwahrt.

Die Bedeutung des Bergbaues wird ferner dadurch illustriert, daß man einen 33 km langen Flößgraben anlegte, der bis zur Glatze reichte; dieser diente sowohl der Beschaffung von Holz als auch des Aufschlagswassers für die Wasserkunst. Die Anlegung dieses Wassergrabens inmitten des Urwaldes muß als eine Großtat der Markscheidekunst angesehen werden. An eine Aufforstung dachte man damals nicht. Nachdem die benachbarten Wälder geschlagen waren, mußte man eben aus der weiteren Umgebung Holz herbeischaffen. Denn für die Feuersetzarbeit, zur Erzeugung der zum Schmelzen des Erzes nötigen Holzkohle, zum Heizen und zum Grubenausbau waren ganz ungeheure Holzmengen erforderlich.

Das durch den Flößgraben herbeigeführte Wasser wurde in den „Heinzenteichen" gesammelt und diente als Aufschlagswasser für die Wasserkunst, mit der das Wasser aus den unter dem Erbstollen liegenden Bauen auf die Erbstollensohle gehoben wurde.

Wegen der Bedeutung des Bergbaues wurden die von diesem erreichbaren Wälder als Zubehör zu diesem angesehen.

Der 30jährige Krieg machte dem blühenden Bergbau ein jähes Ende. Die protestantischen Bergleute wurden teils vertrieben, teils suchten sie als Abenteurer im Kriege selbst ihren Unterhalt. Von diesem Niedergang hat sich der Zinnbergbau nicht mehr erholt, weil inzwischen reiche Zinnerze aus Bolivien, Peru und den Malayeninseln nach Europa gebracht wurden. Die sog. Montanwälder fielen dem Fiskus anheim und wurden im Zuge der Gegenreformation vom Kaiser Ferdinand an katholisch gebliebene Adelige verteilt oder verkauft. Darauf ist meines Erachtens die Bezeichnung „Kaiserwald" zurückzuführen.

Eine neue Belebung erfuhr der Zinnbergbau von Schlaggenwald-Schönfeld unter der Kaiserin Maria Theresia. Da im Bereich des Huberhauptwerkes die Erze über der Stollensohle größtenteils abgebaut waren, nahm man den Zinngranit bis 20 Klafter unter der Stollensohle in Angriff; doch hier waren die Erze nicht mehr so reich, wie weiter oben. Auch die Wasserhaltung bereitete Schwierigkeiten, denn man mußte mit der „Wasserkunst" das Wasser der tieferen Baue bis auf die Stollensohle heben. Neben dem Ärar gab es auch andere Bergbauunternehmer, so die Dreikönig-Zinnzeche und die Dreifaltigkeits-Gewerkschaft.

Wir müssen uns vor Augen halten, daß mit dem Zinnerz (Kassiderit) Wolframit vergesellschaftet ist, mit dem man damals nichts anzufangen wußte. Diese Oxyde gingen nach der Tiefe in Sulfide über, wie Arsenkies und Kupferkies. Ob man im Bereiche des Huberhauptwerkes auch Uran festgestellt hatte, ist unbekannt, wohl aber soll durch das Kaiser Josef Flügelort, das vom Erbstollen abzweigte, Pechblende angefahren worden sein. Das war für den Bergmann der Beweis, daß kein nutzbares Erz mehr zu erwarten war, was er durch ein schwarzes Kreuz an der Ortsbrust kennzeichnete.

Neben den „Stockwerken" gab es in Schönfeld auch flach einfallende „Fälle", die sehr große, doch nur vereinzelte Zinngraupen lieferten, und drei etwa unter 45° einfallende Gänge: den Mariengang, den Göllnauer Gang und den Parallelgang. Diese wurden durch den Marienschacht erschlossen und teilweise abgebaut. Dieser Gangbergbau erfuhr eine Auferstehung im ersten Weltkrieg.

Da der Bergsegen des ärarischen Betriebes um 1800 zu wünschen übrig ließ, beschloß die Werksleitung, das ganze Erzrevier durch einen Stollen vom Tepltal her zu unterfahren; denn offenbar wußte man, daß man hierbei, nach dem Streichen der Zinnstöcke zu schließen, neue Erze aufschließen werde. Der weitere Vortrieb des nördlich von Gfell angesetzten Stollens mußte jedoch 1812 wieder eingestellt werden, da der Staat während der Napoleonischen Kriege kein Geld mehr für den Bergbau übrig hatte.

In der Folgezeit kam der Bergbau aus den Schwierigkeiten nicht heraus, bis ihm 1854 durch den Staatsbankrott ein Ende bereitet wurde. Das Ärar überließ wohl den Betrieb den Bergleuten, die sich zu einer Gewerkschaft zusammenschlossen und 40.000 fl Conventionsmünze aufbrachten. Als auch dies Geld vertan war, hatte der Zinnbergbau von Schlaggenwald für Jahrzehnte ein Ende.

Da der Erbstollen nicht mehr erhalten wurde, trat unweit dem Dreikönigsschachte ein Verbruch ein, der das Wasser in den alten Grubenbauen und im stark zerrütteten Gebirge so hoch anstaute, daß es in der großen, durch Verbruch der Hohlräume des „Hauptwerkes" entstandenen Pinge bis zutage trat und das inmitten der „Schlaggenwalder Pinge" errichtete Schützenhaus unter Wasser setzte.

Einige Zeit vor dem ersten Weltkrieg gingen die Grubenmaßnahmen im Bereich des Marienschachtes und die „Fundgruben" bei der Pinge in englischen Besitz über. Es wurde die Säuberung und Gewältigung des Erbstollens und der zugehörigen „Lichtschächte" in Angriff genommen, doch mußte die Beseitigung des Durchflußhindernisses von der Bergbehörde verboten werden, weil es von einer etwa 80 m hohen Wassersäule belastet war und alle Arbeiter im Stollen gefährdet waren, wenn die ungeheuren Wassermassen in Fluß gekommen wären. Es mußte deshalb der Wasserspiegel vom Marienschacht aus abgesenkt werden. Dies geschah nur zum geringen Teil, um den Abbau des Göllnauer Ganges zu ermöglichen, doch wurden die Arbeiten sehr lässig betrieben, da der von der Bergwerksbesitzerin bestellte Bergdirektor mehr für seine eigene Tasche sorgte. Nach der Ermordung des Thronfolgers Ende Juni 1914 verschwanden alsbald die Engländer.

Im Jahre 1915 wurde der englische Besitz nach dem Kriegsleistungsgesetze von der Schönfeld-Schlaggenwalder Bergbaugesellschaft mbH (finanziert durch das Bankhaus Laupenmühlen in Berlin) übernommen und unter der tatkräftigen Führung des Bergassessors Theodor Mayer maschinell modern ausgestattet, insbesondere wurde die Aufbereitung von den Krupp Grusonwerken in Magdeburg mit modernen Herden ausgestattet, um die Erzverluste auf ein Minimum einzuschränken, während früher so große Mengen des Kassideritstaubes in die „wilde Flut" abgingen, daß sowohl im Flößbach als auch in der Eger nächst Elbogen Zinnstaub in „Tagmaßen" gewaschen werden konnte. Der Bergbau wurde, an die Überland-Zentrale in Unterreichenau angeschlossen, mit Kompressoren für die Bohrhämmer und Pumpen ausgestattet. Er beschränkte sich vorerst auf das vom Marienschacht in Schönfeld erschlossene Gangsystem. Da der Mariengang schon zur Gänze abgebaut war, fand die Erzgewinnung vor allem im Göllnauer Gang und später auch im Parallelgang statt. Der erstere war in den oberen Horizonten etwa 30 cm mächtig mit Quarz als Gangart, nach

Holzschnitt der alten Bergstadt Schlaggenwald.

der Tiefe zu nahm die Mächtigkeit bis auf 1 m zu, die Erzführung aber ab. Sämtliche Gänge standen im Gneis an, der an den Salbändern mit Kassiderit mehrfach durchsetzt war. Während des ersten Weltkrieges war das Interesse weniger auf das Zinnerz, sondern auf Wolframit gerichtet, das für Drehstähle und Rückstoßplatten der schweren Haubitzen gebraucht wurde. Die Ausbeute betrug im Monatsdurchschnitt 1½ bis 2½% der aufbereiteten Erzmassen, wobei auf Wolframit und Kassiderit je die Hälfte entfiel. Außerdem wurde auch etwas Kupferkies gewonnen. Bemerkt wird, daß der Gang auch Scheelit führte, das ist ein hochwertiges Wolframerz mit 84% Wolframsäure. Da aber dieses Erz wie Quarz ausschaut, nur viel schwerer ist als dieser, konnte es nur selten in der Grube ausgehalten werden und wurde erst durch die Setzmaschinen ausgeschieden. Der Molybdänglanz hatte nur mineralogische Bedeutung.

Um die Erzgänge auch unter der Erbstollensohle zu erfassen, wurde während des ersten Weltkrieges der Wilhelmsschacht niedergebracht und durch Querschläge in etwa 100 m Tiefe mit dem Erbstollen und in 150 m Tiefe mit dem Göllnauer Gang verbunden. Dabei machte man die betrübliche Feststellung, daß die Bauwürdigkeit der Gänge nur 10 - 12 m unter die Erbstollensohle reichte, soweit nämlich der Gang im Gneis anstand. In dem darunterliegenden Granit hielt der Quarz in verminderter Mächtigkeit wohl an, führte sporadisch auch noch kopf- bis brotlaibgroße Putzen von Greisen mit 20 - 30% Zinnerz, war aber nicht mehr bauwürdig.

Nachdem im Bereich des neuen Grubengebäudes und durch eine Pumpe im Dreikönigsschacht der Wasserstau oberhalb des oben erwähnten Durchflußhindernisses beseitigt worden war, konnte die Gewältigung des Erbstollens fortgesetzt werden. Auch der Flößbach war auf eine Strecke, wo selbst das Wasser durch das zerrüttete Gebirge in die Grube drang, durch ein Betonbett abgedichtet worden.

Das Schwergewicht des weiteren Betriebes sollte nun auf den talabwärts geplanten Annaschacht gegenüber der Schlaggenwalder Pinge verlegt werden, um die früher ausgehaltenen Wolframerze zu gewinnen, als 1918 die Katastrophe hereinbrach und die Kriegsgefangenen, die neben Zivilarbeitern im Bergbau eingesetzt waren, entlassen wurden.

Durch die Inflation verlor das Bankhaus Laupenmühlen sein Vermögen, die Aufbereitung und die übrigen Maschinen sowie die Bergbauberechtigungen (auch Grubenmaße und Freischürfe der Dreikönig- und Dreifaltigkeitsgewerkschaft bei Schlaggenwald und im Erzgebirge bei Hirschenstand, Frühbus[2]) und Sauersack) wurden verkauft. Damit war wieder eine Periode des Schlaggenwalder Bergbaues beendet.

Der größte Boom setzte aber mit dem Atombombenrummel 1947 ein. Unter russischer Führung wurden Tausende deutscher und tschechischer Gefangener auf die Erschließung und den Abbau der früher gemiedenen Uranerzlagerstätten angesetzt. Nach Angabe eines daselbst als Pumpenwärter tätig gewesenen Gefangenen sollen bis 1953 19 neue Schächte im Gebiete von Schlaggenwald-Leßnitz niedergebracht worden sein, davon 18 auf Uran und einer auf Wolframit. Der Barbaraschacht soll schon 1953 eine Tiefe von etwa 1.000 m erreicht haben. Einzelne Uranstufen hatten angeblich eine Mächtigkeit von über 50 cm. Auch eine Therme ist hier erschroten worden, doch konnte ich über Mineralisation und Temperatur nichts erfahren. Die Erze wurden fortlaufend in Blechgefäßen durch Lkw nach Schlackenwerth gebracht und dort auf Züge nach Rußland verladen.

Der zweite Schwerpunkt des Erzbergbaues in unserer Heimat ist St. Joachimsthal[3], ursprünglich Konradsgrün benannt. Zur Zeit der größten Blüte (1500 – 1550) hatte diese Stadt bis 15.000 Einwohner, war also nächst Prag die volksreichste Stadt Böhmens. Die Funde von Silbererzen in der Ausbißzone der Gänge waren so reich, daß der Ruf: „Ins Tal, ins Tal, mit Kind und all" durch alle deutschen Lande schallte, sogar aus der Schweiz strömten die Bergleute herbei, wie die Bezeichnung Schweizerhalde erkennen läßt. Außer Agricola (Bauer), der die erste Mineralogie schrieb, wirkte hier der protestantische Pastor Mathesius, der seine Bergpredigten an die Bergleute hielt. In der Sarepta, der Zusammenfassung dieser Predigten, heißt es:
„Gott hat mit segnender Hand die Silbererze in die Klüfte der Erde gestreut, der Teufel aber hat dazwischen gefunkt und Nickel und Kobolde (d. s. Unholde) hineinpraktiziert".
Die Bezeichnung der Elemente Nickel und Kobalt hatte in Joachimsthal ihren Ursprung.
Zufolge der Lagerstättenlehre liegt ein „primärer Teufenunterschied" vor, d.h. zu oberst sind die Silbererze (Oxyde), darunter die Sulfide (Nickel-, Kobalt-, Wismuterze) und zu unterst Uran aus heißen Dämpfen und Lösungen abgeschieden worden. Uran ist ja das schwerste aller natürlichen Elemente[4]. Vor 1920 ging der Gangbergbau durchwegs im Glimmerschiefer um, doch sind die Uranvorkommen der ganzen Welt an Granit gebunden. Der Erzreichtum nächst Joachimsthal hängt mit einer späten Granitintrusion zusammen, deren Alter von Prof. Hönigschmied nach der Uranuhr mit 207 Millionen Jahren ermittelt worden ist (errechnet aus den Zerfallsstufen und Halbwertzeiten der radioaktiven Substanzen). Demnach ist der Granit, der die Erze aus großer Erdtiefe emporgebracht hat, zu Ende Karbon oder Anfang Perm emporgequollen und hat die Schieferhülle gehoben und zum Bersten gebracht. In den im Glimmerschiefer entstandenen, Nord-Süd streichenden Spalten sind die Erze aus heißen Dämpfen ausgeschieden worden, weshalb die Bergleute von „Mitternachtsgängen" sprachen. Der gegenwärtige Uranbergbau, bei dem unter großem Verschleiß von Menschenleben an die 25.000 Arbeiter, zumeist politische Gefangene, eingesetzt waren, geht überwiegend im Granit, also unter dem Glimmerschiefer, um.
Der Silberbergbau war bereits in der 2. Hälfte des 16. Jahrhunderts stark eingeschränkt wegen des aus Amerika kommenden Silbers, doch wurden fortlaufend in der „Münze" die „Joachimsthaler" geprägt, wovon sich die Bezeichnung Taler-Dollar ableitet.
Als sich der Silberbergbau nicht mehr lohnte, verlegten die Bergleute ihre Tätigkeit ins hohe Erzgebirge und zwar nach Abertham, wo außer Silber und sulfidischen Erzen im Süden von Abertham, durch die Mauritiuszeche im Norden eine bis 30 m breite Zone von Zinngranit abgebaut worden ist. Dieses Erzvorkommen streicht S-N und wird im Norden durch die sog. „Lettenfäule" abgeschnitten. Nach den alten Grubenkarten reichte die Erzgewinnung bis 32 m unter die Sohle des Blasiusstollens. Anfangs der 20er Jahre war in der Mauritiuszeche ein langer, etwa 40 m hoher und 25 – 30 m breiter Dom über dem durch den Blasiusstollen bedingten Wasserspiegel vorhanden.
Bei Platten zeugt die „Eispinge" von der ehemaligen Zinnerzgewinnung, hier in über 1.000 m in S. H. hält sich der Schnee das ganze Jahr. Die Ortschaft „Seifen" bei Got-

tesgab erinnert daran, daß hier aus Sanden Zinnerz gewaschen worden ist. Auch „Goldenhöh"[5] war berühmt durch seine reichen Zinnerze.

Ein weiteres Vorkommen von Zinngraniten ist bei Hirschenstand, Frühbus und Sauersack durch Stollen und Schächte erschlossen worden. Der Bergbau im ganzen Erzgebirge erfuhr durch den 30jährigen Krieg und die Vertreibung der protestantischen Bergleute im Zuge der Gegenreformation einen argen Rückschlag, eine Neubelebung wieder unter Maria Theresia und Kaiser Josef II., wovon der Kaiser-Josef-Göplschacht in Joachimsthal zeugt.

Im 19. Jahrhundert wurde vom Ärar der Bergbau durch den Wernerschacht in Elias nordwestlich von Joachimsthal auf Uran wohl aufrecht erhalten, doch ohne Gewinn, denn Uran wurde nur für die Erzeugung von Farben und für photographische Platten verwendet, die herrliche Grünfärbung der Weingläser (sog. Römer) ist auf Uranbeimengung zurückzuführen. Die Rückstände der Uranfabrik in Joachimsthal wurden anfangs als wertlos auf die Halde geschüttet. Von hier hat Madame Curie das Material bezogen, aus dem sie 1898 erstmalig das Wunderelement Radium gewann. Seitdem wurde Joachimsthal zu einem erfolgreichen Kurort, bis seit 1946 das ganze Uranrevier von Joachimsthal bis Platten in eine russische Sperrzone verwandelt wurde.

Schließlich sei erwähnt, daß in der „Glück-mit-Freude-Zeche" in Zwittermühl (nächst Johanngeorgenstadt), seinerzeit dem Grafen Silva Tarouca gehörig, sehr schöne Stufen von Uran- und Wismuterzen anstanden.

In Irrgang östlich von Platten ist früher durch geraume Zeit ein Roteisengang (Fe_2O_3) abgebaut worden. Die Verhüttung erfolgte in Schwarzenberg in Sachsen.

In dem Phyllit nördlich von Gottesgab finden sich eingebettet ziemlich große Linsen von Magneteisenerz (Magnetit). Dieses reiche Erzvorkommen ist leider derart von Kupfer, Silber, Schwefelkies, Arsenkies und Mangan verunreinigt, daß es nicht nutzbar gemacht werden konnte.

Nächst Bleistadt nordwestlich von Falkenau ist in früherer Zeit auf Bleiglanz gebaut worden. Dieser Bergbau erfuhr während des ersten Weltkrieges vorübergehend eine Wiederbelebung.

Zum Schluß sei die Alaun- und Vitriolindustrie von Altsattl erwähnt. Südlich dieser Ortschaft und zwar vom Kaiserwald-Verwurf aus sind in der vulkanischen Periode Vitriolwässer hervorgekommen, welche die „Läuferkohle", das ist ein Hangendtrumm des Josefiflözes, in Schwefelkies verwandelt haben. Armstarke Aggregate von Markasit haben sich um einzelne Pflanzenstengel gelagert. Auch kugelförmige und andere unregelmäßige Gebilde von Schwefelkies finden sich. Die Entstehung des Schwefelkieses beruht auf der Reduktion des Eisensulfates ($FeSO_4$) zu Schwefeleisen (FeS) durch die Bitumina des Flözes. Dieses Schwefelkiesvorkommen bildete die Grundlage der „Vitriolindustrie". Die Erze, die vielfach in einem sehr sauren Ton eingebettet waren, wurden mit diesem und der Kohle aufgehäuft und der Verwitterung überlassen. Die dabei entstandenen Ausblühungen waren Alaun ($Al SO_4$), der ausgelaugt und rein dargestellt wurde. Außerdem wurde daselbst auch „rauchende Schwefelsäure" erzeugt. Noch heute zeugen die ausgedehnten, roten Halden von caput mortuum (Fe_2O_3) von der Ausdehnung der seinerzeitigen Vitriolindustrie. Hier in Altsattl hat Johann David Starck das Geld verdient, das ihn zum Pionier des Falkenauer Kohlenbergbaues werden ließ.

Als um die Mitte des 19. Jahrhunderts nach der Erfindung des Bleikammerprozesses chemische Fabriken die Erzeugung der Schwefelsäure und auch von Alaun übernahmen, fand die Vitriolindustrie ein Ende.

Solche ehemalige Vitriolhütten finden sich auch östlich von Petschau und am Fuße des Erzgebirges bei Deutschbundesort (Littmitz). Als zu Ende des ersten Weltkrieges die Schwefelsäure knapp wurde, haben hier die Montan- und Industriewerke für die Fabrik in Kasnau die Gewinnung von Schwefelkies vorübergehend wieder aufgenommen.

Während des letzten Jahrhunderts hatte der Kohlenbergbau, mit dem auch die Erzeugung elektrischer Energie verknüpft ist, überragende Bedeutung gewonnen. Im Karlsbader Revier sind die Kohlenflöze größtenteils erschöpft oder wegen der durch alte Sünden bewirkten Brandgefahr nur tagbaumäßig gewinnbar. Dagegen sind im Falkenauer Revier noch größere Kohlenvorräte vorhanden.

Im Karlsbader Revier hat nach dem ersten Weltkrieg die Kaolinindustrie den Kohlenbergbau bei weitem übertroffen. Kaolin gilt nach dem Berggesetz nicht als ein „vorbehaltenes Mineral" wie Kohle, Erze, Salz und Erdöl, es findet auf Kaolin auch das Schürf- und Verleihungsrecht keine Anwendung, sondern Kaolin und Ton gehören dem Oberflächner (Grundbesitzer). Diese Rechtslage hatte zur Folge, daß von den einzelnen Kaolinbauern kleine Gruben und eigene Schlämmereien geschaffen wurden. Solche Kleinbetriebe mußten sich zusammenschließen, um sich wirtschaftlich behaupten zu können. Es mußte die Aufbereitung konzentriert und wissenschaftlich kontrolliert werden. Der Kaolintransport durch Pferde mußte durch Seilbahnen ersetzt werden. Auf dem Gebiet der Kaolinindustrie wurden nach dem ersten Weltkriege führend die Zettlitzer Kaolinwerke AG (ZKW), zu welcher auch die Karlsbader Kaolin-Elektro-Osmose AG sowie die Kaolina, Karlsbader Kaolin-Industrie in Poschezau sowie zwei große Betriebe in Sachsen gehörten. Der durch hohe Plastizität ausgezeichnete Kaolin wurde an die Porzellanindustrien Deutschlands, der Schweiz, der nordischen Staaten einschließlich Finnlands geliefert, erwarb aber darüber hinaus in der chemischen Industrie, vor allem als Füllmaterial bei der Kautschuk- und Papiererzeugung und für die Herstellung von Heilmitteln große Bedeutung. Die Kaolinlagerstätten haben eine bauwürdige Mächtigkeit von 15 – 20 m und große flächenhafte Ausdehnung.

Die Tonlager von Janessen und Putschirn wurden durch mehr als hundert Jahre in primitiven Gräbereien von den Grundbesitzern ausgebeutet, der Ton wurde von den Porzellanfabriken zur Erzeugung von Kapseln verwendet, in denen das Geschirr zum Brande in die Öfen eingesetzt wird. Eine große wirtschaftliche Bedeutung namentlich für die Eisenindustrie erlangten die im Egerer Becken gelegenen Tonlager von Fonsau, Wildstein-Neudorf, Großloh und Watzkenreut. Die reinen Tonbänke und sandigen Tone daselbst sind durch Abtragung eines Kaolinlagers im Nordwesten des Egerer Beckens entstanden.

Über „Das Erzvorkommen und die Wiederaufnahme des Bergbaus in Schlaggenwald-Schönfelder Bergrevier in neuerer Zeit" berichtet Ing. Karl Prosch im „Jahrbuch der Egerländer 1926", S. 68 – 71.

1) Die Geschichte des Zinnbergbaues von Schlaggenwald ist in einer fleißigen Arbeit von einem gewissen Reyer zusammengetragen und in der „Österreichischen Zeitschrift für Berg- und Hüttenwesen" Jahrgang 1886 oder 1887 veröffentlicht worden.
2) Frühbus sollte richtiger Fribuß geschrieben werden, d. h. die dortigen Zinnerze waren so reich, daß die Gewerke frei von Buße (Zubuße) waren, der Bergbau machte sich gleich zu Anfang bezahlt.
3) Über den alten Bergbau in St. Joachimsthal gibt eine Arbeit von Dr. Sturm Aufschluß. Außerdem hat Prof. Lorenz, der – ein gebürtiger „Taler" – bis 1945 am Gymnasium in Karlsbad wirkte, ein Bild über die bergbaulichen, wirtschaftlichen und sozialen Verhältnisse Joachimsthals während der Blütezeit des Silberbergbaues (1500 – 1550) zusammengestellt und zwar auf Grund der in der Sarepta zusammengefaßten Predigten des Mathesius an die Bergleute.
4) Ich hatte Gelegenheit den ärar. Bergbau von Joachimsthal in der Zeit von 1902 – 1921 zu befahren, als Revierbeamter auch den Bergbau im Tale gegen Ölbecken (Fabrikstal), den sog. Sächs. Edelleutstollen, der etwa um 1902 ebenfalls vom Ärar käuflich erworben wurde.
5) Für die vielfach vorkommenden Orts- und Flurbezeichnungen „Goldbach", „Goldberg", „Goldbrech" (zwischen Landek und Tepl) dürfte folgende Erklärung zutreffen:
Als unter Maria Theresia die allgemeine Wehrpflicht eingeführt wurde, sind die Bergleute davon ausgenommen worden, da diese Kaiserin den Bergbau außerordentlich förderte.
Auch ich habe als Bergjurist ein von ihr gestiftetes Goldstipendium genossen, das ursprünglich auf 400 fl Konventionsmünze lautete (später waren es 800 Goldkronen). In dem Stiftsbriefe heißt es, daß jeder Bergbaubeflissene so gestellt sein solle, daß er sich – siehe Hoffmanns Erzählungen – einen Pudel halten könne.
Dieses Entgegenkommen der Kaiserin machten sich manche Bauernsöhne zunutze und legten einen Stollen an, was weniger schmerzlich war, als 12 Jahre an der Militärgrenze zu dienen und an Malaria zugrunde zu gehen. Auch in Elbogen gibt es unter dem Friedhof einen „Goldberg", und ein ganz unsinniger Stollen findet sich nächst Elbogen auf dem Wege nach Hans Heiling. Vielleicht wurde etwas Schwefelkies in dem dort verlaufenden „Kaiserwaldverwurf" als Gold angesehen. Übrigens ist Schwefelkies nächst Elbogen auf der „Schachzeloh", das ist rechts der Eger in der Nähe des Stemmeiselhofes, tatsächlich gewonnen worden.

Dr. Karl Uhlig

Der Kohlenbergbau des Egerlandes

Das Egerland hat zwei Kohlenreviere, das Braunkohlengebiet im Norden im Egergraben um Falkenau und das kleinere, aber ältere Steinkohlenrevier im Süden, das sogenannte Pilsner Revier, das zu drei Vierteln zum Egerland gehört und dessen Schwerpunkt bei Staab liegt.

Bruttoförderung in Millionen Tonnen

	Falkenau	Staab
1860	0,1	–
1870	0,3	–
1880	0,6	1,40
1890	1,5	1,3
1900	2,6	1,2
1913	4,1	1,36
1920	4,5	1,0
1928	4,1	1,0
1938	2,8	0,8
1939	3,3	0,9

Die Falkenauer Braunkohle. Das Revier ist der kleinere Bruder des mehr als dreimal so großen Brüxer Braunkohlenreviers. Seine Kohle ist im Durchschnitt nicht ganz so gut wie die Brüxer Braunkohle, hat aber doch doppelt so viel Heizwert wie die mitteldeutsche Braunkohle. Der Bezirk Falkenau hatte vier Fünftel der Gesamtförderung, nämlich im Jahre 1929 in 1.000 Tonnen 3.430, Elbogen 630, Karlsbad 171, Petschau (Trossau) 3, Wildstein (Zweifelsreuth) 26. Erst der Bahnbau des Jahres 1870 begann das Revier aus kleinsten Anfängen in die Höhe zu reißen. Die Vorkriegsförderung von 4,1 Mill. Tonnen wurde 1920/21 überschritten, als allgemeine Kohlennot war und Falkenau die Förderung am leichtesten steigern konnte, aber die Weltkrise riß es wieder tief hinunter und es konnte sich bis 1937 nur auf vier Fünftel der Vorkriegshöhe erholen. Der Rückgang war verursacht durch den Verfall der Ausfuhr nach Deutschland, die vor dem Kriege mehr als die Hälfte der Nettoförderung ausmachte und seither um eine volle Million auf 0,9 Mill. Tonnen im Werte von 76 Mill. Kč fiel. Der Inlandsabsatz hat sich dagegen um 0,3 Mill. Tonnen auf 2,0 Mill. Kč gehoben.

Die gewaltigen Schwankungen der Förderung hatten einen sehr ungünstigen Einfluß auf die Lage der Bergarbeiter. Die Belegschaft war in der Zeit der Kohlennot um 4.000 Mann auf über 11.000 vermehrt worden. Als aber nach Beendigung der Kohlennot wieder rationell gearbeitet werden mußte, ging die Belegschaft bis 1937 auf 4.000 zurück. 7.000 Bergarbeiter waren nur in diesem einen, verhältnismäßig kleinen Revier entweder arbeitslos oder abgewandert. Es gab viel Elend. Der Bergbau hat sein Risiko, das wußten schon die „Alten" im Erzgebirge. Nach dem 2. Weltkrieg arbeiteten im Revier noch sehr viele Deutsche, die man wohlweislich nicht auswies, und ihre Leistungen wurden den Tschechen als Muster vorgehalten.

Das Steinkohlenrevier. Die Förderung begann eher als in Falkenau, erreichte aber schon in den 80er Jahren des 19. Jahrhunderts ihren Höhepunkt, stagnierte dann und wurde von Falkenau gewaltig überflügelt. Das Revier hat seine Vorkriegsförderung nie mehr erreicht und ist bis 1937 auf 0,9 Mill. Tonnen zurückgefallen. 1938 kamen davon 680.000 Tonnen auf den Egerländer Teil, 220.000 auf das Protektorat. Zentrum des deutschen Teiles war Nürschan im Gerichtsbezirk Staab. Das Revier hatte im Gegensatz zu Falkenau seine Ausfuhr von 270 000 Tonnen (Wert 43 Mill. Kč) nach Deutschland und Österreich auf Vorkriegshöhe behauptet, dagegen war sein Inlandsabsatz halbiert und betrug nur noch 0,5 Mill. Tonnen (ungefähr 90 Mill. Kč), weil die Brüxer Braunkohle rund ebensoviel ins Pilsner Becken warf. Die Belegschaft war gegenüber der Vorkriegszeit halbiert und betrug nur noch 3.600 Mann. Die wirtschaftliche Bedeutung beider Reviere ging über den Absatzwert von rund 360 Mill. Kč weit hinaus, denn die Möglichkeit, Kohle aus nächster Nähe mit geringen oder sogar ohne Frachtkosten zu beziehen, erlaubte die Errichtung einer großen Anzahl besonders „kohlenfremder" Fabriken, wie Glashütten, des Falkenauer Stickstoffwerkes, und den Ausbau der Porzellanindustrie.

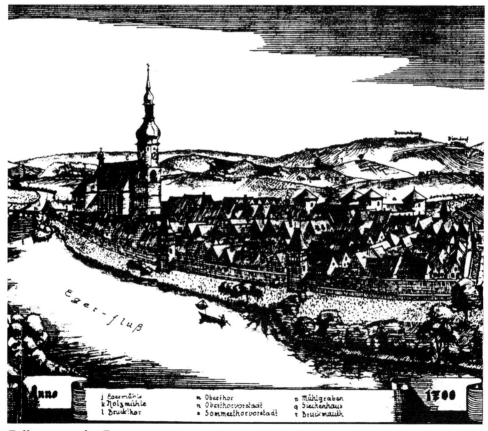

Falkenau an der Eger.

Dr. Karl Uhlig

Die internationale Bedeutung der Kurorte des Egerlandes

Die erste Ahnung, daß „wir" ein internationaler Kurort seien, bekam ich, als ich mich mit den Anfangsgründen des Lateinischen herumschlug. Da hörte ich einen Hotelportier in ehrfurchtgebietender Admiralsuniform mit dem einen Gast fließend Englisch sprechen, dann einem anderen Französisch Auskunft geben und gleich darauf, sozusagen als Beweis, wo er her war und was aus unseren Leuten alles werden kann, in waschechtem Egerländerisch einen Laufburschen kräftig vermoppeln.

Vor dem ersten Weltkrieg kam nur ein Zehntel aller Kurgäste aus den Gebieten, welche die spätere Tschechoslowakei bildeten, aber neun Zehntel aus Ländern, welche entweder schon damals Ausland waren oder es nach dem ersten Weltkrieg wurden. Bis 1929 war der Anteil der Ausländer auf 76%, bis 1937 auf 62% zurückgegangen, aber immer noch waren die Ausländer in der Mehrheit. Dabei fehlte im Verzeichnis der Herkunftsländer fast kein Land der Erde. Ein Zehntel aller Kurgäste kam aus der Übersee. Am internationalsten war Marienbad, wo im Jahre 1929 volle 87% der Kurgäste Ausländer waren, in Karlsbad waren es 75%, nur im Herz- und Frauenheilbad Franzensbad waren es bloß 48%, also die Inländer bzw. Inländerinnen ein wenig in der Mehrheit.

Die Reichsdeutschen

stellten in allen Bädern der Tschechoslowakei überhaupt und im Egerlande insbesondere den Hauptanteil der ausländischen Kurgäste. Am meisten überwogen sie in Marienbad, wo sie im Jahre 1929 mit 23.500 stärker auftraten als in Karlsbad, so daß in Marienbad auf einen Kurgast aus der Tschechoslowakei vier Reichsdeutsche und drei andere Ausländer kamen. Karlsbad hatte 21.600 Reichsdeutsche, gleich ein Drittel aller Kurgäste, Franzensbad 4.100, gleich ein Fünftel.

Die Österreicher

Die Entwicklung des Besuchs aus Österreich jetzigen Umfangs kann ich nur für Karlsbad ab 1911 verfolgen, weil mir nur für Karlsbad Zahlen zur Verfügung stehen, die aus der Gesamtsumme für Altösterreich herausgeschält sind. Sie ergeben für das Jahr 1911 für das jetzige Österreich 7.000, wovon rund 6.000 Wiener waren, während das übrige österreichische Gebiet, obwohl es 2½ mal soviel Einwohner wie Wien hatte, kaum 1.000 schickte. Diese Kurbegeisterung der Großstädter ist etwas ganz Bemerkenswertes. Im Jahre 1929 kamen an österreichischen Kurgästen auf Karlsbad 5.100, Marienbad 2.500, Franzensbad 1.700.

Die Polen

stellten 1929 nach den Reichsdeutschen das zweitstärkste Auslandskontingent noch vor den Österreichern. Nach Karlsbad kamen 6.400, nach Marienbad 3.700, nach Franzensbad 1.000. Franzensbad hatte also einen schwachen Besuch aus Polen gegenüber einem verhältnismäßig sehr starken aus Österreich.

Die Ungarn
bevorzugten Karlsbad und vernachlässigten Franzensbad. Nach Karlsbad kamen 3.100, nach Marienbad 1.400, nach Franzensbad aber nur 300.

Die Jugoslawen
bevorzugten Karlsbad, das 1.000 besuchten, während nach Marienbad und Franzensbad nur je 200 kamen.

Der übrige Balkan
(Rumänen, Bulgaren, Griechen, Türken) bevorzugte ebenfalls Karlsbad mit 3.700 Kurgästen (darunter 3.300 Rumänen), Marienbad hatte 900, Franzensbad 700.

Die Amerikaner
waren in unseren westböhmischen Kurorten mehr als viermal so stark vertreten wie die Engländer, obwohl Amerika unvergleichlich weiter entfernt ist als England und das Verhältnis der Bevölkerungsgröße für England viel weniger ungünstig ist. In den drei großen Kurorten des Egerlandes waren 1929 an Amerikanern 5.800, Engländern nur 1.400, Franzosen 1.000, Italienern 500. Es ist sehr bemerkenswert, daß einem so schwachen Besuch aus Westeuropa ein so starker aus Amerika gegenüberstand. An Amerikanern hatte Karlsbad 4.500, Marienbad 1.100, Franzensbad 300.

Die Engländer
schickten nur 800 Kurgäste nach Karlsbad, 500 nach Marienbad, bloß 70 nach Franzensbad.

Die Franzosen
waren noch spärlicher als die Engländer. Im Jahre 1929 kamen 600 französische Kurgäste nach Karlsbad, 300 nach Marienbad, 200 nach Franzensbad.

Italien
schickte 300 nach Karlsbad, 100 nach Marienbad, nur 40 nach Franzensbad.

Die übrigen Länder
Der Besuch aus Skandinavien, den Niederlanden, Belgien, der Schweiz usw. ist in den Nachweisen des Statistischen Staatsamts unter „übrige europäische Länder" zusammengefaßt. Eingehende Zahlen habe ich nur für Karlsbad allein. Diese besagen, daß Schweden 500, Dänemark, Norwegen und Finnland je 200 Kurgäste 1929 nach Karlsbad schickten, die Niederlande und Belgien ebenfalls je 200, die Schweiz 500, Spanien, die Türkei und Griechenland je 100. Rußland, das 1911 aus seinem damaligen Gebiet 12.000 Kurgäste nach Karlsbad geschickt hatte (ohne die vielen „schwarzen Kurgäste", die in den Vororten wohnten), war auf 60, also so gut wie nichts zurückgefallen.

Die Besuchsdichte der einzelnen Länder
Internationalität des Kurbesuches war nach dem Gesagten nicht so, daß alle Länder einen gleich großen Prozentsatz jener Kranken, denen unsere Bäder Heilung bringen konnten, in unsere Bäder schickten. Dagegen gab es eine Menge Hindernisse, deren größtes die Entfernung und die dadurch bedingte Höhe der Reisekosten waren, der

Blick auf Karlsbad. *Federzeichnung von Walter Harzer*

Reichtum der einzelnen Länder, das Streben, Kassenpatienten im eigenen Lande zu behalten, und nicht zuletzt das Maß der Propaganda, das die hochweisen Stadtväter für die einzelnen Länder zu bewilligen für gut fanden. Im allgemeinen gilt der Satz, daß der Besuch um so größer war, je näher das Land war, aber davon gab es sehr charakteristische Ausnahmen.

Ich muß, um dies zu beleuchten, auf die Vorkriegszeit (I. Weltkrieg) und auf Karlsbad allein zurückgreifen, weil ich nur dafür Besucherzahlen habe, welche nach den einzelnen österreichischen Kronländern aufgegliedert sind, also Einblick in die Dichtenschichtung in unserer nächsten Nähe geben.

Nach Karlsbad schickte 1911 das am nächsten gelegene Land Böhmen 70 Kurgäste je 100.000 Einwohner und Mähren und Österreich-Schlesien 65. Die weiter entfernte Großstadt Wien schickte aber 300, während das übrige Niederösterreich und die Alpenländer nur auf 25 kamen. Dafür traten aber Galizien und die Bukowina mit 75 Kurgästen je 100.000 Einwohner in Karlsbad an, obwohl sie viel ärmer als die österreichischen Alpenländer waren. Bei Wien sieht man, daß die Bequemlichkeit der Großstädter, die günstigen Verkehrsverbindungen, eine alte Gewöhnung und gesellschaftliche Mode, verbunden mit gehäufter Propaganda, den Besuch hinauftrieb. Für Galizien waren die westböhmischen Bäder das Fenster, durch das der Osten in die westliche Kultur schauen konnte. Wir haben seinerzeit Bildungshunger unserer geliebten „Seffen" schwer unterschätzt. Die 9.100 Kurgäste, welche aus Alt-Ungarn kamen, bedeuten eine Dichte von 44 je 100.000 Einwohner, aber das ist der nicht aufgegliederte Durchschnitt für ganz Ungarn. Im einzelnen dürfte es wie in Niederösterreich gewesen sein, daß der Löwenanteil auf Budapest entfiel, dessen Dichte vielleicht 150 bis 200 betrug, während das übrige Land mit 10 zufrieden war. Die 18.500 Reichsdeutschen, welche 1911 nach Karlsbad kamen, bedeuten nur 28 je 100.000 Einwohner im Reichsdurchschnitt. Im einzelnen aber dürfte auch hier Berlin mit einer Dichte beteiligt gewesen sein, welche diesen Durchschnitt ums Vielfache übertraf. Das Land mit der nächstgrößten Kurgastdichte war Rumänien mit 27, während die 12.000 Russen im Reichsdurchschnitt nur 9 je 100.000 Einwohner ergaben. Aber hier dürfte der Besuch aus Russisch-Polen und namentlich Warschau ein Vielfaches des Durchschnitts betragen haben.

In Westeuropa kam die Schweiz auf 9, Skandinavien auf 5, die Niederlande auf 4, Belgien 3, Frankreich und Großbritannien hatten nur je 2, obwohl sie so reiche und verhältnismäßig nahe Länder waren. Italien kam auf 1. Nordamerika schickte 3.500 Kurgäste, was aber nur 3 je 100.000 Einwohner bedeutet, Mittel- und Südamerika kamen auf 1, Afrika auf 0,1 und Asien auf 0,02. Die Abstufung war also ungeheuer. Auf den obersten Stufen der Treppe standen die Großstädte Wien, Berlin, Budapest, auf der untersten Stufe Asien mit so gut wie nichts.

Die Bedeutung des internationalen Fremdenstroms war eine sehr große, sowohl in kultureller, politischer und wirtschaftlicher Hinsicht.

Kulturell bewirkte der Fremdenzustrom, daß nicht nur die Besitzer der Hotels, Kurhäuser und Geschäfte, sondern auch ihr gesamtes nicht nur aus Karlsbad allein stammendes, sondern auch aus der näheren und weiteren Umgebung, ja dem ganzen Egerland und darüber hinaus zusammengezogenes Personal lernen mußte, wie die Angehörigen anderer Völker denken und leben und wie man sie behandeln muß, damit sie bei uns zufrieden sind, wieder kommen, und uns empfehlen, und, was für das Personal sehr wichtig und ein besonderer Ansporn war, gute Trinkgelder geben. Wenn man bedenkt, daß ein großer Teil des Personals aus weltentlegenen kleinen und kleinsten Bauern- und Walddörfern kam und keine andere Schulbildung besaß, als sie eine kärglichst ausgestattete einklassige Dorfschule vermitteln kann, dann kann man ermessen, welche Unsumme von Erziehungsarbeit in unseren Bädern geleistet wurde, um dieses Rohmaterial zu tüchtigen, verständigen, flinken, sauberen und adretten Leuten zu machen, die in unermüdlicher Arbeit die Fremden umsorgten. Aus diesem Rohmaterial wurden nicht nur Stuben- und Kaffeemädel, Ladenmädel, Verkäufer, Haus- und Badediener, Kutscher und Chauffeure. Daraus wurden auch ausgezeichnete Köche, sprachkundige Portiers, erstklassige Verkäufer. Die Kürze der Saison führte von selbst strebsame Leute dazu, im Winter in Wien, Meran, Abbazia, an der Riviera oder in Ägypten, in Paris und London Arbeit zu suchen. Sie zogen also ihren Fremden nach, weiteten ihren Blick, ihre beruflichen und sprachlichen Kenntnisse ersparten meist ein kleines Kapital und so mancher wurde reif zum Hoteldirektor oder selbständigem Unternehmer oder Kaufmann. Es entstand eine international gründlichst durchgebildete Führerschicht, fähig zu den vielen weitreichenden und großzügigen Entscheidungen, wie sie der Aufbau der Weltbäder erforderte.

Politisch wurde die Tatsache von gewaltiger Bedeutung, daß alle Länder der Welt aus den persönlichen Erfahrungen so zahlreicher zu uns entsandter Kundschafter zur Kenntnis nehmen mußten, daß in den Bädern des Egerlandes aufgeschlossene Leute von seltener Tüchtigkeit wohnen, deren Obsorge man sich mit Vertrauen, ja mit Vergnügen überlassen kann. Nicht umsonst nannten die Tschechen Karlsbad und Marienbad die „Fenster ihrer Republik". Sie brillierten hier allerdings mit Leistungen, welche nicht Tschechen, sondern Deutsche vollbrachten, aber die Kurgäste aus der weiten Welt waren ja nicht auf den Kopf gefallen und wußten sehr gut, daß sie von Deutschen und nicht von Tschechen umsorgt worden waren. Ich weiß nicht, ob seinerzeit die Münchner Entscheidung, welche das Sudetenland kampflos an Deutschland gab, möglich gewesen wäre, wenn nicht die in unseren Bädern gesammelten Erfahrungen der westlichen Kurgäste Gemeingut der Welt gewesen wären. Ich hoffe, daß diese Erfahrungen noch wirksam sein werden, wenn einmal die endgültige Entscheidung über unsere alte Heimat fällt.

Wirtschaftlich war der Kurverkehr ein Goldstrom, der sich zunächst in die Kurorte ergoß, von diesen aber zum weitaus größeren Teil weithin ins Land weitergegeben wurde. Wie groß dieser Goldstrom war, darüber geben schätzenswerte Aufschlüsse die vom Statistischen Staatsamte in Prag veröffentlichten sehr gründlichen Untersuchungen Dr. Paul Smutnys über die tschechoslowakische Zahlungsbilanz. Nach dieser (tschechischen!) Quelle gaben im Jahre 1928 die ausländischen Kurgäste in Karlsbad 232 Mill. Kč aus, in Marienbad 191, in Franzensbad 44, zusammen in diesen drei großen Bädern 467 Mill. Die Ausgaben in den kleinen Bädern des Egerlandes wie Konstantinsbad, Königswart, Gießhübl-Sauerbrunn sind nicht angegeben und nicht berücksichtigt, wie auch nicht die der „schwarzen" Kurgäste, welche in den Vororten billig wohnten und in den Kurorten nicht gemeldet waren. Auch ihre Ausgaben betrugen etliche Millionen, von denen kein Heldenlied kündet. Zu den

Ausgaben der ausländischen Kurgäste kamen noch die Ausgaben der inländischen Kurgäste, welche in den drei großen Bädern ungefähr 120 Mill. betragen haben dürften, dann die Ausgaben der 100.000 Passanten, welche in den Kurorten nur ein bis vier Tage übernachteten, und der vielen Leute, welche nur über Tag da waren. Im ganzen kommt man auf einen Gesamterlös von rund 700 Mill. Kč, damals ungefähr 90 Mill. Reichsmark. Das war ein recht ansehnlicher und dicker Goldstrom.

Für die Kurorte war es aber nur der Bruttoerlös, von dem ihnen bloß ein verhältnismäßig kleiner Bruchteil als Nettoerlös blieb. Wie aus einem großen Bruttoerlös ein kleiner Nettoerlös wird, dafür möchte ich ein kleines Beispiel geben: Wenn ein Hotelier einem Kurgast eine Tasse Kaffee vorsetzte, so erhielt er dafür zwar den Preis, den er dafür auf die Karte geschrieben, aber der größere Teil dieses Preises blieb nicht ihm, ja blieb nicht einmal im Kurort, denn der Kaffee und eine Menge Zutaten kamen ja von auswärts. Fast von jedem Gegenstand, mit dem der Fremde in Berührung kam, von der Bettstatt, der Bettwäsche und Badewanne bis zum Geschirr und Besteck ging ein Betrag vom Bruttoerlös ab und marschierte aus den Kurorten hinaus, und zwar manchmal sehr weit bis ans andere Ende der Welt. Und dann kam der liebe, gute Vater Staat und erhob Getränke-, Umsatz-, Erwerbs- und Einkommensteuer, Grund- und Erbsteuer und eine Menge von Gebühren und wenn dann der Mensch, der sich ein ganzes Jahr aus Leibeskräften geplagt und eine Menge Geld eingenommen hatte, am Jahresschluß ausrechnete, wieviel ihm für seine Plage geblieben war, dann war es eigentlich recht wenig. In guten Zeiten langte es natürlich, manchmal sogar sehr, aber in schlechten Zeiten, zu denen alle Kriegs- und Krisenjahre zählten, die seit 1914 mit wenigen Ausnahmen der Normalzustand waren, arbeitete die Mehrzahl der Betriebe passiv. Ihre Besitzer mußten, wenn sie den Betrieb nicht ganz verlieren wollten, Ersparnisse opfern (da gingen viele große Vermögen verloren), Schulden machen und schließlich, wenn es gar nicht mehr ging, doch verkaufen. Mancher „reiche Karlsbader" oder Marienbader ging arm wie Hiob weg.

Für den Staat waren unsere Kurorte eine steuerliche Goldgrube, aber noch viel wichtiger waren sie ihm als eine der haupttragenden Säulen der Zahlungsbilanz. Zahlungsbilanz ist kein populärer Begriff und ihre ungeheure Bedeutung, abgesehen von Fachleuten, nicht allzu vielen Menschen klar. Wenn man aber unseren Kurorten voll gerecht werden will, muß man das auch wissen. Sind in einem Haushalt die Ausgaben dauernd größer als die Einnahmen, wird die Hausfrau bald Schwierigkeiten haben, beim Kaufmann Lebensmittel zu bekommen. Ein Staat, dessen laufende Verpflichtungen gegenüber dem Auslande größer sind als seine laufenden Einnahmen aus dem Auslande, wird sehr bald Schwierigkeiten haben, Baumwolle, Wolle, Flachs usw. zu bekommen, und seinen Leuten wenig zum Anziehen liefern können. Die Tschechoslowakei hatte im Jahre 1929 im Warenhandel eine Einfuhr, also Verpflichtungen, im Wert von 20 Milliarden Kč. Sie waren durch die Ausfuhr, also die Einnahmen, um 0,4 Milliarden überdeckt, aber dafür ergaben andere Zahlungsposten zusammen, immer ohne den Devisenerlös der Bäder, einen Zuschußbedarf von 0,2 Milliarden, so daß ohne Bäderdevisen der Gesamtüberschuß der laufenden Posten nur 0,2 Milliarden betrug, was angesichts der Gesamtumsätze, welche 31 Milliarden betrugen und bei der großen kurzfristigen Verschuldung eine völlig ungenügende Manövriermasse gewesen wäre. In diese höchst unerfreuliche Lage warfen die Bäder einen Devisenerlös von 0,6 Milliarden hinein und erst dadurch stieg das Aktivum der laufenden Posten auf 0,8 Milliarden. Dieses Devisenaktivum ermöglichte der Tschechoslowakei die ersten Jahre der Weltwirtschaftskrise mit intakter Währung zu überstehen. Das war die große Tat unserer westböhmischen Bäder, eine Tat, von der jeder der verantwortlichen Staatsmänner wenn schon nicht wußte, von der er aber mindestens eine kleine Ahnung haben mußte, wobei er allerdings nie daran dachte, den Kurorten zu danken.

Franzensbad, Franzensquelle.   *Holzschnitt von Martin Rößler*

Josef Weitzer, Falkenau/Eger

Das Egerland im 1. Weltkrieg (1914/1918)
(Kriegstote und Vermißte)

Gerichtsbezirk	Einwohnerzahl	Nennungen (Doppler)		Verlust in % der Einwohnerzahl	Die meisten Verluste hatte die Gemeinde	
Asch	44.896	1.837	(42)	4,04	Hirschfeld	7,36
Buchau	14.045	608	(12)	4,28	Schwinau	8,93
Eger	46.139	1.547	(25)	3,32	Markhausen	7,84
Elbogen	41.758	1.540	(82)	3,58	Zech	7,95
Falkenau/Eger	54.237	1.810	(254)	3,10	Lobs	5,83
Graslitz	39.216	1.563	(38)	3,93	Neudorf	7,02
Karlsbad	78.762	2.612	(101)	3,25	Ranzengrün	7,05
Königswart	16.456	756	(16)	4,54	Krottensee	8,51
Luditz	14.861	591	(11)	3,93	Domaschin	8,24
Marienbad	15.537	523		3,36	Royau	5,71
Neudek	24.248	884	(19)	3,60	Kammersgrün	9,47
Petschau	16.436	756	(5)	4,58	Gängerhof	8,93
Pfraumberg	17.897	706	(4)	3,93	Strachowitz	9,56
Plan	19.808	727	(2)	3,66	Sahorsch	12,19
Platten	12.066	563	(8)	4,63	Abertham	6,01
Tachau	25.544	1.083	(9)	4,22	Böhmisch Dorf	10,59
Tepl	10.123	429	(8)	4,19	Schrikowitz	8,20
Weseritz	14.477	661	(7)	4,54	Tschelief	7,60
Wildstein	22.923	991	(44)	4,22	Dürngrün	9,29
Ehemaliger Ergänzungsbezirk Eger	529.429*)	20.187	(687)*)	3,75	Gerichtsbezirk Platten	4,63

*) In diesen Zahlen sind nicht erfaßt die Gerichtsbezirke St. Joachimsthal, Duppau, Mies, Staab, Tuschkau, Wiesengrund, Bischofteinitz, Hostau und Ronsperg, die anderen Ergänzungsbezirken zugeteilt waren. Das Kriegsopfer des Egerlandes ist somit mit etwa 25.000 Kriegstoten und Vermißten anzunehmen.

Die Größe des Kriegsopfers der Egerländer wird uns klarer in folgenden Vergleichszahlen:

Bereich	Bevölkerungszahl	Kriegsverluste	Verlust in % der Bevölkerungszahl
Österreich-Ungarn	54.000.000	1.400.000	2,50
Deutsches Reich	68.000.000	2.147.000	3,15
Egerland	530.000	20.000	3,75

	Zum Kriegsdienst eingezogen	Hievon Kriegstote
Österreich-Ungarn	10,6%	23,5%
Deutsches Reich	9,2%	34,2%
Egerland	10,6%	35,4%

Stilles Heldentum spricht aus diesen Zahlen.
Wer zählt die Verluste der Egerländer im 2. Weltkriege 1939 – 1945? Sie lassen sich infolge unserer Vertreibung aus der angestammten Heimat kaum erfassen, wohl aber schätzen. Daß die Verlustziffern weit höher liegen, ist längst feststehende Tatsache. Wir ehren uns, wenn wir unserer Toten stets gedenken!

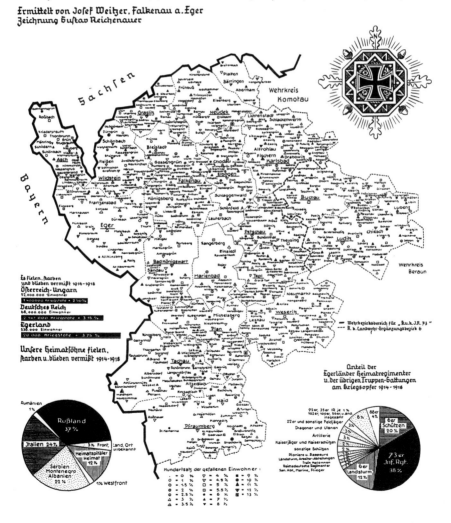

Dr. Viktor Karell

Burgen und Schlösser des Egerlandes
Von der Pfalz Eger zur Burg Hassenstein

Das Grenzland Egerland war immer ein Land der Gefahr, es mußte daher auch ein Land der Burgen werden, als die Burg das beste Bollwerk der Friedenssicherung wurde. So drängt sich auf engstem Raume im Egerland eine Fülle von solchen stolzen Zeugen aus dem Mittelalter zusammen vom einfachsten Burgstall bis zur mächtigen Pfalz und zum prächtigen modernen Schloß.

An die größte Epoche der deutschen mittelalterlichen Geschichte erinnern die gewaltigen Reste der alten Burg Eger. Sie war der deutsche Schlüssel zu Böhmen und zum Osten schlechthin. So rückte sie namentlich unter den Hohenstaufern in den Brennpunkt der Ostpolitik des Reiches. Palas, Doppelkapelle und Schwarzer Turm sind noch heute die hervorragendsten Zeugen längst vergangener Glanzzeiten der Trutz- und Prunkfeste an der oberen Eger. Aus einer alten wehrhaften Burg der Vohburger schuf der Hohenstaufe Friedrich Rotbart eine prunkhafte kaiserliche Pfalz. Sicherheit und Pracht wurden vereint.

Im Jahre 1167 hatte Friedrich Rotbart das Egerland übernommen, 1179 hielt er auf der Burg Eger zum ersten Mal einen Reichstag ab. Bei diesem Aufenthalt mag er die Bedeutung der Pfalz erkannt und ihre Erbauung beschlossen und angeordnet haben. Und als Barbarossa 1183 wieder hier weilte, ist die Burg bereits ein castrum imperatoris. In gleicher Weise liebte auch Barbarossas großer Sohn, Heinrich VI., die neue Pfalz. Er feierte dort fast alljährlich das Weihnachtsfest und mag die Ausschmückung des Palas und den Weiterbau der Kapelle nicht wenig gefördert haben. Und als „der Hammer der Erde" kaum 32jährig der Sonne des Südens erlag, da blieb auch des Rotbarts jüngster Sohn, Philipp von Schwaben, der Egerer Burg treu und weilte gern und oft in ihren Mauern. Unter Friedrich II., der häufig in Eger Hof hielt, mag die Kapelle, die er im Jahre 1213 wohl erst im Untergeschoß fertig vorgefunden hatte, ausgebaut worden sein. Eine seiner bedeutsamsten Urkunden von der großen Fürstenversammlung zu Eger vom Juli 1213 ist gegeben „in capella in castro Egre". Die Burgkapelle ist hier zum ersten Male urkundlich erwähnt. Noch unter dem schöngeistigen Sohne Friedrichs II., Heinrich, herrschte hochbeschwingtes Leben in der stolzen Burg. Doch als der Stern der Staufer sank, war die Herrlichkeit der Egerer Pfalz dahin.

Im Jahre 1266 besetzte König Ottokar II. von Böhmen die Burg zu Eger. Rudolf von Habsburg gewann sie wieder dem Reich zurück. Und nun rang um Eger bald der Osten, bald der Westen, bis es Ludwig der Bayer dem Luxemburger König Johann von Böhmen als Pfand dahingab (1322), womit es dem Reich endgültig verloren ging. Das Pfand ist niemals eingelöst worden, und Eger wurde langsam, aber sicher eine Stadt des Königreiches Böhmen, und die Burg eine habsburgische Festung gegen den Westen. Wohl wurden noch in der Folgezeit wichtige Fürstenzusammenkünfte in Eger abgehalten, aber die Bedeutung der Egerpfalz als „politischer Ort" ist erloschen. Die Stadt trat nun immer mehr in den Vordergrund und dachte daran, die Burg ihrem Herrschaftsgebiet und ihrer Einflußsphäre einzuverleiben. Schon wurde ihr des öfteren die Burgpflege übertragen. Noch einmal wurde Eger zur Hussitenzeit ein Platz von internationaler Bedeutung, es sah die Verhandlungen mit den Utraquisten, noch einmal hielt ein deutscher Kaiser – Sigismund – 1437 einen Reichstag dort ab. Es war der letzte. Mit Georg von Podiebrad hielt der letzte König überhaupt seinen Einzug auf Burg Eger. In den Stürmen des 30jährigen Krieges bezog Wallenstein schon Stadtwohnungen. So wurden auch nur seine Offiziere als Gäste des Kommandanten Gordon im Anbau an den Palas ermordet, er selbst wurde am 25. Februar 1634 im Pachelbelhaus niedergemetzelt. Nach dem 30jährigen Krieg wurde die Burg ein Teil der Gesamtbefestigung Egers und 1773 wurde die Burggrafschaft aufgehoben.

Als die Stadt Eger im Jahre 1895 endgültig das Erbe aus der Hohenstaufenzeit übernahm, kam sie nur mehr in den Besitz einer Ruine. Und doch bestehen die schönen Worte des verdienstvollen Erforschers der Egerer Burg, Dr. Oskar Schürers, zu Recht: „Großartig spricht noch heute die Ruine des Palasbaues vom Egertal aus uns an. Die Doppelkapelle ist leidlich gut erhalten: Der Wohllaut ihrer Räume kann uns noch immer begeistern. Unversehrt ragt noch immer der Schwarze Turm, dessen gewaltigem Gemäuer sieben Jahrhunderte nichts anzuhaben vermochten. Ein stolzes Denkmal unserer Geschichte grüßt uns in dieser Ruine. Und wenn wir – heute im Geiste wenigstens – hinziehen, sie zu bewundern, so wollen wir nicht tote Altertumsschnüffelei treiben, sondern unser heutiges Leben bereichern. Aus Steinen, die wir zum Reden bringen, wollen wir versunkene Kräfte des Volkstums wieder lebendig machen, die ehemals solches aufgerichtet und die Welt durch edle Form gestaltet haben."

Die letzte Burg im äußersten Westen Böhmens war Markhausen. Sie stand erhöht in der Mitte des Dorfes und hatte in alter Zeit einen beträchtlichen Umfang. Heute ist von der Burg nur noch ein viereckiger Turm erhalten. Markhausen gehörte zu den 45 Burgen, Festen und Edelhöfen des Egerlandes, die nördlich des Flusses gelegen waren. Es soll eine Gründung des Marquard Markus, eines Lehensträgers der Paulsdorffer gewesen sein. Urkundlich erscheint es als Freihof des Klosters Waldsassen bezeugt, den Abt Franz Griebel 1348 an den Ritter Rüdiger von Sparneck verkaufte. Einen ähnlichen alten Ritterturm wie Markhausen hat auch noch das nahe gelegene Dorf Pirk.

In den östlichen Ausläufern des Fichtelgebirges auf Egerländer Boden liegen Dorf und Schloß Oberkunreut. Es ist uralter Kulturboden und vielleicht trug der Hügel, der mit Umwallung und Wassergraben umgeben war, schon zur Vohburger Zeit eine Feste. Der heutige Schloßbau stammt aus dem Jahre 1563 und verdankt dem berühmten Egerer Geschlecht der Junckher, die sich auch „von Oberkunreut" nannten, seine Entstehung. Die Junckher waren neben den späteren Grafen Schlick das einflußreichste Geschlecht des Egerlandes. Fünfzehnmal seit 1370 – 1701 waren sie Bürgermeister der alten Reichsstadt Eger. Die Schloßanlage bildet ein Quadrat von zwei Stockwerk Höhe mit zwei Türmen an den abgeschrägten Ecken, während die anderen Ecken turmlos sind. Ein dritter Turm steht vor der Front, aber nicht in der Mitte, sondern an der Frontecke. Er trägt das Junckhersche Wappen mit der Jahreszahl 1497.

Vor dem westlichen Ausgang des Dorfes Amonsgrün bei Sandau lag die Burg Borschengrün, von der sich nur noch Reste eines mittelalterlichen Wohnturmes erhalten haben. Borso von Riesenburg erbaute hier um 1373 eine feste Burg. Als von hier aus des öfteren Raubzüge ins Egerland unternommen wurden, wurde die Burg von den Egerer Stadthauptleuten 1452 eingenommen und geschleift.

Von den alten Schlössern des Egerlandes hat Schloß Seeberg wohl die reizvollste Lage. Auf steilem Felsen gelegen, erblickt man aus den Fenstern des alten Bauwerkes fast das ganze Egerland mit seinen waldumrauschten Randbergen des Erzgebirges und des Kaiserwaldes. Schon in der Verpfändungsurkunde des Egerlandes vom 4. Oktober 1322 wird neben Hohenberg und Kynsberg auch die „Veste Seeberg" genannt. Seeberg, das früher Reichslehen war, wurde nun ein böhmisches Krongut und die Stadt Eger erhielt von Kaiser Karl IV. das verbriefte Recht, in der Burg einen Amtmann nach eigener Wahl ein- und abzusetzen. Von 1434 an finden wir die Schlick, die Junckher und andere Geschlechter im Besitz der Burg. 1648 wurde das alte Schloß von den Truppen des schwedischen Generals Königsmark eingenommen. 1703 ging es in den Besitz der Stadtgemeinde Eger über und wurde von ihr vor dem ersten Weltkrieg in eine ideale Sommerfrische umgewandelt. So bot Schloß Seeberg, dessen ehrwürdige Mauern Jahrhunderte lang ein großes Stück der Geschichte des Egerlandes miterlebten, den Menschen der Gegenwart ein geruhsames Obdach zu Rast und Erholung von des Alltags schweren Lasten und Sorgen.

Die alte Burg Königswart stand nördlich der Stadt auf dem Schloßberg. Sie zerfiel in eine Vorburg und in eine um 15 m höher gelegene Oberburg, deren Eingang zwei starke Ecktürme deckten. Die Burg läßt sich seit dem 12. Jahrhundert nachweisen und wird zur Deckung des Straßenzuges vom Tepler Hochland herab erbaut worden sein. 1347 wurde die Burg während der bayerischen Fehde zum ersten Male zerstört und mit Bauverbot belegt. Erst König Wenzel gab 1398 Pflug von Rabenstein die Erlaubnis, die Feste von neuem zu errichten. Zum zweiten Male hatte sie 1506 in der Fehde zwischen Heinrich III. von Plauen und den Guttensteinern viel zu leiden, wurde aber 1561 sogar mit Unterstützung der böhmischen Stände wieder hergestellt. Auch im 30jährigen Krieg hatte die Feste Schweres zu bestehen. Sie wurde im Juli 1647 durch die Truppen des schwedischen Oberstleutnants von Küchmeister besetzt, im Oktober desselben Jahres von kaiserlichen Streitkräften eingenommen, im April 1648 aber von den Schweden neuerdings zurückerobert. Auch durch gleichzeitigen Brand erlitt die Burg schwere Bauschäden. Sie verödete seit dieser Zeit, denn der Sitz der Herrschaft war schon 1624 in das Herrenhaus neben dem großen Meierhof unterhalb Königswarts verlegt worden. 1690 trug man sie ab, und Graf Philipp Emmerich von Metternich begann den Neubau eines schönen einstöckigen Barockschlosses. Dieses Barockschloß wurde 1833/39 unter dem Staatskanzler Fürsten Metternich nach den Plänen des Hofbaumeisters Peter Nobile in seine heutige Gestalt umgebaut, wobei die barocke Außenarchitektur durch einfache klassizistische Formen des Empire ersetzt wurde. Schloß Königswart war nicht bloß wegen seiner baulichen Schönheit weit und breit bekannt, sondern auch durch sein Museum und durch seine Bibliothek berühmt geworden im ganzen Böhmerland.

Das Falkenauer Schloß ist ein viereckiger Bau, der namentlich durch seine 4 Ecktürme ausgezeichnet ist. Diese sind auf der Stadtseite rund, auf der entgegengesetzten Seite sechseckig. Die Anlage des Schlosses und seiner Türme ist alt, die Außenfronten aber stammen aus dem 18. Jahrhundert. Die ersten urkundlich nachweisbaren

Besitzer der Feste Falkenau und der Stadt waren die Nothaft. Schon im Jahre 1279 werden die Brüder Engelhart und Albert Nothaft von Falkenau erwähnt. 1435 kam Falkenau an die Grafen Schlick und 1622 an die Grafen Nostitz. Auch dieses Schloß hatte im 30jährigen Krieg viel zu leiden. 1730 wurde der Park erweitert und im französischen Gartenstil hergerichtet. 1673 kaufte Johann Hartwig von Nostitz einen Teil der Reichsgrafschaft Rhieneck bei Würzburg, weshalb sich seine Nachkommen Grafen Nostitz-Rhieneck nennen. Bis 1945 war dieses Grafengeschlecht im Besitze des Falkenauer Schlosses, dessen letzter Eigentümer Graf Fritz NostitzRhieneck mit einer Tochter des Erzherzogs Franz Ferdinand vermählt ist.

Auch auf dem Schloßberg zu Königsberg stand vor Zeiten eine Burg. Die Stätte ist noch gut erkennbar, auch der Graben ringsum. Außerdem hatte die Burg Königsberg eine stattliche Vorburg. Doch von allem blieb kein Stein über dem andern. 1232 gestattete König Wenzel dem Kloster Doxan die Gründung von Königsberg. Bis 1492 waren 50 Dörfer um Königsberg Lehen der Landgrafen von Leuchtenberg. Im 16. Jahrhundert gehörte die Herrschaft Königsberg zur Burg Elbogen. Schon von 1603 ab verfiel die Burg. 1630 kamen die Ruine und die Stadt an die Grafen Metternich. Bei einer Abschätzung der Herrschaft im Jahre 1725 waren von der Feste nur mehr die Keller erhalten.

Eine der schönsten und mächtigsten Burgen des Egerlandes auch heute noch ist die alte Hochburg Stein-Elbogen. An dem wohlerhaltenen Bauwerk der Burg lassen sich drei verschiedene Anlagen und Bauperioden unterscheiden: Die Burg des Mittelalters, der Schloßbau der Grafen Schlick im 15. und 16. Jahrhundert und die Zeit des Umbaues der Burg zu einem Strafhaus zu Anfang des 19. Jahrhunderts. Ähnlich wie bei Eger haben auch bei Elbogen die Vohburger die Gunst der Lage erkannt, und als äußerster Vorposten des Nordgaues wurde hier durch Markgraf Diepold II. um 1130 eine feste Burg gebaut. Aus dieser ältesten Zeit stammen der Bergfried oder Feilturm, das Markgrafenhaus und das 1810 abgetragene Felsstubenhaus, der erste und ursprüngliche Palas der alten Burg. Schon in der ersten Zeit der Luxemburger gab es die Teilung in Hochburg und Unterburg. Da die Mitglieder dieses Herrscherhauses sich gerne und oft in Elbogen aufhielten, mußte die Burg einen neuen Palas erhalten, der im heutigen Hauptmannhaus geschaffen wurde. Die zweite große Bauperiode der Elbogner Burg fällt in die Zeit der Pfandherrschaft der Grafen Schlick. So wurde Matthias Schlick der Schöpfer einer typischen Gesellschaftsburg, in der seine Söhne fürstliche Behausung finden sollten. Die mittelalterliche Burg wurde fast gänzlich umgebaut. Für Hieronymus war die Egerfront, für Kaspar die Stadtfront erbaut worden. Die Enkel des Matthias, Sebastian und Albrecht, vollendeten die Ausgestaltung der Burg. So blieb der Bau ziemlich unverändert, auch als der Burgbesitz 1562 an die Stadt überging. Erst 1795-1820 fiel auch die stolze Burg der Grafen Schlick einem Umbau in ein Strafhaus zum Opfer. Das Felsstubenhaus, das erste und vierte Burgtor verschwanden, und der Schlickschen Gesellschaftsburg wurde das obere Stockwerk genommen.

Als älteste geschichtlich bezeugte Herren Elbogens erscheinen in der ersten Hälfte des 12. Jahrhunderts, wie schon erwähnt, die Vohburger. 1149 aber erwarb Friedrich Barbarossa mit der Hand der Adelheid von Vohburg auch die Gebiete von Eger und Elbogen. 1184 wurde Elbogen Krongut und von Burggrafen verwaltet. Im 13. Jahrhundert nahm Elbogen eine Sonderstellung im Königreich Böhmen ein. Es hatte eigene landständische Einrichtungen: ein Lehensgericht, eine Lehenskanzlei und eine Art Landtafel. Noch 1567 wurde auf dem Elbogner Schloß ein Belehnungsbrief für die Stadt Karlsbad ausgestellt. Große Zeiten sah die Burg unter den Luxemburgern, da sie damals zu den Pfalzen des Reiches gezählt wurde. Die Hussitenkriege bringen für die Elbogner Burggrafschaft einen entschiedenen Wandel. Aus der königlichen Burg wird ein Pfandobjekt. Nach vorübergehender Verpfändung an Puoto von Eulenburg wurde Burg Elbogen samt Herrschaft von Kaiser Sigismund am 20. September 1434 an seinen Kanzler, den Grafen Kaspar Schlick, für ein Darlehen von 11.900 Gulden weiterverpfändet. Mehr als hundert Jahre blieb dieses mächtige Grafengeschlecht im Besitz von Elbogen und die Burg wird, wie schon früher erwähnt, zu einem stolzen Dynastenschloß umgebaut. 1551 – 62 stand die Elbogner Herrschaft im Pfandbesitz Heinrichs von Plauen, kam aber dann, erst pachtweise und 1599 schließlich durch endgültigen Kauf ins Eigentum der Stadtgemeinde Elbogen, deren Schicksale die Burg in der Folgezeit in Bränden und Kriegsnöten teilte.

Hoch über dem Karlsbader Markt ragt auf steilem Fels der Stadtturm empor als einziges Wahrzeichen aus den Zeiten, da sich hier die Stadtburg erhob, deren Errichtung in die Zeit Kaiser Karls IV. fällt. Die Burggebäude umfaßten das ganze Felsplateau, bestanden aber doch nur aus einem einfachen Palas, der durch einen Vorbau und Wehranlagen geschützt wurde. Durch die Verpfändung der Elbogner Burggrafschaft an Kaiser Sigismunds berühmten Kanzler Graf Kaspar Schlick im Jahre 1434 kam auch Karlsbad bis 1547 unter dieses mächtige Geschlecht. Um 1500 muß die Karlsbader Burg noch gut erhalten gewesen sein, denn hier wurde am 6. Februar 1502 die Hochzeit des Gilg Steinbach von Ottowitz mit Siegfriede von Saar, einer Verwandten des Grafen Sebastian Schlick, gefeiert. Als die Schlick nach dem Schmalkaldener Kriege ihre Güter verloren, kam die Burg Karlsbad samt Besitz wieder an die königliche Kammer. Die alte Burg wurde von Kaiser Maximilian II. der Stadt Karlsbad im Jahre 1567 geschenkt. Als die Sprudelstadt am 13. August 1604 von einer großen Feuersbrunst heimgesucht wurde, fielen dieser auch die Reste der Karlsbader Burg zum Opfer. Aus der Brandruine entstand im wesentlichen der heutige Stadtturm, der seine letzte Form nach dem Brand des Jahres 1759 erhielt.

In herrlichster Lage über dem Karlsbader Hochland thront auf einem Klingsteinblock die Ruine Engelhaus, auch Engelsburg genannt, eine Gründung der Riesenburger, die 1406 die Burg an die Hasenburger verkauften. In der Hussitenzeit war sie ein starker Waffenplatz der Kelchner und kam 1434 an Graf Kaspar Schlick. Rasch wechselten die Besitzer. Von 1483 – 1567 herrschten hier die mächtigen Heinriche von Plauen. Erst von 1622 – 1734 kam die Engelsburg wieder in die Hand eines lang regierenden Geschlechts, das der Grafen Czernin von Chudenitz, 1635 wurde die Engelsburg von den Schweden niedergebrannt und verwüstet. Erst 1659 wurde sie wiederhergestellt. Beim großen Brand der Stadt Engelhaus im Jahre 1718 wurde auch die Burg eingeäschert. 1734 wurde sie verkauft und kam erst 1868 wieder in den Besitz des Czerninschen Grafenhauses. Unter Graf Hermann Czernin wurde 1889 die Engelsburg restauriert, so daß sie wenigstens in ihren Ruinen gesichert war.

In südöstlicher Richtung, kaum 10 km entfernt, liegen auf dem Buchauer Schloßberg die Reste der Engelhäuser Schwesterburg, Burg Hartenstein. Der einfache, zentrale

Burg Elbogen. Federzeichnung von Walter Harzer

Anlagetypus der Burg Hartenstein weist ihre Erbauung in das späte Mittelalter. Um 1349 scheinen die Buchauer Burg und das Städtchen darunter angelegt worden zu sein. Unter den Plauenern hatten Hartenstein und die Engelsburg fast neun Jahrzehnte lang dieselben Besitzer. Gegen Ende des 16. Jahrhunderts wurde Hartenstein bereits als eine „wüste Burg" bezeichnet und verfiel ab 1609 sehr stark, doch haben sich große Teile der Anlage erhalten bis zum heutigen Tag.

In enger Verbindung mit der Engelsburg stand auch die Feste zu Gießhübl-Sollmus. Sie stand auf einer Ringwallinsel im Norden des Ortes in der Nähe des alten Meierhofes. 1437 saß dort als Vasall der Engelsburg Siegmund Thos von Gießhübl, der einem alten vogtländischen Geschlecht entstammte. Von 1570 - 1598 wurde in der Nähe der alten Feste ein Schloß gebaut, das bis zum Anfang des 19. Jahrhunderts bestand. Ein Brand vernichtete den alten Renaissancebau, worauf unter Graf Hermann Czernin das Schloß in seiner heutigen schmucken Gestalt errichtet wurde.

Die Burg Petschau wurde gegen Ende des 14. Jahrhunderts durch die Herren von Riesenburg errichtet. Besonders die Zeit der Herren von Pflug bis 1547 bedeutete für die Stadt und die Burg eine Zeit der Blüte. Der 30jährige Krieg dagegen brachte viele Leiden, da die Schweden die Burg erst nach dem Westfälischen Frieden räumten. Vom Fürsten Alois Kaunitz gelangte die Petschauer Herrschaft im Jahre 1813 an den Herzog Friedrich von Beaufort-Spontin und dessen Nachfolger. Der älteste Teil der Burg ist die Schloßkirche im sogenannten Kapellenturm, zu dem die Riesenburge schon den Grundstein legten. 100 Jahre später wurde der westlich gelegene Wohnturm erbaut, während der Zwischenbau, das Renaissancehaus des Saaltraktes, erst 1524 vollendet wurde. Zwischen Wohnturm und den Resten des Bergfried wurde in der ersten Hälfte des 19. Jahrhunderts ein Beamtenhaus gebaut. Hier mag in älterer Zeit der Palas gestanden haben. Die untere Burg oder das Neuschloß entstand in der jetzigen Gestalt um das Jahr 1750. Aus den Zeiten der Pflug um 1500 stammt noch das sogenannte Herrenhaus, das vor der Unterburg am Graben liegt. Gleichzeitig mit dem Neuschloß wurde die 35 m lange Schloßbrücke gebaut. In der zweiten Hälfte des 19. Jahrhunderts entstanden die herrlichen Gartenterrassen des Schloßparks. So zählte auch Petschau zu einem der interessantesten Schlösser des Egerlandes.

Von den Bauwerken der beiden Luditzer Burgen hat sich heute fast nichts mehr erhalten. Die eine stand am Schloßberg, hatte einen ovalen Grundriß und war durch einen mächtigen Wall und Graben geschützt. An der schwächeren Seite befand sich sogar noch ein zweiter Wall und unterhalb der Burg ein Vorwerk. Sie verfiel schon im 16. Jahrhundert. Die zweite Burg lag im nordwestlichen Teil der Stadt, war ursprünglich eine Feste und wurde dann in ein Schloß verwandelt. 1761 ging dieses Schloß durch Blitzschlag und Brand zugrunde. Der damalige Besitzer der Luditzer Herrschaft, Ferdinand Jakob Kokorzow, ließ die Stadtburg nach dem Brand nicht wieder herstellen.

Die alte Burg Theusing erhob sich am Westende der Stadt neben dem sogenannten Fischertor auf einer mäßigen Anhöhe und war der Sitz der Pröpste, die aus dem Mühlhausener Kloster stammten. So waren die Äbte von Mühlhausen Gutsherren von Theusing und blieben es bis ins 16. Jahrhundert. Die Glanzzeit von Theusing fiel in die Zeit nach 1623, als der Schlackenwerther Schloßbesitzer Julius Heinrich von Sachsen-Engern und Westfalen auch Schloß und Herrschaft Theusing erwarb. So wurde schon 1632 der Theusinger Schloßpark im Renaissancestil mit Wasserkünsten,

Teichen, Brücken und einem Lusthaus ausgestattet. Aber schon Ende des 18. Jahrhunderts verfiel das Schloß. 1837 wurde die Herrschaft Theusing durch den Herzog Alfred K.A. Konstantin von Beaufort-Spontin mit Petschau vereinigt.
Am Südende der Stadt Duppau, oberhalb der Stadtpfarrkirche, liegt, teilweise von einem großen Park umgeben, das Duppauer Schloß. Es ist ein schlichter, einfacher Bau mit einem Türmchen, ein Bau, dessen Hauptfassade Rokokoformen des 18. Jahrhunderts aufweist, und der um einen rechteckigen Hof angelegt ist. Im 12. Jahrhundert wurde hier durch das alte Rittergeschlecht der Herren von Duppau eine kleine Burg errichtet, die 1408 erneuert wurde. Zu Anfang des 30jährigen Krieges verloren die Herren von Schlick, die damals auch Duppau besaßen, ihre Güter, und viele Adelsgeschlechter wechselten im Besitz der alten Herrschaft, bis 1858 die Grafen von Zedtwitz Besitzer des Duppauer Schlosses und Herren der Duppauer und Sachsengrüner Herrschaft wurden, und es bis zur Austreibung im Jahre 1945 blieben.
Das Wahrzeichen der alten Musikstadt Graslitz ist der Hausberg. Hier bauten um 1370 die mächtigen Herren des Vogtlandes, die Heinriche von Plauen, eine starke Burg, von der heute nur noch die Grundmauern eines Turmes bestehen. 1412 wurde diese Burg von den Egerern eingenommen und geschleift. Unter den Raitenbach wurde das „Neue Haus" wieder aufgebaut. In seinem Besitz wechselten zumeist die Schlicke mit den Plauenern. 1567 wurde es von Heinrich von Glauchau und Schönburg in die Landafel eingelegt. Damals war das Schloß schon ganz wüst und verfiel immer mehr.
Zu den ältesten Schlössern in unserem Erzgebirge, das die Nordbegrenzung des Egerlandes bildet, zählt unstreitig Hartenberg, das sich auf hohem Basalrücken über den Fluten der Zwodau erhebt. Die Geschichte weiß viel von Hartenberg zu erzählen. Die Herren, die sich nach dieser Burg nannten, gehören zu den frühesten ritterlichen Geschlechtern unserer Gegend und scheinen als unmittelbarer Reichsadel aus Schwaben gekommen zu sein. Hartenberg wird zwar im Jahre 1345 zum ersten Male urkundlich erwähnt, aber die Burg soll schon 1169 erbaut worden sein. In der Jetztzeit ist Schloß Hartenberg ein prächtiger Herrensitz, in dem sich das Alte mit dem Neuen zu einem trefflichen Bild eint. Besonders aber erhält Hartenberg durch den öfteren Aufenthalt Goethes einen unvergeßlichen Glanz.
Eines der hübschesten Schlößchen am südlichen Erzgebirgshang ist Schloß Heinrichsgrün. Die Geschichte dieses Besitzes geht bis auf den Stifter des Klosters Tepl, den sel. Hroznata, zurück, der Heinrichsgrün samt Lichtenstadt seiner Gründung schenkte. Als Lichtenstadt zu Elbogen kam, gelangte auch Heinrichsgrün an die Elbogner Burggrafschaft. Nach der Vertreibung der Schlick kam Heinrichsgrün in den Besitz der Grafen von Nostitz. Schloß und Stadt hatten zwar durch die Schweden viel zu leiden, aber Hans Hartwig von Nostitz war ein guter Herr. Er war es auch, der 1672 das heutige Schloß Heinrichsgrün erbaute.
Weiter nach Westen führt uns der Weg am alten Burgturm von Neudek vorbei, grüßt in der berühmten Bergstadt St. Joachimsthal der Schlickenturm des ehemaligen Schlosses Freudenstein zu Tal und breitet sich majestätisch in Schlackenwerth das Schloß der Markgrafen von Baden am Fuße des Erzgebirges in schöner Parklandschaft aus. Kaspar II. Schlick soll in Schlackenwerth das erste Schloß erbaut haben. 1607 vernichtete ein Brand nicht bloß das Schloß, sondern auch noch 60 Häuser der Stadt. 1625 erwarb der Herzog Julius Heinrich von Sachsen-Lauenburg die Herr-

schaft, vergrößerte sie bedeutend und baute zum alten Schlickenschloß nicht nur ein neues Schloß, sondern ließ auch jenen wundervollen Park anlegen, der über 60.000 Reichstaler kostete. 1690 kamen die Markgrafen von Baden in den herrlichen Besitz. Unter ihnen wurde der „Weiße Hof" angelegt und der Lustgarten sowie der Tiergarten vergrößert. Glänzende Feste sah damals die stolze Residenz. Zur Zeit Napoleons I. kam Schlackenwerth in den Besitz des Großherzogs von Toskana und seiner Nachkommen. Bei dem großen Stadtbrand des Jahres 1795 brannten alle drei Schlösser samt dem unteren Schloßturm nieder. Sie wurden zwar wieder hergestellt, aber mit der alten Pracht war es vorbei.

In der Umgebung von Karlsbad wären noch das Schloß Tüppelsgrün und die Reste der alten Rittersitze Premlowitz bei Zettlitz, Ottowitz und Dallwitz zu nennen. Schloß Tüppelsgrün ist ein einfacher, langgestreckter, einstöckiger Bau mit einem kleinen Türmchen. Eine Feste ist dort schon im 16. Jahrhundert entstanden. Ein Schlößchen in Ottowitz entstand im 14. Jahrhundert, wurde aber im Jahre 1669 ein Raub der Flammen und nicht wieder hergestellt. Dagegen wurde das alte Schlößchen von Premlowitz in die Zentralverwaltung der Zettlitzer Kaolinwerke AG umgewandelt. Uralte kleine Burgställe gab es in Premlowitz und Dallwitz, das außerdem in seinem von mächtigen Eichen bestandenen Park zwei schmucke Schlößchen aufweist.

Dort, wo die Eger zwischen Karlsbad und Kaaden in kühnem Bogen das Erzgebirge durchbricht, stehen am Fluß oder schauen von luftiger Berges- und Felsenzinne eine Reihe von Schlössern und Burgruinen herab, wie sie sonst kein Gebiet unserer Heimat aufzuweisen hat. In der „Perle des mittleren Egertales", dem lieblichen, quellenreichen Gießhübl-Sauerbrunn liegt am Südausgang des Ortes an der Straße nach Karlsbad das prächtige Schloß der Edlen von Mattoni, 1830 von Baron Freiherrn von Neuberg errichtet. Da lugt von waldgeschmückter Höhe der Sitz des Geschlechtes der Grafen von Buquoy, Schloß Hauenstein bei Damitz, in herrlichem anglo-normannischem Stil erbaut, aus einem engen Seitental zur Eger hervor. Neben dieser beseelten Gegenwart drohen ernst über Wartha die Reste der alten Burg Himmelstein zu Tal. Weiter egerabwärts gelangt der eilige Fluß an Wotsch und Okenau vorbei nach Pürstein, dem „Meran des Erzgebirges". Hier liegen, in stiller Waldesandacht versteckt, die Trümmer der riesenhaften alten Burg „Birsenstein". In Klösterle entzückt auf steilem Uferfels das Graf Thunsche Schloß mit herrlichem Park. Zu Häupten der Stadt aber ragt vom „Klosterberg" gegenüber von Kettwa die Schönburg und jenseits der Eger die Ruine Egerberg bei Leskau. Auch die alte Stadtburg von Kaaden schaut auf eine reiche geschichtliche Vergangenheit zurück.

Das Kronjuwel der Burgen des westlichen Erzgebirges aber ist Burg Hassenstein, die schon von Goethe besucht und als Schauplatz seiner berühmten „Novelle" gewählt wurde. Um die Erhaltung der mächtigen Ruinentrümmer haben sich die Herren Karsch aus Brunnersdorf die größten Verdienste erworben. Die Burg Hassenstein erhebt sich, ungefähr 10 Minuten von dem Bergstädtchen Platz entfernt, auf einem steilen Urkalkfelsen, einem Ausläufer des Haßberges. Das großartigste und am besten erhaltene Baudenkmal der Burg ist der 25 m hohe Bergfried, der kühn sein Haupt zu den Wolken erhebt. Eine bequeme Wendeltreppe führt heute zu seinen Zinnen empor. Zwar ist die Aussicht gegen Norden und Westen beschränkt, denn trotzig liegt in einsamer Ruhe das Erzgebirge vor uns, und doch überwältigt auch dieses Bild durch seine Majestät jedes empfindsame Herz. Um so ausgedehnter ist der Blick nach Süden und Südosten. Da liegt in seiner ganzen Herrlichkeit vor uns ausgebreitet das Saazer Land, ein weiter, reicher Gottesgarten. – Als erster Herr auf Hassenstein wird von der Geschichte zum Jahre 1348 Friedrich von Schönburg genannt. Von allen Besitzern aber, die der Hassenstein aufzuweisen hat, war Bohuslaus Lobkowitz von Hassenstein (1460 – 1510) der berühmteste. Er zählte zu den gelehrtesten Männern seiner Zeit und gilt heute als der glänzendste Humanist Böhmens. Er legte auf seiner Burg eine große Bibliothek an und widmete sich in seinem späteren Leben ganz der Gelehrsamkeit und der Dichtung. Außer mit der Antike, mit Astronomie, Naturgeschichte, Mechanik und seinen im besten Latein geschriebenen zahlreichen Gedichten befaßte er sich auch mit der Geschichte seiner Heimat. Leider ist uns diese Chronik verlorengegangen. Karlsbad verdankt ihm den berühmten Lobspruch auf seine Heilquellen, dessen Anfang noch heute in lateinischer Sprache auf einer Marmortafel am Mühlbrunn zu lesen ist. An einem grauen Novembertag des Jahres 1510 starb Bohuslaus Lobkowitz von Hassenstein, der stolz war ein Deutscher zu sein, und wurde in der Familiengruft in Preßnitz bestattet.

Unsere Burgenwanderung durch das nördliche Egerland ist zu Ende. Es war immer ein geheimes Erschauern, das jeden empfindsamen Heimatwanderer ergriff, wenn er eine solche altehrwürdige Stätte betrat. So waren die Burgen und Schlösser unserer alten Heimat uns nicht bloß Kulturdenkmäler der erhabensten Art, sondern oft auch willkommene Stätten der Rast und Erholung von den Sorgen des Alltags, aber auch Stätten großer geschichtlicher Erinnerungen und tiefer seelischer Erneuerung. Als solche aber sollen sie unvergeßlich in unseren Herzen auch in den Zeiten der Heimatlosigkeit fortleben.

Fürst zu Löwensteinsches Schloß in Haid.   *Federzeichnung von Herbert Lindowsky*

Karl Michael Komma

Eger und das Egerland in der Musikgeschichte

Wer Eger als Musikstadt bezeichnen wollte, der würde der alten Reichsstadt im Vergleich mit kleineren Städten etwa in Thüringen oder Sachsen keinen Gefallen erweisen. Wenn dort durch die Gunst verschiedener Epochen, durch das Wirken hervorragender Musiker-Persönlichkeiten oder durch jahrhundertelanges Wachsen einer wirklichen Musikkultur Bedeutung für die gesamtdeutsche Musikgeschichte errungen wurde, so blieb in Eger durch die Ungunst der politischen und territorialen Entwicklung, durch das Fehlen großer Musiker und die Zerstörung kurzjähriger Blütezeiten die Kontinuität des Musiklebens nicht erhalten. Dennoch wäre es falsch, der Stadt ihre Bedeutung auf dem Gebiet der Musik absprechen zu wollen. Wenn sie auch keinen Balthasar Neumann der Tonkunst hervorgebracht hat, so ist sie doch als Hauptstadt einer musikträchtigen Landschaft in anderer Weise für die deutsche Musikgeschichte bedeutsam geworden. Jetzt, da sie tot hinter der Grenze liegt, beginnt es wieder zu tönen in unserer Erinnerung. Wir heben die Leistungen aus ihrer großen Geschichte hervor, ohne in billigen Lokalpatriotismus zu verfallen.
Es war für Eger und das Egerland von entscheidender Bedeutung, daß die Diözese Regensburg bis 1817 hier in den böhmischen Raum hereingriff. Wenn noch bis in unsere Lebensjahre der kirchenmusikalische Nachwuchs des Egerlandes in Regensburg seine Ausbildung suchte, so ist das ein Beweis für den langen Nachhall einer uralten Tradition. Die Bindung an Regensburg war aber vor allem für die musikgeschichtliche Frühzeit entscheidend. Wir haben zwar keine Zeugnisse jener ersten Ausstrahlungen aus dem bayerischen Osten, müssen aber im Zusammenhang mit der Kolonisation des Egerlandes eine starke Durchdringung mit dem Geist von St. Emmeram, der Regensburger Pflegestätte der Sakralmusik in jener Zeit, annehmen. Der Königssitz Kaiser Friedrich Barbarossas wurde dank seiner Schlüsselstellung zwischen dem Reich und Böhmen bald Schauplatz großer Hoftage und Fürstentreffen. Mit den Fürsten kehrten die Sänger und Spielleute ein. Ob die beiden aus der Manessischen Handschrift bekannten Lied- und Spruchdichter Spervogel (um 1140 und 1160) wirklich aus dem gleichnamigen Egerer Ministerialengeschlecht stammen, ist bis heute nicht erwiesen. Doch hörte die Pfalz gewiß so manchen Meister des Minnesanges. König Wenzel II. (1270 – 1305), selbst ein Sänger zarter Minnelieder und Protektor der Kunst, heiratete 1285 in Eger Guta von Habsburg. Als der Minnesang längst verklungen war, erlebte Eger bei den prächtigen Festen, die z.B. König Georg von Podiebrad hier gab, Höhepunkte einer volksnahen Musik. In den Ausgabebüchern von 1459 wird von dem gewaltigen Aufgebot der Trommler und Lautenschläger gesprochen, die bei den Turnieren aufspielten Im 15. Jahrhundert wurde Eger eine Hauptpflegestätte des geistlichen Spiels. Das Fronleichnamsspiel, an dessen Aufführung die schon vor 1300 bezeugte Lateinschule großen Anteil hatte, ist längst als eine am Ort gewachsene, bedeutende theatralische Leistung anerkannt. In seinem dreitägigen Zyklus, sowie bei den geistlichen Spielen zu Weihnachten, Ostern und Pfingsten hatten die Stadtpfeifer immer wieder Gelegenheit zur Mitwirkung. Wenn sie auch nicht als Gilde, sondern in verschiedenen Zeitabschnitten als lose Musikgemeinschaften nachzuweisen sind, so geht doch aus der Häufigkeit ihrer Bestellung

zu Festen in die engere und weitere Nachbarschaft ihr hohes Ansehen hervor. Uralte Anblasstücke haben sich bis ins 19. Jahrhundert lebendig erhalten. Um 1580 gewann das Musizieren der Pfeifer unter der Leitung des Freibergers Hans Penemann eine tiefere Bedeutung. Man pflegte die mehrstimmige Kunst der Renaissance und war für kurze Zeit auf der Höhe der zeitgenössischen Musik. Das war die Zeit, in der Eger durch den Geist der Reformation eine zwar kurze, aber dafür umso bedeutendere Epoche modernen Kunstwillens erlebte. An der Lateinschule und an St. Niklas wirkten mit dem Rektor Johann Goldammer und dem Kantor Daniel Birkner, dem Großvater des Nürnberger Poeten Sigmund von Birken, zwei Persönlichkeiten, die durch die Auffassungen von der Musik als einer Dienerin des Wortes im Sinne der frühen Reformationszeit und als einer fortschrittlicheren, aus dem Geist der Renaissance geborenen Ausdruckskunst miteinander in Widerstreit gerieten. In St. Niklas hatte um 1547 die alte gotische Orgel einer neuen, dem modernen Klangideal entsprechenden, weichen müssen. Meister Friedrich Pfanmüller aus Hirschau, der auch durch Bamberger und Prager Dispositionen von sich reden machte, war ihr Erbauer. Der befruchtendste Mann dieser Zeit war für Eger und das Egerland, darüber hinaus aber auch für die im Westen angrenzenden nordbayerischen Landschaften der Kantor, Buchdrucker und Buchhändler Clemens Stephani (1550 bis 1592). Dieser geniale und unruhige Mann, den es in keiner Stellung und an keinem Ort lange litt, zeichnete sich mit einem Jedermannspiel „Die geistliche Aktion" (1568) aus und trat auf musikalischem Gebiet besonders mit in den Jahren 1567 bis 1569 in Nürnberg erschienenen, aber in Eger gearbeiteten Sammelwerken hervor, in denen sich Meisterwerke der deutschen a cappella-Kunst aus der Zeit der Renaissance befinden. In Eger selbst erschien unter seiner Hand 1572/73 bei Burger und Mülmarckart der 1. Teil der „Geistlichen Psalmen" seines Freundes Jobst von Brandt. Dieser bedeutsame Oberpfälzer, der mit seinen Landschaftsgenossen Kaspar Othmayr und Georg Forster Heidelberger Lehrjahre durchgemacht hatte und wie diese sich vor allem dem mehrstimmigen weltlichen und geistlichen Lied widmete, ist also durch Stephani mit Eger verbunden. Die besonders innigen geistigen Beziehungen zur Oberpfalz und zum Sechsämterland gaben dem Musikleben der Reichsstadt in dieser reichsten Periode das Gepräge. Von 1570 ab veröffentlichte der Stadtprediger Johannes Hagius aus Marktredwitz in Eger und Nürnberg seine „Symbola", das sind schlichte Cantus firmus Sätze, die der Komponist bedeutenden Persönlichkeiten zueignete. Die Kunst Gutenbergs war schon ein Jahrhundert zuvor in Eger eingeführt worden. Johannes Sensenschmidt, der berühmte Egerer Drucker, durch sein Benediktiner-Missale von 1485 besonders erwähnenswert, fußte schon auf einer kurzen örtlichen Tradition. Im Ausgang des 16. Jahrhunderts hatte Eger durch das Wirken der genannten Musiker einen ausgezeichneten Ruf in der Musikwelt. Auswärtige Künstler traten mit der Stadt in Beziehung und widmeten ihr Werke, so der in Prag und Dresden schaffende G. B. Pinelli, der 1583 sein deutsches Magnificat übersandte, oder Valentin Hausmann, der fast ein Jahrzehnt später in Eger ein achtstimmiges „Erhalt uns, Herr" komponierte und – wohl aus Geldmangel um einen Taler veräußerte. Um 1600 sank das so rasch zu schöner Blüte gelangte Musikleben Egers zusehends ab. Es fehlte an führenden Männern. Alle folgenden Leistungen, oft durch lange Intervalle getrennt, halten den Vergleich mit dieser dichtgedrängten und ereignisreichen Spanne von

1564 bis 1600 keinesfalls aus. Die Lateinschule wurde nach dem 30jährigen Krieg in ein Jesuitengymnasium umgewandelt. Der Orden der Gesellschaft Jesu leitete nun das Musikleben der Stadt und verstand es, mit Schulspielen das alte Erbe in neuem Sinne fortzuführen. Die Schulspiele sind bis in die Mitte des 18. Jahrhunderts nachweisbar. Unter den Egerer Kirchenmusikern aus der Zeit des Barock ragte der Regenschori Johann Georg Braun (1668 geadelt) hervor. Er ist der Komponist des 1675 erschienenen „Echo Hymnodiae coelestis", einer Sammlung von geistlichen Liedern mit Generalbaß, deren schönste Stücke („Ave Maria zart") sich im Gebrauch der katholischen Kirche bis auf den heutigen Tag erhalten haben. Die Generalbaßkunst, die die Jesuiten übten, hatte auch in der Liebhaberschicht in Stadt und Landschaft erfreuliche Vertreter. Im Egerer Archiv ruhen in Handschriften reizende Arietten und ein an Bibers Nachtwächterserenade erinnerndes Werkchen „Die Wienerischen Uhrrufer" von dem städtischen Beamten Georg Franz von Rampf. In volkstümlichen Zusammenhang gehören auch die drastischen, z.T. mundartlichen Dialoge zwischen allerlei karikierten Vertretern der Stände von einem Anonymus und des Organisten Georg Erhard Baldauf, Egerländer Stücklein „Storch, Storch, Stäuna", das trotz seiner groben Satzfehler weithin beliebt gewesen sein muß, da es auch in Abschriften in deutsch-böhmischen Klosterarchiven aufgefunden wurde. Dies sind jedoch nur geringe Zeugnisse einer blutvollen Volkskunst. Künstlerische Bedeutung ist im 18. Jahrhundert einzig Franz Johann Habermann (geb. 1706 in Königswart) zuzusprechen. Er war 1741 Kapellmeister des Prinzen Condé in Paris, nachher großherzoglicher Kapellmeister in Florenz gewesen und starb 1783 als Chorregent von St Niklas. Seine Messen waren zu seinen Lebzeiten so angesehen, daß Georg Friedrich Händel ganze Themengruppen daraus nach dem Gebrauch der Zeit in die Sinfonien zu den Arien seines Oratoriums Jephtha einverleibte. Der seit 1600 nahezu vollständig abgerissene Zusammenhang mit dem großen Strom des deutschen Geisteslebens kam erst nach 1800, besonders durch die Anteilnahme Goethes an dem „wackeren Völkchen" der Egerländer und ihrer ehrwürdigen Stadt, langsam wieder zustande. Dem theatralischen Leben war seit 1760 ein ständiger Saal förderlich. Gastspieltruppen pflegten dort vor allem das Singspiel. Zu Goethes Zeiten erwachte der Sinn für das Brauchtum des Volks. Rat J. S. Grüner sammelte für den Dichter zum erstenmal Egerländer Volkslieder (1825), die dieser „probat" fand. 1848 wurde der Egerer Männergesangverein gegründet, der als einziger Verein für das musikalische Leben in Eger und der ganzen Landschaft eine bis zum zweiten Weltkrieg anhaltende wesentliche Bedeutung gewann. Er übernahm schon bald nach seiner Gründung die Aufgaben der Oratorienpflege. Als letzter nennenswerter Komponist schuf der Leitmeritzer Wenzel Heinrich Veit, ein Schumann-Epigone, um die Mitte des 19. Jahrhunderts in Eger seine Symphonie und eine Missa solemnis. 1874 entstand das neue Theater als zweitältestes deutsches Provinztheater in Böhmen.

Die in diesem Rahmen gebotene Kürze des Überblicks über die Musikgeschichte Egers läßt zwar längere Zeitstrecken unberücksichtigt, kann aber mit der Erwähnung der wesentlichsten Leistungen nicht darüber hinwegtäuschen, daß diese Geschichte nur in wenigen Jahren wirklich fruchtbar war. Die Abschnürung vom deutschen Kulturleben seit der Zeit der Gegenreformation ließ ja alle Randlandschaften Böhmens in ein stilleres, oft geradezu stagnierendes Fahrwasser geraten. Um an der

Hochblüte der barocken Adelskultur teilzunehmen, wie sie in Prag und Nordostböhmen sich entfaltete, fehlten dem Egerland die Voraussetzungen. Einzig Karlsbad genoß als internationaler Boden die Segnungen dieser Periode und blieb, wie nachher noch anzudeuten ist, seither für die ganze Landschaft musikalisch führend. Für Eger muß jedoch festgehalten werden, daß das retardierende Moment seiner jüngeren Geschichte nicht zu einem Mangel an Gediegenheit in der städtischen Musikpflege führte. Bis in die letzten Jahre vor der Austreibung hielt vor allem der Lehrerstand an einer ehrfurchtsvollen Bewahrung des klassischen und romantischen Musikideals fest, zog die Jugend im eifrigen Musizieren in Schule, Haus, Kirche und Chorgemeinschaft nach und beteiligte sich maßgeblich an der Wiedererweckung absterbender volksmusikalischer Traditionen. Die Oratorien-Aufführungen des MGV 1848 standen auf beträchtlicher Höhe. zu ihnen wallfahrteten Vereine und Musikfreunde aus dem weiten Egerland. Im stilistischen Geschmack verharrte die musische Schicht der Bevölkerung bei Wagner und seiner Zeit. Von der neuen Musik konnte nichts eindringen.

Im Siedlungsgebiet der Egerländer entwickelte sich eine sehr reiche Volksmusik. Sie ist offensichtlich eine Verquickung fränkischer und oberpfälzischer Elemente. Das Bajuwarische dringt dabei immer wieder durch, z.B. im Troudi, dem Jodler der Hirten, oder in den zwiefachen Tänzen. Die Volksmusikanten hielten bis in unsere Gegenwart an der eigenartigen Besetzung mit dem in Mitteleuropa sonst überall ausgestorbenen Dudelsack, der Handharfe, Klarinette und Kleingeige fest. Um die Aufzeichnungen des Volksliedes haben sich nach Grüner vor allem J. Czerny und A. John verdient gemacht (Egerländer Volkslieder, 1898/1901). Neben den Literatenchören, die vom 16. Jahrhundert an auch im Egerland (Luditz) ihre Pflegestätten hatten, entwickelten sich als Folge der starken Naturbegabung des Stammes frühzeitig instrumentale Bruderschaften. So hatte das Petschauer Musikkollegium von 1648 eine weitreichende Mitgliedschaft, die unter Förderung des heimischen Adels 1783 schon 823 Mitglieder zählte. Gerade die Landschaft um Karlsbad zeigt eine auffallende Kontinuität der Durchdringung aller Schichten. Musikanten, die im Dorf zum Tanz und in der Kirche aufspielten, wanderten in die weite Welt und gründeten dort angesehene Kapellen, die sich keineswegs nur auf die Unterhaltungsmusik beschränkten. In Karlsbad wurde das Musikleben besonders in der zweiten Hälfte des 17. Jahrhunderts sehr rege. Adelige Gäste brachten oft eigene Kapellen mit. J. S. Bach kam 1718 und 1720 mit seinem Fürsten von Anhalt-Cöthen hierher. Aber schon viel früher hatte das Egerland Brennpunkte des musikalischen Lebens. Die Bergstadt Schlaggenwald kam durch das Wirken des Zwickauer Kirchenmusikers David Köler (1554) in den Zusammenhang mit der zeitgenössischen Kunst. Schlackenwerth durch die Hofhaltung der Markgräfin von Baden und den weitberühmten J. K. F. Fischer Anfang des 18. Jahrhunderts zu kulturellem Ruf. Die bescheidene Sprudelmusik in Karlsbad, von deren „lieblichem Gedudel" Goethe reimend erzählte, wuchs um 1820 zu einem ständigen Orchester, das unter Joseph Labitzky (1802 – 1881), dem böhmischen „Walzerkönig", entscheidenden Aufschwung nahm. Eine große Schar hervorragender Künstler von Beethoven bis Liszt konzertierte und komponierte in der Kurstadt. Viele Unsterbliche aus dem Reich der Tonkunst suchten hier Heilung. In unserem Jahrhundert schuf GMD Robert Manzer durch die philharmonischen Konzerte einen Mittelpunkt für ganz Westböhmen. Das Orchester gedieh unter seiner Leitung zu einem ausgezeichneten Klangkörper. Manzer lenkte das Musikleben der ganzen Landschaft erst in neue Bahnen. Er widmete sich vor allem dem Werk Anton Bruckners. Das 19. Jahrhundert brachte auch andere Städte des Egerlandes in Berührung mit großer Musik und großen Musikern. In Asch besuchte 1835 Robert Schumann seine Verlobte E. v. Fricken. Der Name der Stadt lebt in seinem „Carnaval" op. 9 in Tonbuchstaben unsterblich fort. 1845 skizzierte Wagner in Marienbad die „Meistersinger". Viele Egerländer Musiker blieben nicht in der Heimat, sondern suchten in Prag, in Wien und im Deutschen Reich Wirkungsstätten. F. D. Weber (1766 –1842) aus Welchau wurde der erste Direktor des Prager Konservatoriums, J. Lugert aus Frohnau Inspektor der staatlichen Musikschulen und Organisator der Fachschulen in Westböhmen. Aus Asch stammte der erste und einzige Armeekapellmeister Österreich-Ungarns, Andreas Leonhardt (1800 – 1866). In Graslitz wurde 1860 der bedeutende Musikwissenschaftler und nachmalige Prager Universitätsprofessor Heinrich Rietsch geboren.

Ein Großteil der Egerländer Musiker aus den Kurorchestern fand nach 1945 Aufnahme bei den Bamberger Symphonikern. Die Geigenbauer von Schönbach, deren Tradition bis ins 17. Jahrhundert zurückreicht und einst den Instrumentenbau des benachbarten Sachsens befruchtete, wurden im Werdenfelser Land und bei Erlangen (Bubenreuth) angesiedelt. Ihre wertvolle Arbeit kam, wie die der Graslitzer Blasinstrumentenmacher, erst kürzlich in einer amtlichen Statistik zum Ausdruck. Danach sind die Egerländer heute schon im westdeutschen Instrumentenexport führend.

Josef Weitzer

Egerländer Mundartschreibung

In Mundart zu schreiben, ist kaum mehr als hundert Jahre alt, wenigstens im Egerland. Daß die Mundartschreibung eben auch ihre Kinderkrankheiten durchstehen mußte, ist wohl selbstverständlich, und all denen, die sich als Erste um ihre Formung mühten, gebührt Dank und nochmals Dank. Gerade die Egerländer Mundart mit ihren landschaftlich verschiedenen Abweichungen, mit ihren Nasal-Lauten und vielen Zwielauten, die sich mit schriftdeutschen Lautzeichen kaum wiedergeben lassen, bot Schwierigkeiten über Schwierigkeiten. Jeder formte vorerst das Schriftbild nach eigenem Gutdünken und aus diesen Einzellösungen bildete sich langsam doch eine einheitliche Form der Schreibung heraus.

Um die Festlegung einer einheitlichen Schreibung bemühten sich nach dem ersten Weltkrieg wohl die Besten unserer Stammesgruppe. Im Sitzungsraum der Egerer Sparkasse saßen sie um 1921 beisammen, unter ihnen Josef Hofmann, Hans Nürnberger und viele andere mehr, um Mittel und Wege zu finden für eine einheitliche Lösung. Das überaus wichtige Problem wurde zwar zerredet, eine Lösung wurde leider nicht gefunden.

Und als um 1926 Prof. Hubert Haßmann, Maria Kulm-Elbogen der phonetischen Schreibung das Wort redete, war der Verwirrung erst recht Tür und Tor geöffnet.

Prof. Anton Haubner, Plan, erarbeitete um 1931 für unsere Mundart eine Schreibung auf phonetischer Grundlage ähnlich der Methode Toussaint-Langenscheidt eine Lautschrift, die als sehr gut anzusprechen und für sprachwissenschaftliche Forschungen bestens geeignet ist, aber für die Allgemeinheit im Volk sich nicht durchsetzen kann. Es fehlte am nötigen Rückhalt. Immerhin gebührt ihm größter Dank für sein Schaffen auf diesem Gebiet, der das Problem der Schreibung unserer Mundart wenigstens nach der wissenschaftlichen Seite hin zur Zufriedenheit löste.

Erst nach der Vertreibung aus der angestammten Heimat erkannte man neuerlich die Wichtigkeit einer einheitlich gelenkten, wenn schon nicht geregelten Schreibung unserer Mundart, wirkt diese doch weiterhin als Bindemittel der Egerländer untereinander in ihrer Zerstreuung.

Im Jänner 1951 gab eine Arbeitstagung des Bundes der Egerländer Gmoin zu Regensburg den Anstoß. In überaus zäher Zusammenarbeit suchte man in zwar kleinem Kreis das Problem nicht nur eingehend zu prüfen, sondern auch zu lösen. Fachleute und Laien, Mundartkenner und Mundartschreiber, Lautschriftler und Lautschriftgegner prüften alle druck- und schreibtechnischen Schwierigkeiten einerseits, alle Schreibungen bewährter Mundartschreiber alter und jüngerer Zeit andererseits und einigten sich schließlich und endlich auf die zu Ostern 1953 ergangenen „Richtsätze für einheitliche Schreibung der Egerländer Mundart". Es sind dies nur Richtsätze, keine Rechtschreibregeln, wie sie die schriftdeutsche Sprache kennt. Werden diese beachtet und verwendet, ist der erste Schritt zur einheitlichen Schreibung getan, im Laufe weniger Jahre schon wird sich ihre segensreiche Auswirkung zeigen, wenn auch der zweite Schritt gewagt wird, der darin besteht, daß eben alle Egerländer Mundartschreiber diese Richtsätze beachten und anwenden.

Das Jahrbuch der Egerländer 1954 erscheint erstmals und zwar schon mit voller Beachtung dieser Richtsätze. Es bietet jedem Kenner unserer Mundart beste Gelegenheit, die Auswirkungen dieser Richtsätze zu prüfen. Es wird bestimmt niemand enttäuschen, denn unsere besten Mundartschreiber bekennen sich zu den erarbeiteten Richtsätzen und beachten sie nach bestem Wissen und Gewissen und formen so auch ein einheitliches Schriftbild Egerländer Mundartschreibung.

Anton Wolf, Eger-Falkenau, der wohl die Schreibung unserer Egerländer Mundart auf Herz und Niere geprüft haben mag und so anerkannt beste Mundart schrieb, würde bestimmt seine größte Freude daran haben, hätte er die Erstellung der Richtsätze erlebt. Er und viele andere mehr, die heute nicht mehr unter uns weilen, haben über ihr Grab hinaus beste Mitarbeit geleistet. Aus ihren Werken heraus hat die Arbeitsgemeinschaft für einheitliche Schreibung der Egerländer Mundart im Auftrag des Bundes der Eghalanda Gmoin ihre Erkenntnisse geschöpft und die Richtsätze für einheitliche Schreibung unserer Mundart gesucht und gefunden.

Der Heimatstrauß

Ma(n Mutta håut dahoim am Tisch
a Blåumansträußl stäih(n.
A jedra schauts mit Freund oa(n
u sågt: 'S is wunnerschäi(n.

Dös Sträußerl håbma zup(f)t am Roi(n
u zwischn Stoi(n u Duarn.
U äih mas denkt håbm is – dåu schau!
a Hoimatstrauß dra(u)ß wuarn.

A bißerl Kläi u Schlatterla
u Margaretn aa,
Soanickl u a Wiesnknuap(f –
u Mohn is aa dabaa.

Da Wåld u 's Feld gebm månichs hear,
wos nöi a Gårtn håut.
U sua-ra Strauß is schänna oft,
wöi 'd schänstn Råusn råut.

Margareta Pschorn

Josef Urban

Erzieherische Werte im Spruchsatz unserer Egerländer Mundart

Mit ihren Sprichwörtern und sprichwörtlichen Redensarten ist unsere Mundart eine unausschöpfliche Fundgrube von Erfahrungen und Erkenntnissen, ein unermeßlich wertvoller Schatz von Lebensweisheiten der vielfältigsten Art.
Jeder, der sich mit ihnen beschäftigt, staunt über die Fülle des tiefsinnigsten Gedankengutes, das mit einer bewunderungswürdigen Treffsicherheit Ausdruck und Prägung findet. Der Reichtum an lebendigen Bildern und kernigen Vergleichen ist mit Mutterwitz und echtem Humor gewürzt, herzerfrischend und gibt Zeugnis von der sittlichen und rechtlichen Einstellung unserer Ahnen zum Leben im allgemeinen und seinen besonderen Belangen.
Daß darin unschätzbare erzieherische Werte liegen, ist auf den ersten Blick zu erkennen. Das Aufzeigen all dessen, was gut und was schlecht ist, dem also auf der einen Seite nachzustreben ist, vor dem aber andererseits gewarnt wird, diesem Um und Auf aller Erziehung werden die meisten unserer heimatlichen Sprüche und Redensarten vollauf gerecht. Sie tun dies aber nicht mit einem nackten „Du sollst" oder „Du sollst nicht", sondern sprechen es fast ausschließlich umschrieben und bildhaft aus; sie machen es auf verblümte Weise – „vablöimlt" – den zu Erziehenden sinnfällig und schmackhaft.
Wenn nun hier vom erzieherischen Blickpunkt aus der Versuch gemacht wird, unser Spruchgut ins Licht flüchtiger Betrachtung zu rücken, so geschieht dies in dem Bewußtsein, daß auf Vollzähligkeit und Unfehlbarkeit in der Deutung kein Anspruch erhoben werden kann.
A gouts Wuart findt an gou(t)n Uart (Höflichkeit und Entgegenkommen fallen immer auf guten Boden).
Af ran gruabm Kluatz ghäiert a gruawa Kaal (Ein Grobian wird als solcher genommen und behandelt werden).
Du wiarst da scho nuh amål da(n Maal vabrenna (Dein unvorsichtiges Geschwätz wird dir noch Schaden bringen).
Mit wos ma ümgäiht, räihat ma (Jede Tätigkeit hinterläßt Spuren, auch menschlicher Umgang färbt ab).
Dees Pfaa, wos an Howern vadöint, kröigt nan neat (Die verdiente Anerkennung bleibt oft aus).
Va ran Üasl koa(n ma koa(n Woll valånga (Fordere nichts Unmögliches).
An Hamml mou(ß ma schearn, sua lång a Woll håut (Nütze die Zeit und Gelegenheit)!
Schäi(n putzt is hål(b)me gföittert (Sauberkeit ist halbe Gesundheit).
's gi(b)t seltn a Dürfl, wåu in Gåua neat oa(n)mål Kirwa is (Etwas Außergewöhnliches kommt überall einmal vor).
Wöist di bettst, wiarst liegn (Schreib dir die Folgen deines schlechten Tuns selber zu).
Ma mou(ß si streckn nåuch da Deckn (Lebe deinen Verhältnissen entsprechend).

Va reichn Leutn koa(n ma s Spoarn lerna (Der Geiz ist bei den Reichen zu suchen).
Jeda Spoara findt sein Vatoua (Wie gewonnen, so zerronnen).
Mi(t)n Trâid af da Oa(n)wart u mi(t)n Mâi(d)lan am Tânzbuadn is ma meistns asgschmiart (Siehe auch nächstes Sprichwort!).
D gou(t)n Milchköih soucht ma in Stoll (Die arbeitsamen Mädchen sucht man im Haushalt).
Essn u Trinkn hölt Lei(b u Söll zsâmm (Ein gesunder Geist kann nur in einem gesunden Körper wohnen).
Lâusa Hampala wearn gouta Pfaa (Lebendige Jugend verspricht gute Lebensreife).
In da schänstn Kapelln san oft d ölwerstn Haalinga (Der äußere Schein trügt).
Heiern is koa(n Kâppmtauschn (Heiraten ist eine ernste Angelegenheit).
Wöi oina ißt, sua oarwat a (Langsames Essen läßt auf Faulheit, rasches auf Fleiß schließen).
Dear gäiht üm ra Sâch wöi d Kâtz üm an hâißn Brei (Unentschlossen sein).
Da kürzast Wegh is neat âllamâl da best (Siehe nächstes Sprichwort!).
A gouta Wegh in da Krümm gäiht ma neks üm.
D Wâuhrat u d Fettaugn schwimma af d Letzt doch uabmaf.
Ma soll neat mäihara Würscht mâchn âls ma Darma hâut (Halte dich in den Grenzen des Möglichen).
Gahling Sprüng toun seltn gout (Unüberlegtes und hastiges Handeln führt zu nichts Gutem).
Wenn da Bedlmoa(n afs Pfaa kinnt, is a neat za dareitn (Die Emporkömmlinge entpuppen sich gern als unerträglich).
Neat wegschmeißn, häichstns wegloihna derfst an Menschn (Verachte deinen Mitmenschen nicht, du kannst ihn vielleicht bald brauchen).
Wos ma neat in Kuapf hâut, mou(ß ma in Föißn hobm (Unüberlegtes Handeln bringt oft viel Lauferei und Umständlichkeiten).
Wenn d Nâut ba da Tüar ei(n)schaut, springt d Bravheit oft ban Fenzar asse (In der Not ist es nicht immer leicht, brav zu sein).
Wea(r schmiart, dea(r füahrt (Freigebigkeit ist von Vorteil, auf Bestechung hinzielend).
Da Vuar(t)l treibt s Hândwerk (Die Fertigkeit fördert jede Arbeit).
Äihst koin neua hâust, schmeiß an âltn Besn neat weg (Sei in Deinem Handeln vorsichtig).
In da Nâut frißt da Teufl Flöign (Not macht bescheiden).
Dea(r schwöart üm ran Kaaln Brâut (Verkauft seines Vorteiles halber selbst sein Seelenheil).
Wear a's Maal afreist, is nuh lang koa(n Läiv (Hinter Großmauligkeit steckt selten etwas dahinter).
Da Öpfl fällt neat weit van Baam (Wie die Alten, so die Jungen).
Aßn hui, inna pfui! (Schillerndes Äußeres hat oft einen faulen Kern).
Zvül gout is hâl(b)me liedarli (Allzu gut sein ist oft zum Nachteil).
A Wei(b koa(n in da Schiirzn mäihara a(s)n Haus trogn, âls wos da Moa(n mi(t)n Haawogn ei(n)füahrt (Mit Kleinem wird Großes vertan).
An âlta Gwoahnat is a eises Hem(d (Gewohntes, zum Laster geworden, ist unabwöhnbar).

Wea(r vül fräigt, gäiht vül irr, oder auch: *Wear weit fräigt, dear wiard weit gwießn* (Verlasse dich nicht zuviel auf andere).
Wenn s Essn schmeckt, håut da Dokta leicht träistn (Eßlust ist ein gutes Zeichen).
Wos in Haus kocht wiard, soll aa in Haus gessn wearn (Deine intimsten Familienangelegenheiten gehen andere nichts an).
Afhäiern, 's san Schindl am Dooch! (Führt vor Kindern keine zweideutigen Gespräche).

Von der Egerländer Sprachgrenze

Oft sind wir darüber erstaunt, wie wenig die Einheimischen von dem jahrhundertelangen deutschen Volkstumskampf in Ost- und Südosteuropa wissen. Nun, liebe Landsleute, Hand aufs Herz! Wußten wir alle, die wir außerhalb der Sprachgrenzbezirke Bischofteinitz, Mies, Manetin, Luditz und Jechnitz gelebt haben, um die Sprachgrenznöte unserer Heimat? Waren wir uns, bevor der Bund der Deutschen den Bodenschutzgedanken ins Volk trug, bewußt, welch große Wirtschaftsopfer mitunter von unseren Sprachgrenzbrüdern und -schwestern gebracht wurden? Führten sie im allgemeinen nicht ein wesentlich härteres Leben, als wir in den „Hinterlandbezirken" Asch, Eger, Falkenau, Karlsbad usw.?
Die schon zur Zeit Altösterreichs planmäßig betriebene Tschechisierung wurde nach 1918 um so fanatischer, vielfach staatlich unterstützt, vorangetrieben. Als rechtlose Minderheit standen wir dem bodenhungrigen „Staatsvolk" gegenüber.
Aber: Trotz aller Mittel und Schliche gelang den Tschechen zwischen 1918 und 1938 kein wesentlicher Einbruch in die Egerländer Sprachgrenzbezirke. Von einem Frontalerfolg konnten die tschechischen Hranitscharen (Grenzler) in Westböhmen erst recht nicht sprechen.
Der politische Bezirk Mies, der mit dem vorgelagerten Pilsen dem größten Tschechisierungsdruck ausgesetzt war, zeigte dies besonders deutlich. Es bestand der Plan, längs der Miesa einen tschechischen Keil ins Egerland zu treiben. Auf diese Weise wollte man der Benesch-Lüge, daß es bei uns keinen geschlossenen deutschen Siedlungsraum gäbe, einen Wahrheitsbeweis schaffen.
Dieser Plan wurde vereitelt, obzwar wir über keine maßgebenden Wirtschaftsmittel verfügten. Er mißlang vor allem deshalb, weil die Tschechen an der sogenannten „Naht- und Einbruchsstelle" noch auf ein gut bäuerliches, natürlich gewachsenes deutsches Volkstum stießen.
Mehr als der Wirtschaftsgeist zählt der Selbstbehauptungswille im Sprachgrenzkampf! Diese Tatsache zeigte sich frühzeitig in den drei Kronländern, sie trat aber kaum an einer zweiten Stelle so deutlich hervor, wie zwischen Pilsen und der Tauser Senke. Von 1880 bis 1938 vollzogen sich auf dieser Strecke keine nennenswerten Sprachgrenzverschiebungen zu unseren Ungunsten. Staatsaktionen und Willkürmaßnahmen der Stadt Pilsen selbstverständlich ausgenommen. Diese erfreuliche Lebensraum-Bilanz ist vor allem auf das ausgeprägte Stammesbewußtsein unserer Sprachgrenzler zurückzuführen. Bei ihnen war die Volkskultur noch nicht ver-

braucht. In keinem anderen Gebiet unserer Heimat waren Sitte, Brauchtum, Volkstrachten, -lieder und -tänze noch so lebendig, wie im Raum Wiesengrund, Staab, Bischofteinitz, Ronsperg.

In welch unerbittlichem Maße zuweilen der Sprachgrenzkampf um einen Acker, einen Hof oder gar um eine Gemeinde tobte, beweist uns Rothaugezd im Mieser Bezirk, das zum Begriff der sudetendeutschen Sprachgrenztreue wurde. Ihm gebührt daher über die Heimatgeschichte hinaus neben Tartlau (Siebenbürgen) ein Ehrenplatz in der deutschen Volkstumsgeschichte. Wilhelm Pleyer schrieb auf Grund von Aufzeichnungen des Schreibers dieser Zeilen in den dreißiger Jahren die Erzählung „Der Kampf um Böhmisch-Rust". Es ist der Kampf der Rothaugezder! Ein bekannter deutscher Dichter war willens, den Opfermut dieses Dorfes zu dramatisieren. Es kam der Herbst 1938, dem der Krieg folgte. Dadurch unterblieb dieses Vorhaben.

Für heute sei es eine flüchtige Erinnerung an diese rund 200 Einwohner zählende Gemeinde, die zugleich ein wirtschaftliches Musterdorf war. Durch die hochstehende Viehzucht, die im Jahre 1901 hier einsetzte, schuf man sich in weiten Fachkreisen einen guten Namen. Schließlich war aber Rothaugezd die erste und bis in unsere Zeit einzige Gemeinde in Böhmen, die schon in den Jahren 1903 bis 1906 die Zusammenlegung der Grundstücke freiwillig und restlos vollzog. Durch die Kommassation (Bodenzusammenlegung) wurde Rothaugezd zu einem Lehrbeispiel für hohe und höchste landwirtschaftliche Schulen. Es verfügte auch über eine vorbildliche Feuerschutzeinrichtung. Vom Gerätehaus aus (unter dem sich ein großer Wasserbehälter befand, der automatisch durch eine höher gelegene Teichanlage gespeist wurde), war es möglich, mittels stationärer Motorspritze in wenigen Minuten jedes Gebäude in der Gemeinde mit Wasser „einzudecken". Im Jahre 1926 baute die Gemeinde ein Volksbad (Wannenbad), das allen Gemeindeangehörigen nach einem gemeindeamtlichen Benützungsplan zur Verfügung stand. Durch die Bodenzusammenlegung und die damit verbundene Melioration gewann man durch den Wegfall von Rainen, Wegen, Wasserläufen 14 ha Grund für eine Jungviehweide, die in vier Triebe eingeteilt wurde.

Diese zweifelsohne vorbildliche Wirtschaftsgemeinde wurde aber noch weit überragt von der volksbewußten Opfergemeinschaft, die alles daransetzte, um ihr Dorf deutsch zu erhalten.

Das zu zwei Dritteln vom tschechischen Lebensraum umschlossene, knapp vor Pilsen liegende Rothaugezd war den Tschechen ein Dorn im Auge. So wollte man es 1919 kurzerhand der größeren Nachbargemeinde Lihn, die eine tschechische Mehrheit hatte, einverleiben. Damit wäre das kleine deutsche Egerlanddorf mit einem Schlage ausgetilgt worden. Die Rothaugezder stellten sich dagegen, den Rekurs- und Klageweg beschreitend. Auch mit anderen Mitteln versuchten die Tschechen einzudringen. So wollte eine Pilsener tschechische Baugenossenschaft im Enteignungswege auf der Rothaugezder Gemarkung eine Bergarbeitersiedlung mit 58 Doppelwohnhäusern erstellen. Aber auch dieses Vorhaben wurde vereitelt. Durch derartige Planungen wurden unseren Leuten bewußt Prozesse aufgehalst. Einmal waren es 42.000 Kč und ein anderes Mal ein noch höherer Betrag, der um des Deutschtums willen bezahlt werden mußte. – Ein neuer Schlag traf die Gemeinde: Die in ihrem Kataster liegende Schamottefabrik „Maguntia" kam 1928 zum Verkauf. An maßgebenden tschechischen Bewerbern wie den Skoda-Werken, den großen Pilsener Brauereien u. a., fehlte es nicht. Um auf dieser Linie einen tschechischen Einbruch zu verhindern, trat die Gemeinde als Käufer auf. Die Bauern zeichneten Gemeindeanleihe. Der Betrag von über einer Million Kronen war aufzubringen! Er wurde aufgebracht und die Fabrik im Gemeindewege bewirtschaftet.

Des Leides war nicht genug. Es folgte der schwerste Schlag, ein Dolchstoß von hinten durch einen eigenen Ortsangehörigen. Der traf besonders hart und schwer. Einer der sieben Bauern wurde im Jahre 1929 zum Judas. Ohne zwingende Gründe schlug er seinen Hof los. Es schien, als ob alle Opfer vergebens gewesen sein sollten. Kapitalkräftige tschechische Käufer waren zur Stelle. Aber: in der Stunde höchster völkischer Not zeigte sich ein von der Liebe zur Väterscholle getragener Sprachgrenz-Opfergeist, wie er bis dahin in unserer Heimat nicht nachweisbar war. Die sechs Bauern sprangen vereint in die Bresche. Der Gast- und Kleinlandwirt H. gesellte sich dazu. So waren es wieder sieben; die deutsche Märchen- und Schicksalszahl! Sie setzten Hof und Acker zum Pfand. Deutsch sollte ihr Dörflein trotz der tschechischen Umklammerung bleiben. Die durch die Untreue des einen ins Mark getroffenen Höfe wurden mit Hypotheken belastet, um den Hof des Verräters kaufen zu können, der um 500.000 Kč überzahlt werden mußte, damit er nicht in tschechische Hände kam. Furchtbar drückte die Zinsenlast (7 - 7,5%), die die Gemeinschaft der Sieben von nun an zu tragen hatte.

Eintausendneunhundert Kronen waren wöchentlich für diese Zwecke aufzubringen. Eine unvorstellbare Summe in der Zeit der Wirtschaftsnot und des Preisverfalles. Jahrelang trugen diese Bauern dieses gigantische Opfer, das auf den Höfen gleichermaßen hart wie auf dem Leben des Einzelnen lastete.

So handelte in schlichter, volksbewußter Art ein Egerländer Sprachgrenzdorf. Daß die Tschechen in den grauenvollen Tagen des Jahres 1945 mit den Rothaugezdern besonders sadistisch verfuhren, bedarf keiner weiteren Silbe. Dafür möge aber das Leitwort hier stehen, unter dem im Jahre 1933 in diesem kleinen volksbewußten, wirtschaftlich vorbildlichen Egerlanddorf ein Heimatabend durchgeführt wurde:

Noch kein Karfreitag ist vergangen,
dem nicht mit Blühen und mit Prangen
gefolgt ein Auferstehungstag.

Alois John (*1860 · †1935)

Ein Rundblick um das Egerland
aus der Zeit um die Jahrhundertwende

Von Siechenhaus und dem Mühlerl führen leicht zu erfragende Waldwege zum St. Annaberg empor, allein schon dankbar durch die allmählich sich erschließende großartige Aussicht über das Egertal, die Stadt Eger und das Egerland.
Von St. Anna aber scheue man nicht die wenigen Minuten bis zum Aussichtsturm auf dem Grünberg. Das Bild, das sich dem Beschauer von dieser Höhe erschließt, ist prächtig. Da liegt der satte, in leisen Geländewellen sich weithin dehnende Kessel des Egerlandes mit seinen dunklen oder tiefblauen struppigen Wäldern, die in Rotten, bald geschlossen, bald aufgelöst, gegen die Randhöhen hinstreben. Wie glänzende glatte Spiegel leuchten die Stadtteiche bei Reisig und Fischhaus heraus und im ganzen Rund glitzert's von den hellen Fensterscheiben freundlicher Gehöfte, stattlicher stillumbuschter Dörfer oder einsamer Meierhöfe, aus deren Schloten blauer Rauch kräuselt. Neben den hellen Häuserwänden von Franzensbad, das glücklich aus einem Busche wehender Birken winkt, schwillt die öde grüne Kuppe des Kammerbühls. Einen prächtigen Anblick bietet die rauchumwallte, düstere Reichsstadt Eger mit ihren kühn aufstrebenden Türmen, dem alten, schroff abschließenden Wall, der um die Burg läuft, und den funkelnden Turmknöpfen und Kreuzen, die weit hinaus ins Land leuchten. Die treffliche Lage der Stadt am Ausgang der Egertalschlucht, abgeschlossen von den kühnen Bogen der Eisenbahnüberführung, tritt so recht deutlich hervor. Mitten im Land gelegen, ist sie nicht nur in landschaftlicher Beziehung ein Sammelplatz des Landes, sondern war es auch durch Jahrhunderte in politischer und völkischer Beziehung. Von ihr aus und zu ihr hin marschieren die mit steifen italienischen Pappeln besetzten Landstraßen nach Nord und Süd, nach Ost und West. Seitenwege und Steige zweigen ab und schlängeln sich zu den fernen Dörfern und stillen Weihern. Rollendes Fuhrwerk knarrt von der Mühlbacher Straße herauf und die aufschimmernden Speichen eines Fahrrades tragen einen sich rasch hinbewegenden schwarzen Punkt die glänzend weiße Zeile hin. Still und gleißend liegt das Schienengeleise der Eisenbahn unter uns, aber schon wallt eine weiße Rauchfahne über den Wald, und die lebendige Kraft der Lokomotive schnaubt hervor mit ungemein putzig anzusehendem zappelnden Räderwerk, dem eine durchaus leblose gleichgültige Wagenreihe nachrollt. Aber all dieses Menschenspielzeug geht auf in der großen Gesamtwirkung des Landes. Das Große dieser Aussicht besteht eben darin, daß es mit einem verhältnismäßigen Weitblick die kleinsten Einzelheiten im Leben der Landschaft in unmittelbare, greifbare Nähe rückt. Aus fernen dunstigen Schleiern, die um den Leibitschkamm weben, ragen die Türme der Wallfahrtskirche von Maria Kulm. Im Süden tritt Loretto als ein lichter Punkt über das Wondrebtal heraus, und wenn man etwas schärfer zusieht, gewahrt man auch den schwarzen Rundturm von Kinsberg. Im Westen ist tiefer Wald gebreitet bis gegen Hohenberg hin, wo ein kühnes Kastell auf einer kegelförmig gegen die Eger abfallenden bewaldeten Höhe liegt. Nur die Türme der Wallfahrtskirche Kappel ragen im Südosten über die Stämme des Waldes auf! Einen reizenden Anblick bietet gerade vor uns das Eger-

tal. Still, in anmutigen Biegungen streicht der Fluß, von mäßigen Höhen links begleitet, von Hohenberg herab, an Zettendorf vorbei in den kiebitzdurchjohlten Wiesenkessel des Kammerwaldes, bis er bei der Rollenburg in den tief vor uns abstürzenden Waldungen des Soos- und Siechenhauswaldes sich verliert. Dieses Landschaftsbild, das durch die Fülle seiner Eindrücke und seine von tiefblau bis zu goldbraun aufsteigenden Farben kräftig und bestimmt wirkt, wird von Randgebirgen derart umrahmt, daß man das Egerland tatsächlich als einen Kessel, einen in Hinsicht der Gebirgsbeschreibung fest bestimmten und abgegrenzten Gau, eine Region empfindet. Daß dieser Kessel einst ein Ursee gewesen, dessen Wasser bei der Kulm-Königsberger Enge abflossen, hat schon Goethe geahnt, als er auf der Höhe des „problematischen" Kammerbühls stand. In der Tat bestätigen dies auch die tertiären und quartären Bildungen, die Sande, Letten und Moore des Inner-Egerlandes. Feste Urgesteine, Granite, Phyllite, Schiefer tragen wie eine Schale dies Wasserbecken dem Licht der Sonne entgegen.

Aber nicht bloß die erdgeschichtliche Bildung des Egerlandes kann man von der Höhe des Grünbergs aus der aufgetanen Schau herauslesen, auch den Gang der Rodung und Reutung, die Lichtung der Urwälder, von den letzten Nachsickungen des Ursees der Eger und ihrer Seitenflüsse aus immer tiefer hinein, immer höher hinan zu den waldigen Höhen der Randhöhen. Heut' schimmert und glitzert es von ihnen her in hellen Häuserzeilen und freundlichen Siedlungen. Rings grüßen vertraute Berghöhen: da ist zunächst vor uns die Spitze des Kapellenberges, dann der langgestreckte Leibitschkamm. Ganz stolz und prächtig ist die Kette des Kaiserwaldes im Osten aufgerichtet, deutlich erkennt man den Krudumberg und die hellen Häuser

Marienbad: Rudolfsquelle und Stadtkirche.   *Federzeichnung von Rudolf Schweinitzer*

von Königswart und Marienbad. Auch der Tillenberg entwickelt sich in satter Behaglichkeit und dehnt seine mächtigen Glieder breit ins Land herein. Den Westen umlagern in dichten Waldgebieten die Fichtelberge und im Norden steht jetzt der trutzige Bismarcksturm des Hainberges bei Asch. Von allen diesen Höhen kann man ins Egerland schauen, und immer bietet es neue ungeahnte Eindrücke. Der Grünberg allein ist am weitesten ins Land hineingestellt und von seiner Warte aus gewinnt man die glücklichste und umfassendste Übersicht über alle.

Es ist nicht gleichgültig, zu welcher Jahreszeit man von dieser Warte schaut. Unter dem Schein der wachsenden Sonne verändert sich im Jahr das Landschaftsbild, das die meisten nur in den Farben des Hochsommers kennen. Man muß aber auch im Winter auf dieser Höhe gestanden sein, an Herbsttagen das Brauen der Abendnebel verfolgt haben, die dunstige Gewitterschwüle des Julitages gespürt und im Donnern und Brausen der Frühlingswässer heraufgewatet sein, um alle Höhenzauber zu kennen. Am lieblichsten ist der Anblick des Landes im Mai, wenn die fahlgelben Wiesen sich begrünen, das braune Ackerland im ersten Saatengrün erschauert, lichte oder bunte Blütenstreifen sich herausheben und das himmlische Blau der Teiche erschimmert. Friedlich klingen die Zurufe ackernder Knechte an ihr Gespann herauf, schwerfällig ziehen die rotbraunen Vierfüßler den Pflug durch das aufgewühlte Erdreich, von schwirrenden Taubenflügen des nahen Gehöftes gefolgt. Neue Farbentöne bringt der Juli in das Landschaftsbild. Goldgelb heben sich die Weizen- und Kornfelder von den blauen Wäldern ab, und mit Stolz blickt man auf das wohlbebaute Land, das deutsche Siedler dem Sumpf, Moor und Wald abgerungen haben. Am Sonnwendtag leuchtet von dieser Höhe ein mächtiges Johannisfeuer ins Land hinein. Einen merkwürdigen Anblick gibt es, wenn nach dem Getreideschnitt die Garben in „Puppen oder Mandeln" zusammengestellt sind. Den Herbst kennzeichnet bei Tage das trübe wolkige Gespinst des Himmels, das nur in den ersten Tagen des Septembers zu einer unsagbar klaren Helle sich lichtet, welche die weitesten Fernblicke gestattet. Lebhaft tritt noch das metallische Grün der Krautfelder hervor. Gegen Abend muß man die von den Bergen hereinwallenden, aus Flußwiesen und Mooren kriechenden Nebel gesehen haben. Man begreift da die germanische Götterlehre besser als aus einem nüchternen Lehrbuch.

Aus: Alois John, „Egerländer Heimatbuch". Gesammelte Aufsätze. Eger 1907.

Karl Storch
Die Wallfahrt der Egerländer auf den Heiligen Berg

Wallfahrten waren früher beliebter als im 20. Jahrhundert, auch war die Zahl der Wallfahrtsorte viel größer. So war u.a. im 19 Jahrhundert auch das Kirchlein zu Maria Geburt in Eisenhüttl das Ziel vieler Pilger. Bis aus Postelberg kamen Wallfahrer in das kleine Dörfchen. In den letzten Jahren pilgerten nur noch Mieser nach Eisenhüttl und zwar am 8. September (Maria Geburt). Von dieser Wallfahrt brachten sie oft Äpfel mit, deren es auf dem dortigen Maierhof viele gab.

Im 19 Jahrhundert dürfte die Kirche der gnadenreichen Muttergottes auf dem Heiligen Berge bei Pschibram der besuchteste Wallfahrtsort gewesen sein. Sie wurde nicht nur von den Tschechen, sondern auch von den Deutschen aus den entferntesten Grenzgebieten besucht. Namentlich zu Pfingsten strömten hier Tausende zusammen.

Die hier verehrte und mit vielen kostbaren Weihgeschenken bedeckte Mariensäule soll der erste Prager Bischof Ernest von Pardubitz mit eigenen Händen geschnitzt haben. Er hatte sie in der Schloßkapelle aufgestellt. Nach seinem Tode brachten sie die Einwohner von Pschibram in ihre Pfarrkirche. Später kam sie in die auf dem Berg errichtete Kapelle. Die Verehrung des Bildes wuchs, als im Jahre 1632 ein seit dreizehn Jahren blinder Mann, der sich nach einem Traume von seinem kleinen Enkel auf den Berg führen ließ, nach siebentägigem Gebet das Augenlicht wieder erhielt. Bei dem Schwedeneinfall im Jahre 1648 wurde das Bild in einem dichten Wald versteckt, nach dem Friedensschluß kehrte es wieder auf den früheren Platz zurück. Der Bau der gegenwärtigen Kirche begann im Jahre 1659, die von der Stadtseite zu ihr führende Treppe wurde im Jahre 1670 angelegt. (Nach O. Frh. von Reinsberg-Düringsfeld.)

Unter den vielen Pilgerzügen, die zur Pfingstzeit den Heiligen Berg besuchten, war auch einer aus dem sogenannten engeren Egerland.

Die Wallfahrt wurde von mehreren Ortschaften gemeinsam unternommen, Treffpunkt war eine Kirche oder Kapelle. Nach einer kurzen Andacht brach man auf. Betend und singend zog die Pilgerschar auf der „Kaiserstraße" gegen Süden. Auf dem Weg schlossen sich die Wallfahrer aus anderen Orten an, so daß die Zahl der Teilnehmer auf einige Hundert stieg, an der Spitze des Zuges schritten die Männer, voran der Vorbeter mit dem Gebetbuch in der Hand und einem von einem Schulterriemen gehaltenen Ranzen. Hinter den Männern gingen die dunkelgekleideten Frauen. Die niedrigen Schuhe oder ledernen Pantoffel trugen viele in der Hand. Anders als bei den Frauen der Mieser Gegend waren ihre Röcke länger und die Kopftücher nicht unter dem Kinn, sondern mit einem Knoten und zwei Schleifen über der Stirn gebunden. Auf dem Rücken trugen sie in einem großen Tuch einen Handkorb (Zistel, Zisterer) mit Brot, Butter und Käse als Wegzehrung. Die Zahl der Frauen war viel größer als die der Männer. Jugendliche sah man unter den Wallfahrern nicht viele. In den Dörfern, durch die die Pilger zogen, wurden sie mit Glockengeläut empfangen. Die Dorfbewohner eilten dann aus den Häusern und säumten den Weg. In den Ortschaften wurden fromme Lieder, meist Marienlieder, gesungen. Der Vorbeter sprach den Text satzweise vor, von den anderen wurde er gesungen wiederholt.

Am ersten Tag nächtigten die Wallfahrer in einem Ort bei Plan, am zweiten blieben sie in Sollislau bei Mies, am dritten zogen sie durch Pilsen, die Nacht verbrachten sie in einem Dorf bei Rokitzan. Geschlafen wurde in einer leeren Stube oder in einer Scheune auf Stroh. Während der ganzen Wallfahrt kamen die Pilger kaum aus den Kleidern. Der vierte Tag brachte die Wallfahrer endlich an das ersehnte Ziel. Bei dem Ersteigen der Treppe zur Kirche wurde gewöhnlich auf jeder Stufe ein Vaterunser gebetet. Nachher wurde gebeichtet und kommuniziert. Zum Schluß wurden die Sehenswürdigkeiten besichtigt und Andenken sowie Geschenke gekauft. Dann ging es wieder heim. Die Rückkehr erfolgte in der gleichen Weise wie die Hinreise. Für den Vorbeter wurde eine Sammlung eingeleitet.

Waren die Wallfahrer wieder daheim, wurden die Geschenke ausgeteilt. Für die Angehörigen gab es einen Rosenkranz oder ein Bild der Muttergottes. Meist war es oval und hinter Glas. Die Scheibe wurde durch einen schmalen Messingrahmen festgehalten. Diese Bilder hatten etwa Postkartengröße. Ich sah sie auch noch bei den Landsleuten in Hessen. Kinder, die gleich nach der Rückkehr der Wallfahrer herbeiströmten, erhielten bunte Bildchen und Fingerringe. Die Bildchen wurden ins Gebetbuch gelegt und vielleicht später einmal einem Verstorbenen in den Sarg gegeben. Mit den Fingerringen hatte in den folgenden Tagen der Lehrer Verdruß, da die Kinder in der Schule mit ihnen spielten. Da sie aber aus schlechtem Material waren, zerbrachen sie leicht.

Noch ein anderes Geschenk brachten manche Wallfahrer heim, ein Stück aufgespartes Brot, dessen Genuß vor Zahnschmerzen bewahren sollte. Diese günstige Wirkung schrieb man dem Umstand zu, daß es über viele Wurzeln gegangen war. Ebenso geschätzt war in der Gegend von Marienbad und Tachau das „Woldmannlbräut", das die Holzhauer aus dem Wald zurückbrachten. Die Begründung war die gleiche.

Wallfahrer aus dem Karlsbader Kreis, die auf den Heiligen Berg pilgerten, zogen in der Woche aus, auf die der 26. Juni (Johann und Paul) fiel. Nach der Mitteilung einer Vorbeterin aus Rodisfort wollten sich manche Teilnehmer dadurch vor Ermüdung schützen, daß sie Beifuß (Babas, Bawas) in die Schuhe steckten.

Vor dem Auszug ermahnten zuweilen die Vorbeter die Pilger, Kröten, die sie vielleicht auf dem Wege sähen, nichts zuleide zu tun. Man glaubte nämlich, daß arme Seelen in Krötengestalt an der Wallfahrt teilnähmen, um von der Sündenlast frei zu werden. Dasselbe meinte man auch von Hexen und glaubte, eine Bestätigung dieser Annahme darin zu finden, daß man auf dem Rückweg Leute traf, die man beim Auszug nicht gesehen hatte.

Was veranlaßte die Menschen zu der langen und beschwerlichen Wallfahrt?

Die Gründe waren verschieden. Oft waren es Krankheiten und seelische Bedrängnisse, die die Hilfesuchenden zur Wallfahrt bewogen. Für diese war der Weg am schwersten. Leichter trugen jene, die den Dank für die gewährte Hilfe abstatten oder ein Gelübde erfüllen wollten. Unbeschwert waren auch jene, die mitgingen, um den berühmten Wallfahrtsort zu sehen und um auch einmal dabeigewesen zu sein. Die Beschwerden und Entbehrungen der langen Pilgerfahrt wurden gering geachtet. Für die Teilnehmer war die Wallfahrt ein tiefes religiöses Erlebnis, das einen nachhaltigeren Eindruck hinterließ als die späteren Pilgerfahrten mit der Bahn oder mit dem Omnibus.

Die Wallfahrten der Egerländer auf den Heiligen Berg dauerten bis in die neunziger Jahre des 19. Jahrhunderts. Unter dem Ministerpräsidenten Badeni, einem polnischen Grafen, kam es infolge seiner deutschfeindlichen Sprachenverordnungen vom Jahre 1897 zu Kundgebungen und Unruhen. Die Deutschen fürchteten Belästigungen – man sprach sogar von geplanten Bombenanschlägen auf die Wallfahrer – und stellten die Pilgerzüge auf den Heiligen Berg ein. Sie besuchten nun die deutschen Wallfahrtsorte, vor allem Maria Kulm, Maria Stock und die Lorettokapelle Altkinsberg. Die Deutschen der Kreise Bischofteinitz, Taus und Klattau sowie des Gerichtsbezirk Staab fuhren jetzt nach Furth i.W. und zogen nach Neukirchen Hl. Blut. Grenzschwierigkeiten gab es nicht, die Bahn war billig. Die in Staab gelöste Sonntagsrückfahrtkarte kostete 2 K 40 h, wer sie in Stankau kaufte, zahlte 2 K. Wer jetzt noch den Heiligen Berg besuchen wollte, fuhr mit der Bahn.

Die St. Anna Wallfahrtskirche in Bischofteinitz

Etwa eine halbe Gehstunde westlich von Bischofteinitz führt eine Lindenallee zu einem Park auf einem mäßig hohen Hügel, von dessen Gipfel die Kirche weithin sichtbar grüßt. Ihre Entstehung ist mit der Legende verknüpft, nach der der Teinitzer Bürger Krecka eine hölzerne Statue der hl. Mutter Anna auf seinem Feld ausackerte und nach Hause trug, von wo sie aber immer wieder auf ihren Fundort zurückgekehrt sein soll. Daraus schloß man, daß die Heilige an diesem Orte verehrt sein wolle. Zuerst erbauten einige Teinitzer Bürger eine hölzerne Kapelle. Archidiakon Nikolaus von Budweis (Tuchschmied) aber ließ bereits 1507 eine steinerne Kirche in spätgotischem Stil erbauen, die am 5.4.1516 von Peter Kraft, Suffraganbischof von Regensburg, geweiht wurde, Archidiakon Nikolaus errichtete daselbst auch eine geistliche Bruderschaft zu Ehren der hl. Anna um einen guten Tod, die von Papst Alexander III. 1563 bestätigt und mit Ablässen ausgestattet wurde. Dieser Bruderschaft schloß sich allmählich fast der ganze Klerus, Adel und das gläubige Volk der weiteren Umgebung an. Zweimal im Jahre kamen die Mitglieder in der Bruderschaftskirche zusammen. Eine Erinnerung an die eingegangene Bruderschaft verblieb in dem Gebet zur hl. Anna um einen guten Tod, das jeden Dienstag vom Priester nach der hl. Messe in der St. Annakirche gebetet wurde. Die Kirche ist mit einem herrlichen Netzgewölbe ausgestattet. Der eigentliche Altar, rundherum von einem schönen, holzgeschnitzten Speisegitter umgeben, ist jedoch einfach gehalten: Über dem Drehtabernakel steht in einem Glaskästchen das Gnadenbild St. Anna „selbdritt". Neben- und Hinterbau verleihen dem Altar eine besondere Schönheit. Auf dem Nebenbau erheben sich in Lebensgröße künstlerisch wertvolle Holzstatuen, die den hl. Josef, den hl. Joachim, den hl. Jakobus und das alttestamentarische Vorbild, Anna, die Mutter Samuels, darstellen. Der Nebenbau geht in den Hinterbau über, dessen Mittelpunkt eine entzückend schöne Immaculastatue bildet. Zuoberst steht die Dreifaltigkeitsgruppe, auf welcher Gott Vater das charakteristische Dreieck trägt.
Besonders beachtlich ist der Stil der beiden Nebenaltäre, wo vor einem holzgeschnitzten, vergoldeten Vorhang die Figuren der Gottesmutter und des hl. Rochus stehen. Einfacher gehalten sind die zwei anderen Seitenaltäre. Was den Wallfahrern

nach St. Anna besonders interessant erscheint, sind zwei südlich von der Kirche im Park errichtete Kapellen. Die eine, dem maurischen Stil verwandt, ist der schmerzhaften Mutter geweiht, um die sich als Pieta stets fromme Beter scharten. Die zweite Kapelle wurde 1697 von der verwitweten Gräfin Anna Maria Trauttmannsdorff, geborene Fürstin Liechtenstein, angeblich nach dem Muster der Grabeskirche von Jerusalem mit einer kreisrunden, offenen Kuppel errichtet, unter welcher eine Statue der Schmerzensmutter angebracht ist. Durch die eiserne Eingangstüre der Kapelle gelangt man in einen schlichten, mit vielen Bildern und Figuren versehenen Vorraum. Links vom Eingang ist in eine Mauernische ein Steinblock eingelassen, der mit einem großen Bronzering versehen ist. Die von Augenleiden Befallenen berühren diesen Ring gerne mit ihren Augen und erhoffen dadurch Befreiung oder Linderung ihrer Leiden. Niemand aber vermag Auskunft zu geben, welche Bewandtnis es eigentlich damit hat.

Von der Vorhalle gelangt man durch eine viereckige Öffnung, die man nur gebückt passieren kann, in das eigentliche heilige Grab: ein kleiner, gewölbter Raum, an dessen Südseite am Fußboden die Gestalt des im Grabe ruhenden Heilandes. Darüber, auf einem altarähnlichen Aufbau ein altes, kunstvolles Gemälde der Auferstehung Christi, gegenüber ein die ganze Wand füllendes Gemälde der schmerzhaften Mutter. In der Karwoche wurde in diesem hl. Grab ein hölzerner Tabernakel aufgestellt und dahin das Sanctissimum übertragen. Karsamstag nachmittags bewegte sich von dieser Grabkapelle eine Auferstehungsprozession durch den Park, die zu den beliebtesten und lieblichsten Andachten der Bischofteinitzer gehörte. Erwähnt sei auch die unter der Kirche 1839 errichtete geräumige, 3 Altäre aufweisende, Trauttmannsdorffsche Gruft.

An der Straße zur St. Annakirche ließ Gräfin Anna Maria Trauttmannsdorff 1696 steinerne Bildsäulen mit Darstellungen aus dem Leiden Christi errichten: Maria Scheidung, der Ölberg, die Geißelung, Dornenkrönung und Kreuztragung. Die Bildsäulen sind fast durchwegs verwahrlost und zerfallen. Jedes Jahr bewegte sich am Gründonnerstag abends eine große Prozession betend und singend von Bildsäule zu Bildsäule, besuchte die schmerzhafte Mutter, das Hl. Grab und schloß mit einer Andacht in der Kirche ab.

In St. Anna wurde jeden Dienstag eine hl. Messe gelesen, die besonders in der Fastenzeit zahlreich besucht war, vor allem aber am Faschingsdienstag. Am Pfingstsamstag kam jährlich eine große Prozession von Ronsperg nach St. Anna, die einzige, die von den vielen früheren übrig geblieben war. Auch der „schmerzhafte Freitag" wurde in St. Anna gefeiert und am ersten Bittag war St. Anna das Ziel der großen Bittprozession. Das Hauptfest aber fand am Sonntag nach dem 26. Juli statt. Da gab sich der ganze Bezirk ein Stelldichein, aus der Tauser Gegend kamen die tschechischen Wallfahrer in ihren bunten Trachten. Am Jahrmarktstreiben fehlte es nicht. Aber auch der wahrhaft Fromme kam auf seine Rechnung: In der im Glanz zahlreicher geopferter Kerzen und im Grün der aufgestellten Birkenbäumchen erstrahlenden Kirche wechselten Gottesdienste mit Predigten bis zur Mittagszeit ab.

Nach Aufzeichnung von Msgr. Leopold Klima, Archidiakon a.D.

Rudi Marterer
Die rote Kerze von Maria Kulm

Als sich der Todestag meiner Mutter jährte, zwang mich eine innere Stimme, die rote Kerze hervorzukramen, die mit dem Leben der Entschlafenen schicksalhaft verbunden war.

Im Schein der roten Kerze tauchte die Wallfahrtskirche von Maria Kulm auf. Ich hörte ihr Glockengeläut und sah mich als achtjährigen Jungen mit der Mutter in der weihraucherfüllten Kirche sitzen. Als wir das Gotteshaus verließen, umfing uns ein buntwogendes Bild der Wallfahrer.

Man sah Frauen mit weitausladenden, schwarzen Samtröcken und schwarzen Stirntüchern, die bunt gerändert waren. Am rechten Arm hing der Rosenkranz und in der Hand trugen sie ein dickes Gebetbuch. Dazwischen tauchten knorrige Bauerngestalten in alter Egerländer Tracht auf. Ihr schwerfälliges Benehmen stand im Gegensatz zu der Munterkeit der weißgekleideten Mädchen und den im rotweißen Ministrantenkleid umherlaufenden Ministrantenbuben.

An zahlreichen Ständen wurden Muttergottesfiguren und andere religiöse Andenkenartikel angeboten. Meine Mutter kaufte bei einem Kerzelweib eine große, rote Kerze, die in der Mitte mit einem Bild der Kulmer Wallfahrtskirche geschmückt war.

Es war schon spät am Nachmittag, als uns der Steffel-Knecht auf seinem mit Birkenzweigen geschmückten Leiterwagen, der von zwei kräftigen Rappen gezogen wurde, wieder heimwärts fuhr. Beim Verlassen des Wallfahrtsortes sangen wir ein Marienlied.

Während der Fahrt blickte ich oft in die langsam vorübergleitende Landschaft und verfolgte mit Interesse das gewundene Silberband der Eger, das ich heute zum ersten Male sah. Als wir die Stadt Falkenau hinter uns hatten, fesselten mich die hin- und herpendelnden Wägelchen einer Drahtseilbahn, die zu einem Kohlenschacht führte. Endlich kam die Burg Elbogen mit der hohen Kettenbrücke in Sicht, die wir aber nicht passierten. Unser Wagen blieb auf der Straße, die ins Zechtal und von da in unser Kaiserwalddorf führte. Nach Einbruch der Dunkelheit kamen wir daheim an. Von da an begann auch die Geschichte der roten Kerze.

Wenn im Sommer ein schweres Gewitter über dem Dorf stand und grelle Blitze mit lautem Donnerknall vor und hinter unserem Dorf niederfuhren, zündete die Mutter die rote Kerze an und stellte sie mitten auf den Tisch, um den wir uns alle herumsetzten und beteten. Im Schein der geweihten Kerze fühlten wir uns sicher.

Aber nicht nur bei schweren Gewittern brannte die rote Kerze. Einmal blieb der Vater, der mit dem Ochsenwagen gegen Grünlas nach Winterkohlen gefahren war, über die Zeit aus. Stunde um Stunde verrann, ohne daß wir vom Hof her das ersehnte Knarren des Wagens vernahmen. Auf einmal kam die Nachbarin und erzählte meiner Mutter, daß in Elbogen ein Fuhrwerk beim Passieren des Bahnübergangs vom Zug erfaßt worden wäre. Ihr Sohn hätte diese Nachricht aus dem Zechtal mitgebracht. Mehr wisse sie nicht.

Wir alle erschraken über diese Mitteilung. Doch die Mutter blieb ruhig. Sie holte die rote Kerze und steckte sie mit einem brennenden Kienspan an. „Damit ihn die Mutter Gottes beschützt", sprach sie zu den Kindern. Endlich, die Mutter wollte schon mit der Laterne gegen Elbogen gehen, hörten wir die laute Stimme des Vaters, wie er mit dem schweren Wagen durch das Hoftor fuhr.

Auch als meine kleine Schwester am Operationstisch im Elbogener Krankenhaus lag, erhellte der Schein der roten Kerze unsere Stube. Sie brannte zwar nicht oft, die geweihte Kerze von Maria Kulm, aber wenn ihr Flämmchen zuckte, lastete stets eine schwere Bedrängnis auf der Familie, die sie uns leichter ertragen half. Sie wurde so zu einem schützenden Kleinod, das wir mit Ehrfurcht hüteten.

Im Schicksalsjahr 1945 brannte die rote Kerze am Totenbett meiner Mutter. Sie hatte die Augen geschlossen, bevor das Unglück der Heimatlosigkeit über uns hereinbrach...
Meine Gedanken kehrten in die Gegenwart zurück. Ich dankte dem Zufall, der den roten Kerzenstumpf mitgehen ließ in ein neues Dasein.

Wallfahrtskirche Maria Kulm.   *Holzschnitt von Martin Rößler*

Dr. Viktor Karell

Der Egerländer Bauerngarten

Der Egerländer liebt die Blumen wie kaum ein anderer deutscher Volksstamm. Und so sahen wir neben dem Obst- und Gemüsegarten, neben den Blumen im Fenster auch überall bei den Egerländer Bauernhöfen ein kleines Blumengärtlein, denn Blumen gehören zu den sinnigsten Gemütssymbolen dieses rauhschaligen Völkchens mit dem goldenen Herzen.

Die Bäuerin war die Hüterin all der blühenden Pracht. Zog der Frühling ins Land, dann schlugen zuerst Schneeglöckchen und Narzissen, „Sterndln" genannt, blau und gelb blühende Iris, die das Volk „Schwertln" hieß, und Aurikeln ihre zarten Blumenaugen auf ins junge Licht. Und bald folgten Maiglöckchen, die im Egerland als „Zauken" bekannt waren, Pfingstrosen und die Kaiserkronen nach. Aber erst nach den Eismännern im Mai fand der Garten seine eigentliche Pflege. Da wurde nun auch das Rondell sorgfältig bepflanzt, und die Rose, die seine Mitte zierte, schlug langsam ihr duftendes Prachtgezelte auf. Zu ihren Füßen hob dann in malerischem Durcheinander ein buntes Blühen an. Nelken, Strohblumen, Löwenmaul, Ringelblumen und Stiefmütterchen herrschten vor. Auf langen Rabatten hob sich der Eisenhut hoch über den Rittersporn, andere Beete zierten verschiedene Lychnisarten und die „brennata Löib", Astern, Levkojen und Reseden. Gern gepflanzte Zierden des Egerländer Bauerngartens waren die Sonnenblumen und die „Popelrausen" oder Malven. Später kamen noch Dahlien in reicher Fülle dazu. In der Karlsbader Gegend war in früherer Zeit namentlich der Salbei sehr angesehen. Seine Blätter wurden allenthalben bei den Brunnen den Kurgästen angeboten, die sich damit die Zähne abrieben, weil man meinte, das Karlsbader Wasser greife die Zähne an. Schon in der ersten Hälfte unseres Jahrhunderts war aber der Salbei in unseren Bauerngärten schon ein seltener Gast geworden. Dagegen gehörten die jetzigen Steingartenpflanzen: das blaue Immergrün, der Christusschweiß (sedum acre) und die Hauswurz (sempervivum decorum) zum alten Bestand des Egerländer Hauses und seines Gartens. Wilder Wein, der Gartenwindling (concolvulus tricolor) und auch Efeu rankten gern an den Zäunen. Jasminstauden, der schwarze Hula (Syringa vulgaris) bildeten natürliche Lauben, unter denen ein einfacher Tisch und eine Bank in dämmernden Abendstunden zu süßen Träumereien einluden.

Auch im Brauchtum und Volksglauben spielten manche der Zierden unserer Gärten keine unbedeutende Rolle. So hatte namentlich die Hauswurz feuerabwehrende Kraft. Außerdem legte man ihre Blätter auf Wunden und ihr Saft wirkte blutstillend. Selbst gegen Schwerhörigkeit sollte sie helfen. Besonders stand aber der Holunder in großem Ansehen, denn vor einer Hulastauden soll man den Hut abziehen. Aus ihren Zweigen machte man zu Walpurgis, am Hexenabend, Kreuzchen und steckte sie vor die Stall- und Haustüren und in die Fenster. Am Johannistag aber sammelte man ihre großen, weißen Blütendolden und aß sie, in Schmalz gebacken, als „Hulakuchen".

Ganz besondere Sorgfalt widmete die Bäuerin auch ihrer Gemüsepflanzung, der entweder ein Teil des Blumengärtchens eingeräumt war oder die unmittelbar anschloß. An einem Montag vor Josefi trachtete sie nach altem Volksglauben ihre Gemüsesämereien in der Erde zu haben. Die schmalen Beete trugen Zwiebeln, Knoblauch, Schnittlauch, Petersilie, gelbe Rüben, Lauch und Sellerie. In einem Eckchen stand der unentbehrliche Kren. Gewürzkräuter und Heilpflanzen fehlten nicht. So fanden im Egerländer Bauerngarten auch die Pfefferminze, die Krauseminze, der Majoran, das Benediktuskraut, der Gartheil und auch der Rosmarin, als Symbol der Jungfräulichkeit bei Taufen und Hochzeiten gern getragen, ein Plätzchen.

Uraltes Brauchtum war in unserem Bauerngarten verankert. Zählt doch das Capitulare de villis, das Kaiser Karl der Große im Jahre 812 für die kaiserlichen Meierhöfe erließ, die meisten unserer Gemüsearten schon auf. Auch Salbei, Krauseminze und Hauswurz fehlen in dieser Liste aus der Karolingerzeit nicht. Und wie schön hat das Volkslied den Rosmarin, diese Pflanze der Liebe und des Todes, besungen:

> *„Ich hab die Nacht geträumet*
> *Wohl einen schweren Traum,*
> *Es wuchs in meinem Garten*
> *Ein Rosmarienbaum."*

Von unseren heutigen Gartenblumen zählt das Capitulare aber nur drei auf: die Rose, die Lilie und die Iris. In Lied, Sage und Brauch stehen keine Blumen dem Volksgemüt so nahe wie Rose und Lilie, namentlich die Königin unserer Gärten, die Rose. Das erste Badewasser des Neugeborenen schüttet man auch heute noch unter einen Rosenstrauch, damit das Kind einst recht schöne Backen bekomme. Fast alle übrigen alten Bauernblumen sind erst später zu uns gekommen, so Levkojen und Nelken aus dem südlichen Europa oder am Ausgang des Mittelalters aus dem Orient, und die Goldaster, Georgine und Sonnenblume zur Zeit der großen Entdeckungen aus Amerika und Ostindien. Als ein Kind Nordafrikas fand erst gegen Ende des 18. Jahrhunderts die duftende Resede in unseren Gärten eine Heimat. Daher soll es auch keine bloße „Altertümelei" bedeuten, wenn wir auch in der Zeit der Heimatlosigkeit unsere Landsleute auffordern, die Blumen, an denen sich ungezählte Geschlechter unserer Vorfahren erfreut haben, hochzuhalten und sie nicht den ersten besten Modeblumen zu opfern. Denn diese alten Gartenblumen, die sich schon vor Jahrhunderten das Bürgerrecht bei uns erworben haben, mögen uns nach den schönen Worten Heinrich Marzells ein „Symbol der Liebe zur Heimat und zum Brauch unserer Väter sein."

Franz Starauschek, Wildstein – Wiesbaden-Biebrich

Über die Vogelwelt des Egerlandes
Mit besonderer Berücksichtigung der Vogelsprache und deren Bedeutung

Hier werden nur die bekanntesten Vertreter unserer heimischen Vogelgattungen eingehend behandelt. – Neben der schriftdeutschen Bezeichnung des Vogels steht in Klammer die lateinische und nach dem Gedankenstrich die mundartliche Benennung, z.B. Steinschmätzer (Sascicola oenanthe – da Stoa(n)klåtscha).

Hat der Freund der Natur deren Auferstehen auch noch so oft erlebt, so löst es immer wieder gleiche Freude und ungeschwächtes Glücksempfinden aus. Doch liebliche Blumen und frisches Saatengrün, flinke Käferlein und gaukelnde Falter sind neben vielen anderen Lenzverkündern bloß stumme Preiser der Schöpfung. Was aber den Vogel, vor allem den Singvogel, zum wahren Poeten des Frühlings macht, ist sein Gesang, eine Himmelsgabe, die nur ihm zuteil geworden ist und ihn hoch über alle übrigen Geschöpfe in der Natur erhebt.

Was wäre ein Lenz ohne Vogelsang, wie öde, tot und traurig wären Wald und Anlage, Park, Garten und Hain im Frühling ohne das Trillern, Jubeln, Jauchzen, Flöten, Pfeifen, Locken, Singen und Klingen der Vogelstimmen. Das muntere Lied unserer Beschwingten gehört zum Frühling wie der Lichterglanz zum geschmückten Christbaum, die flinke Forelle in den Gebirgsbach, die Heilquelle in den Kurort oder der markige Dialekt zum richtigen Egerländer.

Nach meiner Ansicht lassen sich bei unseren Egerländer singenden oder sprechbegabten Vögeln drei Gruppen aufstellen: Vögel, die sich nur der Schriftsprache bedienen, Vögel – dazu gehört der Großteil unserer Sänger –, die ausschließlich den Dialekt bevorzugen und drittens solche, die in Schriftsprache und Mundart gleich bewandert sind. Den Beweis gilt es hierfür zu erbringen; freilich, ohne Phantasie geht es nicht ab.

Bevor noch die anderen Sänger ihr Jubeln und Jauchzen anheben, läßt an warmen, stillen Abenden, oft schon im Feber, die Amsel (Schwarzamsel, Turdus merula – d'Åmsl) in Wald und Garten ihr volltönendes Flötenlied erschallen. Sie ist wohl niemandem mehr unbekannt und es hat den Anschein, als ob aus dem ehedem schüchternen Waldbewohner bereits mehr ein Hausvogel geworden wäre. Belauscht man den Gesang vieler Amseln, so ist es nicht schwer herauszufinden, daß die besseren Sänger Motive bringen, die dem Anfang oder Bruchteilen von Volksliedern und Gassenhauern gleichen oder ähneln.

In den folgenden Beispielen ist der von der Amsel nachgeahmte Liederteil in Klammern gesetzt. Sie singt also: Tief („drinn' im Böhmerwald")..., („Am Brunnen vor dem To")re ... Jå („nix mehr Bergsteign") und („nix mehr jodeln") ... Vöia („Öchsla how i in mein Stol") ... („Da druabm af dean Bergla") ... Jå („druabm am Haibuadn") ... und viele andere. Wären die Amselmänner Raucher, so würden sie nur „Portoriko"-Zigarren bestellen, denn das Wort „Portoriko" rufen alle Amseln, gesondert als Liedzugabe oder Dreingabe, so deutlich, daß selbst der Laie es verstehen muß.

Man frage den Star, (gemeiner Star, Sturnus vulgaris – da Stårlmåtz), wie es ihm auf der weiten Reise erging, welche Gefahren er durchzumachen hatte und wie viele seiner Artgenossen oder Mitreisenden das Leben einbüßen mußten. Aber er hat nach seiner Ankunft gar keine Zeit, sich mit uns in lange Gespräche einzulassen, denn über Hals und Kopf hat er Arbeit, die ihn die mitgemachten Strapazen vergessen läßt. Es ist bekannt, daß das Starmännchen zuerst zurückkehrt, und es hat den Anschein, als hätte bis zur eigentlichen Hochzeitsfeier die Geliebte „die Hosen an", was man aber dem Star nur als Ritterlichkeit gegen das schwache Geschlecht ausdeutet, denn alle Vorbereitung bis zum Vollzug der Trauung obliegt ihm: Da ist die vorjährige Behausung vom Spatzenvagabunden ganz verunreinigt und es gibt oft einen schweren Kampf und blutige Köpfe, bis der freche Eindringling zum Räumen überhaupt zu bewegen ist. Ist aber das Häuschen bezugsfähig, so muß sich oft der arme Starmatz genug abtun, bis ihn seine Geliebte erhört. Da singt, pfeift, flötet, schnalzt, schwatzt und schmatzt er, schlägt dabei mit den Flügeln, trampelt mit den Füßen, bläst die Kehle und stellt das Gefieder auf und benimmt sich, als wäre er übergeschnappt, bis endlich sein Liebeswerben von Erfolg gekrönt ist. Ist aber die Paarung vollzogen, dann ist's vorüber mit „ritterlicher Ergebenheit", dann ist Gehorsam des Weibes erste Pflicht und in voller Hingebung sorgt dieses für den kommenden Nachwuchs. In der Namengebung macht der Starvater bei uns nicht viel Geschichten, eine Generation übernimmt sie von der anderen, und die Buben heißen in der Altersfolge: „Måtz", „Toffl", „Michl", „Naz", die Mädl: „Resl", „Kathl", „Eva", „Lena". Oft schon versuchte ich sein Schwatzen und Pfeifen zu deuten, doch weder in Mundart noch Hochsprache läßt sich sein Gesang einkleiden.

Wer über den Winter Gelegenheit hatte, die Vögel zu füttern, wird den männlichen Finken nicht vermißt haben. Ein stolzer und ebenso schöner Bursche ist er, der Edelfink oder Buchfink (Fringilla coelebs – da Fink) auch dann, wenn er im Winter zum Bettelsack greifen muß. Wäre das liebe Finklein nur so selten wie das Schwarzplättchen oder das bei uns noch seltenere Schwanzmeislein mit seinem Unschuldsgesichtchen, gewiß brächte man ihm mehr Achtung entgegen. So aber? Als Dutzendware betrachtet man ihn und was bleibt von dem armen „Geedelten" übrig, welche Ehre erweisen wir ihm? Kommt der Bub mit ganz von Schmutz starrenden Händen vom Spielplatz heim, gleich muß der arme Fink herhalten, als wäre er und nicht der Bub der „Schmutz-" oder „Dreckfink". In der Schule wimmelt es nur so von „Schmierfinken" und überall im Leben stößt man auf „Pech-" und „Neidfinken". Recht ansehnlich aber ist das Heer der „Notfinken" und jeder kann froh sein, wenn er, vom Strudel des Geschicks hineingewürfelt, wieder aus diesem Verband entlassen wird. Was aber hat unser Fink mit Schmutz, Geschmier, Pech, Neid und Not zu tun? Was für ein Prachtkerl ist er doch im Hochzeitskleide! Und sein überaus kräftiger, wenn auch kurzer Gesang, der Finkenschlag, darf weder in Wald noch Garten fehlen, sonst fehlte auch ein Stück vom Frühling. So recht versteht es das Finklein, sich seiner menschlichen Umgebung anzupassen in Ausstattung, Umgangsform und Sprache. Zum Beweis: Die Wildsteiner und die Land-Finken überhaupt sprechen nur in der Mundart und erklären darin auch ihre Liebe: „Lieserl, Lieserl löibs, sa gåih doch hea!" oder: „Minna, Minna gouta, låu(ß de seah!" Die Finken unserer Kurorte aber sind schon Herren von feinerer Art und Sitte, sie bedienen sich in ihrer Liebesbeteuerung der Schriftsprache und reden die Angebetete mit „Sie" an: „Gnädigste! Verehrteste! Ich lieb Sie gar so sehr!"

All unsere Finkenarten bekennen nur ungerne, daß sie den kecken Spatzen, Haussperling (Passer domesticus – da Spåuz, Spirk, Schlåutspirk), diesen Lebenskünstler, Zigeuner und Diebsgesellen, „Flotara" u „Flånkn" zum Vetter haben. Und dennoch überragt er sie alle an Kühnheit, Mut und Klugheit, doch auch an Intelligenz. Seine Anpassungsfähigkeit ist zu bestaunen, alles prüft und überlegt er, nichts Verdächtiges entgeht diesem Schlaumeier. Sind die meisten Vögel ansonsten recht selbstsüchtig und futterneidisch, so macht hier der Spatz eine rühmliche Ausnahme. Hat er irgendwo einen gedeckten Tisch aufgegabelt, gleich lädt er mit einem kräftigen „Tschirp tschirp" seine Artgenossen zum Mitschmause ein. Diebsgesindel hält eben immer zusammen!

Wenn an heiteren, warmen Frühlingsabenden die letzten Töne der Drossel oder der Amsel verklungen sind, dann läßt noch ein Vögelchen seine süßen, wohlklingenden Melodien erklingen, unser allerliebstes, herziges Rotkehlchen (Erithacus rebeculus – 's Råutköllerl, s'Råutkröpfl) in Terzen, Quarten und Sexten klingt sein Preisgesang aus und ist wegen der vielen eingeflochtenen Variationen nicht so leicht wiederzugeben. Der Schlußgesang klingt ähnlich wie: „Måiderl schau, dein Böiwla trau, gäih ruck doch her, ich fühl mich wuhl ba dir!", der Mundart besser angepaßt als der Schriftsprache.

In einem Sängerkonzert darf der Baß nicht fehlen. Diesen aber können die kleinen Sänger nicht meistern, dazu ist ihre Stimme zu hoch, wenn schon nicht zu schwach. Aber der Wildtauber (Columba palumbus – d' Ringltau(b, d' Woldtau(b) füllt diese Lücke aus. Seine ganze Herzensbekennung bestehe in einem „Nur du du", am Schlusse seines Rucksens. „Hu, huhuhu ahu ku kurukuhkuku, nur Du, Du, nur Du!" Vor dieser Gefühlskundgebung aber steigt der Tauber, nachdem er lange im Hochgeäst neben seiner Angebeteten in stillem Glück verharrt hatte, plötzlich in die Lüfte, beschreibt mit hochgehaltenen Flügeln schwebend mehrere Kreise, klatscht mit den Flügelspitzen zusammen, daß es weit vernehmlich schallt und kehrt dann wieder zu seiner Geliebten zurück.

Was unsere Meisen betrifft, diese lebhaften Turner und Gaukler in Wald und Garten, so wird wohl keine Vogelgattung sie an Lebhaftigkeit, Lebensfreude und Neugierde sowie Keckheit übertreffen. Dabei sind sie die nützlichsten und hiezu begabtesten Kerbtierjäger. Zählt man die Meisen nicht zu den eigentlichen Sängern, so ist die Kohlmeise (Parus major – d'Kuhlmåis, d'Finknmåis, d Sai(n)swetza) geradezu ein Musikgenie, das sein einfaches Grundmotiv „Zizitä" oder im 2/4-Takt „Zizitätä", das „Zizi" mit Hochton, das „Tä" oder „Tätä" tief, in allen möglichen Variationen verarbeitet. Ihr scharf klingendes Liebeslied ist entweder rein schriftsprachlich, rein mundartlich oder auch gemischt. Am liebsten bezeichnet der Kohlmeisenmann seine Geliebte als Fee: „Zizite, liebe Fee" – Oder auch: „Sitz i(ch) da, sitz i da und vawa? und vawa?" – „Hab Dich gern, hab Dich gern, bist mein Stern, bist mein Stern!" – Dann wieder: „Bitt, bitt, geh her, ich lieb Dich sehr!" Will aber den Kohlmeiserich die Holde nicht erhören, so sind es nicht gerade Kosenamen, die sie zu hören bekommt: „Dürra Hex, dürra Hex!" oder „Keka Fle(t)n, keka Fle(t)n!", auch „Ålts dürrs Reft, ålts dürrs Reft!" Der Lockruf der Kohlmeise gleicht auffallend dem des Finken: „Pink, pink", nur ist er gewöhnlich schwächer. Kleiner, doch zierlicher ist die besonders lebhafte und muntere Blaumeise (Parus caeruleus – s' Blåumåiserl, 's Sai(n)swetzerl), deren Grundmotiv ähnlich, ja manchmal auch gleich dem der Kohlmeise ist. Gewiß gibt es in unserem Egerland noch andere Meisenarten, ebenso lustig und possierlich wie die genannten Vertreter dieses Vogel-Völkchens, aber begnügen wir uns für heute mit diesen.

Der Stotterer unserer Singvögel ist ohne Zweifel das lange vor Tagesanbruch bereits rührige Hausrotschwänzchen (Ruticilla titys - 's Råutschwanzl). Vielleicht ist das Stottern nur eine Folge seiner übermäßigen Gemütserregung, wenn es sein Werbeliedchen vorbringt: „Fit teck teck, ich ich ich w(i)ll no - nun setzt das Stottern ein - Di Di Di Di(ch)!" Da ist sein Vetter, der Gartenrotschwanz (Ruticilla phoenicurus - 's Woldråutschwanzl, s' Schwårzköllerl), ein Vogel von reizender Färbung, schon besser mit dem Schnabel bewandert, ist kein Stotterer wie dieser, und sein Gesang ist reich an Wohllaut und Stärke. Seine Strophe beginnt mit einem Daktylus und endet mit einem Glücksbekenntnis.

„Fid dui dui dik dik dik, fi dui dui dilick, fi dui dui, no Du bist ma(n Glück!"

In unseren Gärten hebt das Frühjahrskonzert erst mit der Rückkehr des Gartenlaubvogels (Hypolais philomela - da Språchmeista) und der Grasmücken so recht an. So unscheinbar in der Färbung unsere Gartengrasmücke (Sylvia simplex - d' Grosmuck) ist, so wunderschön, hell, freudig und jubelnd ist ihr Gesang, der bald zu stärkster Entfaltung anschwillt, in Mittelstärke weiterklingt, um allmählich zart zu verblassen. Je mehr Nebenbuhler sich einstellen, umso mehr spornt einer den anderen zu kräftigstem Gesange an. Das Lied der Grasmücke, das vom frühen Morgen bis zum späten Abend erklingt, in Worte zu kleiden, ist wohl ebenso schwer, wie das des Gartenlaubvogels durch Menschenworte nachzubilden. Der letztgenannte Vogel heißt bei uns allgemein nur der Sprachmeister und das mit Recht, denn er ist ein wirklicher Gesangskünstler. Er versteht es alles, was er hört, nachzuahmen und in seine pfeifenden, flötenden, schnalzenden und rufenden Töne und Laute mischt er den Ruf der Meise, den Finkenschlag, den Amsel- oder Drosselgesang, das Tschirpen des Spatzen, Hundegebell, Straßengeräusche usw. Der Vogelkundige erkennt ihn sogleich an seinem Lockruf: „Täck täck täck täckterhuid!"

Können die weiteren heimischen Grasmücken, die auch im Fluge singende, an dem Rufe: „Schärrü wät wät" zu erkennende Dorngrasmücke (Sylvia sylvia - da Stau(d)ngåtza) und die wegen ihrer klappernden Schlußstrophe auch Müllerchen genannte Zaungrasmücke (Sylvia curruca - da Klåppara) auch lange nicht in ihrer Sangeskunst an die Gartengrasmücke heran, so ist, wenigstens nach meiner Ansicht, das Schwarzplättchen oder die Mönchsgrasmücke (Sylvia atricapilla - 's Schwårzplattl, da Schwårzkuapf) doch die lieblichste und vorzüglichste unter all den genannten Grasmückenarten. Ihr hübsches Lied läßt sich wohl verschieden deuten, aber die im Walzertempo vorgetragene Strophe beinhaltet die folgende Aufforderung an die Geliebte: „Dildldeididldidldirum didldeididldidldum, ma(n Schätzerl, gäih, tänz ma oins, Schätzerl, gäih kumm!"

Wer die überwältigende Wirkung des Lerchengesanges verspüren will, muß noch beim Tagesgrauen hinauswandern ins freie Feld. Das trillert und wirbelt, schmettert und jubelt in einem fort, neben uns und auch aus dem frischen Grün der Saaten, über uns aus heiterem Himmel. Ja, es ist nicht zu viel gesagt, man erblickt in den das Kleid der Armut tragenden Lerchen, der Feldlerche (Alauda arvensis - d' Lirch, s' Lircherl) und der Heidelerche (Lullula arborea - d' Håi - auch Håidlirch) richtige

Himmelsboten, die Freude und Achtung vor des Höchsten weiser Schöpfung in die Herzen zu pflanzen vermögen. Beide Lerchenarten sind imstande, durch ihren göttlichen Gesang den Naturfreund in Entzückung zu versetzen. Im Gegenteil zu ihrer Base ist die Heidelerche ein rechtes Kind der Einsamkeit, die stille Heide, ein ruhiger oder verlassener Kahlschlag sind ihr Aufenthalt. Stundenlang gondelt dieser Wundervogel zwischen Himmel und Erde und bis tief in die Mitternacht kann man seinem schönen Lied lauschen, das in silberreinen, ineinander verschmelzenden Flötentönen rollt und perlt, zum Teile klingend wie: „Lülülülü-lulululu lu-l lu-l lu-l lü-l lü-l" usw. Niemandem ist wohl die Schopf- oder Haubenlerche (Galerida cristata – d' Haubmlirch, d' Schnäilirch) eine Unbekannte, überall kann man den Lockruf des im Winter zum Bettler werdenden Standvogels vernehmen: „Håid håid djüditriä".
Am Waldessaum, in Lichtungen und abgeholzten Plätzen singt, klingt und trillert das Minnelied des Baumpiepers (Anthus trivialis – d' Ba(u)mlirch, d' Woldlirch). Der Name seiner Braut ist ihm heiligstes Geheimnis und doch habe ich ihn herausgebracht, verrät er ihn doch in seiner Schlußstrophe selbst: „Wuitschi wuitschi zia zia, Olga, Olga, ghäiast mia(r, mia(r." Also „Olga" heißt die Begehrte.
Überall in unserem lieben Egerland ist der Goldammer, schriftsprachlich die Ammer, (Emberiza citrinella – da Ammaling) anzutreffen. Wer aber kann diesem ganz gewöhnlichen Vogel einen besonderen Reiz abringen? Er ist weder schön, noch irgendwie von der Natur entstellt, er ist kein Gesangskünstler, kein Turner, Schlüpfer oder Kletterer, er ist weder scheu noch keck, weder dumm noch auffallend schlau. Alles ist, wie der Egerländer sagt, so „läichalat" bei ihm, er bringt das Herz nicht in Entzücken, er gibt keinen Anlaß, ihm feind zu sein. Dennoch möchte ich diesen armen Schlucker in Schutz nehmen, denn gar viel vermag er uns in seinen sieben Silben mit insgesamt vier verschiedenen Worten, über die er verfügt, zu sagen. Bei ihm bewährt sich das Sprichwort: „Keine Regel ohne Ausnahme", denn er ist doch ein eingefleischter Landbub und dennoch hält er hartnäckig an der Schriftsprache fest, erleidet er damit auch manchmal Schiffbruch. Zu seiner Geliebten ist er äußerst höflich, er spricht sie stets mit „Sie" an und erst nach dem von ihr erbrachten Beweise des Ehezweckes wird diese Anrede mit dem vertraulichen „Du" ausgetauscht. Seine Liebe bekennt er ohne jede Bemäntelung: „Wie wie wie hab ich Dich liiiieb!" (Das „i" lang gedehnt und hoch.) Sitzt er allein auf einem Ast, Pfahl oder Hügel und man fragt ihn nach seiner Gemahlin, so weiß er zu antworten: „Sie sie sie sie ist nicht miiit." Den Langschläfern ruft er durch das geöffnete Oberfenster zu: „'s ist ist ist schon früüüh!" – Als ich einmal eifrig einen Vogel beobachtete, der auf Distelköpfen und starkstengeligen Pflanzen zu tun hatte, rief er mir hilfsbereit entgegen: „'s ist ist ist ein Stiegeliiitz." Verliebte Leute müssen vor diesem Schlingel besonders auf der Hut sein, denn er ist ein guter Beobachter, der es auch tüchtig hinter den Ohren hat. Als einmal ein minnefreudiger Waldbub einem blonden menschlichen Goldhohnerl ein Bußl raubte und dabei die sorgfältig gestriegelten Haare der erröteten Holden etwas aus dem Geleise brachte, gab gleich der „Ammerling" seinen Kren dazu: „Wie wie wie wie sie siiieht!" Auch über das Sträuben des zarten Unschuldskindes stichelte er: „Sie sie sie sie ist noch schüüüü". Er meinte „scheu", aber verzeihen wir ihm diese sprachliche Entgleisung. Dem Burschen drohte er mit erhobenem Pfötchen: „Sie Sie Sie Sie sind ein Dieb!"

Schon Anfang März, wenn die ersten Frühlingslüfte in ärgstem Kampf mit den schmutzigen Schneeresten stehen, kehrt auch schon unsere Singdrossel (Turdus musicus – Dråuschl, da Zipp) in das ersehnte Land ihrer Jugend und Liebe zurück, in der Nacht ging sie, in der Nacht kam sie. Welche Freude aber, hört man zum erstenmal ihren jubelnden, markigen, weithin klingenden Gruß! Da die Nachtigall es vorgezogen hat oder durch die unsinnigen Nachstellungen gezwungen wurde, sich eine andere Heimat zu suchen und nur noch als Durchzugsgast bei uns anzutreffen ist, hat die Drossel nach meiner Ansicht keinen gesanglichen Nebenbuhler, der ihr den Ruf als unsere beste Sängerin streitig machen könnte. Hiezu sei bemerkt, daß die Drossel stets die Mundart bevorzugt.

„Triho, Triho, gröiß Gott, gröiß Gott!", klingts also von der Spitze eines Fichtengipfels. – „No gröiß Di Gott, ma(n löiba Dråuschl, döi Freid, dast wieda dåu bist!" – „Hahahahaha, is's wåuha?, löigst niat? Sua is recht!" Man fragt sie nach dem Ergehen in der Fremde. „'s wird as, neat z gout, sua niat wöi Dir!" Man bekennt ihr, wie man an sie dachte, um sie bangte. – „Dös is schäi(n va Dir! brav, brav brav, gfreit mi wirkle!" Und noch ein langes Plaudern über Erlebtes und Neues, über alte Bekannte, über dies und das. Man erkundigt sich, ist alles Mißtrauen verlöscht, schließlich nach der Auserkorenen und nun ist der Nagel auf den Kopf getroffen. – Ui, ui, a wun(d)aschäins Måidl, wöi Milch u Blout u sauba u vül vül gout. Jå, jå, dös Glück Glück Glück, döi Freid, dea Gottas Segn!" Man teilt ja wirklich die Freude, aber „Was sich liebt..." Und so neckt man: „Åch, jå, löiba Dråuschl, Du moinst dös schäi(n Katherl durt va da Räihlåuh? Dåu haust recht, dös is wirkle a schäins Kind!" – „Hihihihihi, geltsa? geltsa? Wennst hålt Du aa a setta häist!" – Und nun wird die Brandfackel geworfen: „Owa sogh åmål, löiba Zippmmoa(n, tout denn dös Måidl neat a weng hinkn u schöigln?" Nun aber geht es los, alle Kosenamen und Schandtaten werden einem an den Kopf geworfen: „No Du Lümml, Du Lausa, no sua a Hodanflechta, no sua wos, Du Stroina, Du Lump! Schamst Di neat? Sua a Flånk, sua a Flotara, will De nimma seah, henk De af, henk De af! Du Judas, Judas, Judas, steig ma am Buukl!" usw. Und fort ist sie, die liebe Drossel. Es ist aber eine schöne Eigenschaft von ihr, daß sie nichts nachträgt und am anderen Tag ist alles wieder gut. Das Minnelied an die holde Geliebte klingt bei der Drossel in die Zusammenfassung aus: „Ma schäins Katherl, ma Katherl, kumm za mia, za mia, bin vül vül gout fei(n, vül vül gout fei(n no Dia, no Dia!" – Neugierde und Mitteilsamkeit stecken bei ihr in einem Sack. Jeden Vorübergehenden fragt sie, jedem erzählt sie. „Wåu kinnst denn her, Herr Sekretär?" – „Håust leit an Schwåmma gfunna?" – „Håust scho a Radio?" – „Fahlts Diar aa oan Göld?" – „Håust ja gheiat, ich gratalier da", ruft sie dem jungvermählten Förster zu oder auch, wenn er einmal den Anschluß im Heimgehen verpaßte: „Gåihst leit scho hoam? Sua bål? Schäi(n Zeit låua!" Und daß dieser ihr wieder Schutz angedeihen lasse: „Bist fei(n a gouta Kerl, hob Di gern!" usw. usw. – Eine eigenartige Unterhaltung, mag sich so mancher denken. Aber lassen wir jeden bei seiner Freude, Mutter Natur will auch unterhalten sein und ihre Lehren wirken nicht verderbend auf Herz und Gemüt.

Noch so mancher Gefiederte verdiente nähere Würdigung: So die kleinen Laubsänger, vertreten im Egerland vor allem durch den Weidenlaubsänger (Phylloscopus rufus – da Zwölfaläuta, da Zilp zalp) und den Fitislaubsänger (Phyllioscopus trochilus – da Lamatiera), die flinken Fliegenschnäpper, der stets drollige Zaunkönig (Anothura troglodytes – da Zau(n)könig, da Zau(n)schlupfa), dieser Possenreißer und August der Vogelwelt; die Spechte, diese Kletterkünstler, Einsiedler und Sonderlinge, zu denen man auch den Kleiber (Sitta europaea – da Ba(u)mrutscha) zählt, den einzigen Vogel, der auch kopfabwärts klettern kann; die Schmätzer, unter denen der schönste der Steinschmätzer (Sascicola oenanthe – da Stoaklåtscha) ist, und noch viele andere.

Ob nun Sänger oder Nichtsänger, Klein- oder Großvogel, Wald-, Land- oder Wasserbeschwingter, bei jedem zieht im Frühling neues Leben in das Herz ein und erfüllt ihn mit der Liebe Glut. An der mit Nadelbäumen umsäumten Waldblöße vernimmt man das Spinnen und Schnurren der Nachtschwalbe (Camprimulgus europaeus – da Ziegnmelka), im sumpfigen Gelände meckert deutlich vernehmbar hoch über uns die Bekassine (Gallinago caelestis – d' Himmlsziegh), Birkhahn und Auerhahn (Tetrao tetrix und Tetrao urogallus) erfreuen mit liebestollen Balzrufen das Herz des Jägers, die Schnepfe (Scalopax rusticula – d' Schnepf) streicht pfeifend ihrem sumpfigen Verstecke zu, das Rebhuhn (Perdix perdix – s' Rebhäihnl) „girrhäckt" in den Feldern und längst ist auch der neugierige Kiebitz (Vanellus cristatus – da Kiewiez) wieder da. In der Nacht aber treiben Eulen, im Egerland kurzerhand als Nåchtala bezeichnet, ihr Wesen und vor allem ist es der kleine Waldkauz (Syrnium aluco – s' Käizl, da Tåu(t)nvuagl), der wegen seines Rufes „Kuwitt", im Volksmund als „Kumm mit!" gedeutet, bei Ängstlichen und Abergläubischen als Bote des nahenden Todes betrachtet wird.

Auch der Kuckuck (Cuculus canorus – da Guguk), dessen Frühlingsruf alle erfreut, ist wieder da. Ich will all die Schandtaten, die dieser Gaudi- und Brutschmarotzer auf dem Gewissen hat, nicht näher beleuchten. Der aber, den das Geld flieht, der gehe zur Frühlingszeit täglich in den Wald und warte geduldig, bis der Kuckucksruf ertönt. Dann schüttle man fleißig die Taschen, weil dies das beste Mittel gegen Geldflucht ist, vorausgesetzt, daß noch „Klingendes" darin ist. Aber das Schütteln hilft nur dann, wenn man „alles" erlauscht, was in Wald und Flur, auf Erde, Busch und Baum und in der Luft singt und klingt, jauchzt und klagt, lispelt und murrt, tönt und flüstert. Hat man aber den Kuckucksruf trotzdem nicht vernommen und zog selbst mit leeren Taschen aus, so kehrt man dennoch reicher heim, als man auszog.

Josef Weitzer

Unna Tråcht

Unsere Egerländer Stammesgruppe ist zwar rein volkstumsmäßig an und für sich die geschlossenste Teilgruppe der Sudetendeutschen Volksgruppe, hat aber in sich landschaftlich besonders in der Mundart und Tracht mitunter recht große Unterschiede aufzuweisen. Spricht der eine von seiner Hoimat oder Håimat, sagt der andere dafür Huimat, meint der aus der Karlsbader Gegend wieder seine Haamat und der südliche Egerländer eben die Hoamat.

Spricht man von der Egerländer Tracht, so meint jeder Egerländer wieder die Tracht seiner Heimat-Landschaft, aus der er eben stammt. Es gibt also mehr Egerländer Trachten, nicht nur eine. So bestehen schon ziemlich große Unterschiede zwischen der Tracht der Egerer und der der Unterländer (Falkenau, Elbogen), welch letztere mit nur geringfügigen Abwandlungen in der Karlsbad-Luditzer Tracht ihre Fortsetzung findet. Südwärts weist die Plan-Tachau-Haider Trachtengruppe weitere Abwandlungen auf, die Mieser Tracht, die kein Rot duldet und verträgt, und gar die Chotieschauer Stehkittel-Tracht mit ihrem Schinkenärmelhemd mutet ganz eigentümlich an in ihrer barocken Form. Hinterm Wald schon, von Eger aus gesehen, wandelt sich nicht nur die Mundart mit überwiegendem å-Laut und verschwundenem nasalen N, sondern auch die Tracht.

Das Egerer Hemd gefällt mit seiner einfachen Zierstich-Stickerei am Halsbünderl, noch mehr aber durch die Gnahwrich (Genähwerk) in tausendfach gewandelter Musterstickerei schwarz-blau-gold, schwarz-grün-gold, schwarz-orange-gold. Dem gegenüber zeigt das Falkenauer und auch Karlsbader Hemd am Hals und an Pauschärmeln einfache und auch mehrfache Spitzen-Krausen, das Tachauer Hemd wieder nur einfache Zierstich-Stickerei am Halsbündel und auf den Schultern, bis zu den Handknöcheln reichende Pauschärmel, am Bündel bestickt. Im Sommer werden diese Ärmel hochgeschoben und über dem Ellbogen gebunden, sie wirken so um so pauschiger. Das Chotieschauer Hemd ist mit ausgesprochenen Schinkenärmeln ausgestattet.

Die Egerer Tracht kennt nur einen roten bis dunkelroten Wollrock, Kittel. Die Falkenauer und Karlsbader fertigen den Kittel bevorzugt aus verwendbarem Wollstoff, in zwei Farben schillernd, meist braun-schwarz, rot-schwarz, blau-schwarz, grün-schwarz usw., je nach Wunsch der Trägerin, auch Kranzkittel mit eingewebtem Blumenkranzmuster sind beliebt. Für Karlsbad-Luditz kann wohl das gleiche gesagt werden. Plan-Tachau-Haid trägt neben verwendbaren Wollröcken auch solche aus verwendbarer Seide mit und ohne Blumenkranzmuster. Bevorzugen alle Trachtengebiete des Egerländers meist dunkle und Zweiflerfarben (Zwischenfarben), sind der Chotieschauer Stehkittel-Tracht mehr grelle, besonders rote, ja hochrote Farben eigen. Dieser Stehkittel ist zum Unterschied von den anderen Trachtenkitteln reich gefältelt.

Die Egerer Schürze ist nur schwarz, mitunter mit eingewebtem Blumenmuster, deckt den Rock etwa zur Hälfte und kennt keine Schürzenbandmasche. Die Falkenauer und Karlsbader Schürze aus verwendbarem Brokatseidenstoff ist geblumt, auch gestreift, deckt den Rock etwa zu 3 Vierteln, hinten mit aufgesteckter farbenfreudiger Bauernbandmasche geziert. Tachau-Haid-Plan hat Schürzen wie um Falkenau und Karls-

Die 10 Sticharten zur Anfertigung der Egerländer Mua(d)ln (Gnahwrif) und Leibchen.

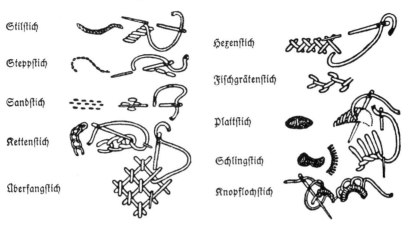

Stilstich
Steppstich
Sandstich
Kettenstich
Überfangstich

Hexenstich
Fischgrätenstich
Plattstich
Schlingstich
Knopflochstich

Verzierungen am Egerländer Hemd

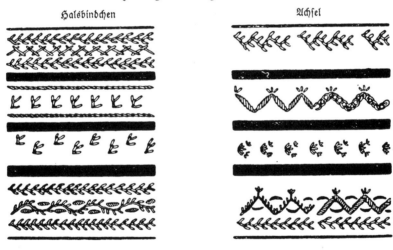

Halsbindchen   Achsel

Muadln (Egerer Tracht)

bad, jedoch ohne bunte Bauernbandmasche, diese wird aus dem gleichen Stoff wie die Schürze selbst erstellt und schön zur Masche gebunden. Auch zeigt hier die Schürze unten Klöppelspitzenbesatz. Die Mieser Schürze weicht in der Machart ab. Sie bedeckt den Rock fast zu vier Fünfteln, das restliche Fünftel wird von zwei breiten aus gleichem Stoff wie die Schürze selbst erstellten Bändern bedeckt, die am Schürzenbund festgenäht sind und so lang sind, wie die Schürze selbst.

Ist das Egerer Leiwl vorne schmucklos, zeigt es hinten auf schmalem Rückenteil um so reichere Buntstickerei. Am beliebtesten ist wohl die Darstellung eines Lebensbaumes. Das Leiwl schließt hinten nach unten in Hüfthöhe mit einem reich gefalteten quer verlaufend aufgenähten Bauernband ab, die sogenannten Guckern. Die Falkenauer und Karlsbader Leiwln sind nur schwarz aus Samt oder Seide, bunt bestickt, über dem Brustlatz mit reich gefaltetem bunten Bauernband verziert. Erbsenketten aus Silber dienen zur Verschnürung. Die Tachauer Leiwlform ist ähnlich der Falkenauer und Karlsbader, jedoch nicht so hoch reichend. Flinnerlstickerei ist bei ihr bevorzugt.

Ein besonderes Merkmal der Mieser Tracht ist noch, daß diese kein Rot zeigen darf. „Dös is bäihmisch!" sagen unsere Mieser Mouhmen und meinen damit tschechisch. Die Strümpfe sind weiß, beliebt sind heute noch die Batzerl-Strümpf. Diese trifft man aber auch in Bayern an und zwar im Berchtesgadener Landl. Hier nennt man sie echt bayerisch Saudutterlstrümpf. Zur Chotieschauer Tracht wurden und werden hingegen nur rote Strümpfe getragen.

Schultertücherln wurden und werden zu allen Egerländer Trachtenarten getragen, buntfarben mit Blumenmustern geziert, aber auch Streifenmusterungen und Karomusterungen kann man antreffen. Bevorzugt sind dunkle Zweiflerfarben, besonders purpurrot und purpurblau. Auch hier lehnt die Mieser Tracht jedes Rot ab. Geknüpfte Fransen sind ihr besonderes Kennzeichen.

Goldhauben waren in allen Landschaften mit geringfügigen Abweichungen in der Machart anzutreffen, hinten bunt und reich mit bis zur Hüfthöhe herabhängenden Bauernbändern geschmückt, am Haubenboden befestigt und daselbst zu einer schönen Masche gebunden.

Auch die Männertracht zeigte einst in der Heimat ihre Abarten und Abwandlungen. Heute hat die Egerer Männertracht mit Floderer, Gschirr und Huasnoa(n)toutaran als besondere Merkmale das Übergewicht. Der bockledernen Hose ist längst die stoffene Pumphose gewichen, dazu weiße Strümpfe und feste und derbe schwarze Halbschuhe, wie solche auch von den Weiberleuten getragen werden. Zierspangen zu diesen Schuhen sind heute noch beliebt. Das Goller in dunkelbrauner Farbe hat die purpurblauen längst verdrängt, weil letztere gerne „gschossn san", d.h. viel an der Sonne getragen, verloren sie an Farbe und Schönheit. Der Schwenka, da länga Ruak, somit der Staatsrock, ist heute kaum mehr anzutreffen, er hat wie in der bürgerlichen Allgemeinmode dem Kaiserrock, dem Goller, auch Joppm oder Janker genannt, Platz gemacht. 's Holstöichl (schwarz) behauptet sich auch heute noch und ist nicht hinweg zu denken, wenn auch noch so viele Nachbarn in der Meinung leben, wir hätten ständig Halsschmerzen.

Allgemein daheim in allen Landschaftsteilen des Egerlandes war das Kappl aus grünem, teils auch aus blauem oder rotem Samt, das der Bauer ständig trug. Nur beim

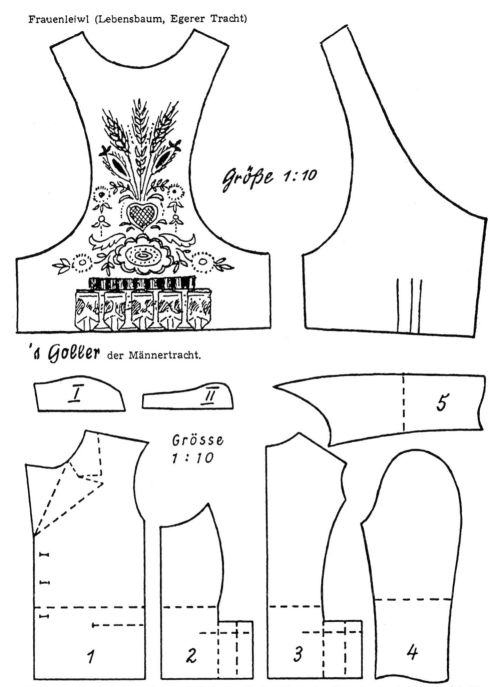

1. Egerer Machart ohne Kragen 1—5. 2. Egerländer Machart mit Umlagekragen 1—5 und I—II.
3. Neuzeitige Machart auch mit niedrigem Strehkragen.

Kirchgang und besonderen Festlichkeiten wurde der Hut hervorgeholt und getragen.

Schmuck in Silber trugen Frauen und Männer gleich gerne im Egerland, besonders an Fest- und Feiertagen. As Holsghäng aus Erbsenketten und eingekranzelten Silbertalern, auch mit Granatsteinen besetzt, war und ist heute noch der Stolz jeder Egerländerin. Die Uhrkette des Mannes, eine lange Hals-Erbsenkette, hat eigentlich schon vor der Truhenpause der kurzen schweren Talerkette, von Fuhrleuten aus Bayern mitgebracht und übernommen, Platz gemacht. Der Stolz des Mannes war auch einmal die silberbeschlagene Ulmer Tabakspfeife. Sie gehört wohl der Vergangenheit an.

Die Tracht der Egerländer wird heute mehr denn je als stilles Bekenntnis zur leider verlorenen, aber unvergessenen Heimat, zum angestammten Egerland getragen und viele Mouhmen und Måidla haben sich jetzt erst, trotz aller Not, wieder eine Heimattracht angeschafft und tragen diese mit Stolz. Viele, allzu viele träumen Tag und Nacht davon und sind von dem einzigen Wunsch beseelt, recht bald eine Heimattracht zu besitzen. Schwerfällig, wie die Männer schon mal sind, folgen auch diese ihren Frauen und Måidlan. In allen Eghalanda Gmoin ist man am Werk, Trachten zu beschaffen. Der Egerlandtag 1953 zu Würzburg hat gerade auf diesem Gebiete aufgezeigt, daß wir wieder ein gutes Stück vorangekommen sind. Es war eine Freude für alle Teilnehmer, die vielen bunten Trachten der Heimat zu schauen. In ihnen kam so recht die Liebe zur alten verlorenen Heimat zum Ausdruck. Und diese Liebe zur angestammten Heimat darf nimmer verlöschen, sie muß weiterhin gehegt und gepflegt werden, sie muß wachsen von Tag zu Tag, von Jahr zu Jahr!

Und unsere Tracht ist und bleibt uns ein Stück Heimat, ein Stück Egerland!

Zur Erhaltung und Erneuerung der Egerländer Tracht

Die seinerzeitigen Trachtenerneuerungsbestrebungen im Sudetenraum fielen im Egerland auf fruchtbaren Boden. In „Unser Egerland", Heft 3/4 1938, gab der damalige Leiter des Egerer Arbeitskreises für Trachtenpflege, Dipl.-Ing. Karl Wagner, zur Erneuerung der Egerer Frauentracht eingehende Anleitungen, die in der Festschrift zum Egerländer Landestreffen am 27./28. 8. 1949 in Plochingen/N. nachgedruckt wurden und vielen Landsleuten noch in bester Erinnerung sind. Dagegen werden immer wieder die Trachtenvorlagen verlangt. Diesem Wunsch sei somit Rechnung getragen. Häufig wird auch nach der Schnittanleitung für Männer-Goller gefragt. Auch dieser Wunsch soll erfüllt werden.

Albert Brosch

Das „Ortsliedl" im Egerland

Wie in verschiedenen anderen Landschaften, so hatte auch im Egerland jedes Dorf seine Ortslitanei; hier „Ortsliedl" genannt. Der große Unterschied zwischen dem Egerland und anderen Gegenden besteht nun darin, daß, wie schon der Name „Ortsliedl" besagt, diese Dorflitaneien im Egerland auch gesungen wurden, während zum Beispiel im Böhmerwald von einem Singen derselben nichts bekannt ist; ja sogar außerhalb des Kreises Eger ist mir nur von angrenzenden Orten ein gesungenes Ortsliedl mitgeteilt worden. Die Weisen sind größtenteils bekannten Liedern entnommen wie „Mühlessa Feuerwehr", „Da Howasook", „Studio auf seiner Reis'", aber auch eigene Weisen konnte ich aufzeichnen.

Als ich vor mehr als zwanzig Jahren diese Liedln sammelte, waren in vielen Orten die Weisen schon vergessen und sie wurden nur gesprochen. Daß sie aber früher auch gesungen wurden, geht schon aus der Anfangszeile „....gäihts Liedl oa(n" hervor.

Träger dieser Ortsliedl war die Kinderwelt. Der Inhalt ist oft sehr derb und was da den verschiedenen Leuten angedichtet wurde, beruhte in den seltensten Fällen auf tatsächlichen Ereignissen. Die vielen formelhaften Verszeilen, die in zahlreichen Ortsliedln wiederkehren, beweisen ja, daß das nur harmlose Reimereien sind. Trotzdem taten die Kinder sehr geheimnisvoll, wenn sie mir etwas mitteilten, damit ja der betreffende Bauer nichts davon hört, aber er hatte es in seiner Jugend ja auch so oder ähnlich gesungen.

In früherer Zeit mögen diese Ortsliedln beständiger gewesen sein, da sich die Hausnamen wenig änderten, aber in den letzten Jahrzehnten tauchten immer wieder neue Namen auf, da oft die Besitzer wechselten und mit den neuen Namen kamen auch andere Verse; so habe ich zum Beispiel aus Rossenreuth, Treunitz, Scheibenreuth, Nebanitz je zwei Fassungen aus verschiedenen Generationen.

Die Reime „Liedl oa(n – Kiedl oa(n". „Turkltau(b)m – Dreckla (Leapala) klau(b)m", „Kouh am Doch – tschekat glâcht" und andere kommen immer wieder vor.

Gfell, Kreis Elbogen

Ban Schöi(n-Hansla gäiht dös Liedl oa(n,
ban Dickla iss niat weit davoa(n,

Da Ådlbaua haut an häuchn Buadn,
däu schlaft van Hessn all Nachts wear druabm.

Da Wolf håut stets zwoa schäine Pfaa,
döi föittert da Wettstoa(n mit Howern u Haa.

Do Houbl höit d Ochsn,
da Vålta höit't d Köih,
da Hüafl schöißt d Hosn,
da Steffl wiard schöi.

Ban Zenkn håbm sie an Häihnatåud,
ban üntern Kluatz spintigs Bråut;

Da üawa Kluatz håut stets vül Ta(u)bm,
dåu mou(ß da Huafhåns Dreckla kla(u)bm;

Ban Huafsteffl gi(b)ts an Tüpplstuarz,
da ålt Wettstoa(n låßt åll Nacht sein F...

Böhmisch-Fischern, Kreis Eger
In da Mühl gäiht dös Liedl oa(n,
ban Kustara håbm sie Kiedl oa(n,
da Schousta-Måtz, dear sitz am Zau(n,
da Steger, dear is a sua gnau;
da Plått, dos is a gscheita Moa(n,
u newan Plått is s Wiartshaüs! droa(n.

Hüaflas
Ban Bårtla gäiht s Liedl oa(n,
da Schouh is a brava Moa(n.
Ban Mårktgråf is koa(n Nåut,
da Zimmara frißt Be(tt)lbråut.
Da Birna hängt s Sackl oa(n d Wänd
da ålt Plått mecht s Testament.

Anmerkungen:
Wettstoa(n = Wetzstoa(n, als Familienname: Wettstein – Valta = Kurzform von Valentin – Hüafl = kleiner Hof – Kluatz = Klotz – Tüpplstuarz = Topfstürze, Topfdeckel.

Franz Höller

Singendes Egerland

Die Kinder Löwenzahn verpusten,
Das Korn trägt schon im Reifewind,
Die Fachwerkgiebel farbig blusten,
Der Mägde Lied im Feld verrinnt,
Beim Gänsehüten singt ein Kind:
„Da Triefouß, da Triefouß..."

Die Bauern heim vom Acker fahren,
Kastanien sind schon längst verblüht
Und was noch recht in guten Jahren,
Dem kribbelt's Herz, die Lieb aufglüht
Und 's Måidl singt sich ins Gemüt:
„Oins, zwoa schnäiweißa Täuwala..."

Der Abend kommt mit blauen Schwingen.
Sag Mädel, wo dein Fenster ist?
Will dir was Liebs zur Nacht auch bringen,
Daß du ganz still und glücklich bist.
Ins Ohr singt leis er voller List:
„Heint scheint da Måu(nd sua schäi(n,
Mou(ß ich za man Måidla gäih(n..."

O Nacht, mit deinem Liebesband:
Mein liederselig Egerland!

Der Ackermann aus Böhmen
Aus der Versübertragung von E. G. Kolbenheyer

Der Ackermann an den Tod:
Ja, Herr, ich war ihr Trautgesell,
Und sie mein Liebesspiel.
Ihr nahmt mein Augenweide hin,
Die mir so wohl gefiel.
Dahin mein treuer Friedenshort
Vor allem Ungemach,
Hinweg, die ahndevoll mich wies
Wie Wünschelrutenschlag!
Ach, hin ist hin! Ein Ackermann,
Armselig und allein,
Steh unter schwerem Himmel ich,
Bar meines Sternes Schein.
Des Heiles Sonne sank zur Rast,
Auf geht sie nimmermehr.
Mein flutendheller Morgenstern
Er scheint dem Schattenheer.
Kein Leidvertreib; vor meinem Blick
Nur allenthalben Nacht.
Nichts, das mir jemals wiederbringt,
Was rechte Freude macht.

Der Tod an den Ackermann:
So balde ein Mensch dem Lichte geboren,
Alsbalde hat er den Leihkauf getrunken
Des Tods, denn Anfang und Ende sind Brüder.
Der Ausgesandte ist pflichtig geworden,
Zurück zu kehren. Und seiner Bestimmung
Soll niemand entgehen. Was alle erleiden,
Des weigre sich keiner. Was einer entlehnt,
Das muß er erstatten. Im Elende bauen
Sie alle auf Erden. Vom Sein in das Nichtsein.
Das ist ihr Weg. Auf eiligen Sohlen
Verläuft das Leben. Die jetzund atmen –
Kehr um die Hand – so sind sie dahin.
Mit kurzen Worten: ein jeglicher ist uns
Das Sterben schuldig. Und angeboren
Ist jedem Menschen als Erbgut der Tod.

Heimat Egerland

Das war für uns ein altverbrieftes Recht,
Im Herzland Böhmen Gottes Lob zu singen,
Weil er uns gab, daß als sein Ackersknecht
Wir in die Sümpfe und die Wälder gingen,
Daß wir die Steine brachen und am Fluß
Das Land erwarben, daß wir Hütten bauten,
Die Erze hoben, weißen Bleies Guß
Und gült'gen Silbers Glanz ihm anvertrauten
Zum ew'gen Dank und nur zu seinem Ruhm.
Denn er, der Lehnsherr, der uns dies gegeben,
Empfing's von keinem sonst als Eigentum,
Denn aus sich selbst. Er gab uns alles Leben
Und hieß uns mit der stummen Kreatur,
Mit unsern Nachbarn, und zu allen Zeiten
Ein Herz zu sein. Er gab uns seine Flur,
Den Himmel und der Erde Glück und Leiden.
Wir nahmen dies zum Pfand und hielten's gut,
Wie man ein Kleinod hält. Und durch die Jahre
Gedieh auch alles schön in seiner Hut.
Wir mehrten's nicht wie eines Händlers Ware;
Was wir erwarben, war ein Stück von uns.
So wuchs das Land voll Wald und Felderbreiten,
So ward die Stadt zum Zeugnis unsres Tuns
Und wir zum Spiegel aller Seligkeiten.
Erst war's ein großes Dienen um den Pflug,
War's Saat und Ernte um des Brotes willen,
Dem Amboß und der Nadel noch genug.
Wollt' es die Zeit, wird sich das Wort erfüllen.
O seht dies Land: Es gibt noch mehr als Korn,
Gibt Kohle, Zinn und Silber, weiße Erde,
Gibt Wasser, Salz und Erz, gibt Ros' und Dorn
Und Hof und Haus und Rinder, Schaf und Pferde.
Wir bliesen Glas, wir brannten Porzellan,
Wir spannen an den Spindeln Tuch und Leinen,
Wir schürten uns're mächt'gen Öfen an
Und rissen sein Gesicht aus Holz und Steinen.
Wir schufen aus Metall den starken Ton
Der Tuben und der jubelnden Fanfaren,
Wir erbten von dem Vater auf den Sohn
Die Geigenkunst und fahrende Scholaren.
Nach Zinnerz war's der schwarze Diamant
Den uns're Knappen aus den Bergen hoben...
Und über allem doch ein Bauernland,

Dem uns're Sänger ihre Kränze woben.
Wir hielten's so seit je, daß wir dem Herrn
Im Herzland Böhmen unser Preislied sangen,
Für Korn und Gold, für Himmel, Mond und Stern,
Für Gut und Lehen, Hoffen, Glück und Bangen.
Und wie zum Segen, gab er unserm Moor
Die Heilkraft, uns'rem Quell das neue Leben,
Aus allen Wassern quoll das Licht empor,
Die Menschheit an den Quell des Lichts zu heben.
Wir dienten ihm und dankten Ihm der Gunst
Der heißen Sprudel und der Brunnenkühle,
Wie sie, verströmend aus der Menschen Kunst,
den Tod bezwang und Spiel war aller Spiele.
Dies Land versank, der Traum, der uns verblieb,
Malt uns sein Bild aus tausend bunten Strichen
Und was uns einst der Herr als Pfand verschrieb,
Ist nicht um einen matten Ton verblichen.
So tragen wir's ins deutsche Land hinaus
Und wenn wir müde in der Herberg beten,
Dann ist's der Glaube, daß wir unser Haus
Doch einmal wieder nach der Flucht betreten
Wie späte Wandrer, die weit in der Welt
Herumgekommen und ein Dach gefunden
Und doch nicht blieben, nicht um Gut und Geld
Und nicht um das Erlebnis schöner Stunden.
O meint nicht, daß wir jetzt am Herbergstisch
Als Fremdling säßen, daß uns nicht die Liebe
Das Brot uns würzte, Wasser, Wein und Fisch,
Daß uns das Herz nicht hin zum Herzen triebe.
Wir danken's Euch, daß Ihr in Euren Kreis
Die Menschen einer deutschen Stadt genommen;
War's Freundesdienst, war's göttliches Geheiß;
Wir fragen's nicht, o sind wir nur willkommen,
So nehmen wir das Wort für eine Tat.
In schweren Zeiten ist es gut zu wissen
Wohin man geht um einen klugen Rat,
Uns Lieb's geschieht in allen Kümmernissen.
Und wie wir einmal uns'rer Stadt gedient
So wollen wir es in der Fremde halten:
Von aller Schuld, von allem Haß entsühnt,
In uns'rer Kraft uns, in der Kunst entfalten,
Und dienen, wo der Lehnsherr es befiehlt.
Denn einmal, wenn sich vor den Zeiten
Der Richtspruch Gottes wunderbar erfüllt,
Dann soll ein gutes Wort uns auch begleiten

Den Weg zurück: Sie sind der Heimat wert!
Indem sie liebten, blieb sie unvergessen.
Denn wisset, was zu lieben er beschert,
Bleibt uns als Liebstes ewig zugemessen.

Robert Lindenbaum

O Egerland

O Egertal – hier prangt zur Frühlingszeit
das ganze Land im Apfelblütenkleid.

Hier schuf bei Liedern, Tanz und bunter Tracht
ein Volk am Pfluge und im Förderschacht.

Obstgärten, Ackerflur und Hopfenland
gediehn und blühten unter unsrer Hand.

Wir gruben Kohle, Kaolin, Uran
und brannten edles Glas und Porzellan.

Die Berge bargen seltner Erze Gang.
Der heiße Heilquell aus der Erde sprang.

Das Herz des Landes schlug in unsrer Brust –
es schlägt nicht mehr. O schmerzlicher Verlust!

In dieses Land führt keine Wiederkehr –
was wir hier waren, starb und ist nicht mehr.

Die Grabschrift wird verwittern auf dem Stein.
Was Heimat war, wird Lied und Sage sein.

Hans Anton Huttig

Orte und Wappen des Egerlandes

Alt-Kinsberg

mit der 1668 erbauten Wallfahrtskapelle „Maria Loretto" war ursprünglich eine in der Stauferzeit errichtete und zur Reichsburg Eger lehenbare Burg, die urkundlich erstmals 1217 bezeugt ist. Bei der Verpfändung des Landes Eger an Böhmen (1322) gehörte dieser Lehensitz mit zum Egerer Pfandland. Während im 14. Jahrhundert Trost Winkler zu Falkenau, dann die Herren von Hartenberg und Hinzig Pflug Kinsberg zu Lehen hatten, waren im 15. Jahrhundert nach einer kurzen Besitzinhabung durch die Stadt Eger die Frankengrüner und im 16. Jahrhundert die Herren von Thein die Besitzer der Herrschaft. 1658 kauften das Gut die Egerer Jesuiten, nach deren Aufhebung (1773) der Besitz vom Staate eingezogen und dem Studienfonds überwiesen wurde. Die beiden Meierhöfe des Gutes wurden 1777 zerstückelt und auf Bauernhöfe aufgeteilt. 1774 wurde unweit davon das Dorf Neu-Kinsberg angelegt, das mit Alt-Kinsberg in der Gegenwart eine politische Gemeinde bildete.

Altrohlau

die Porzellanstadt des Egerlandes, war ursprünglich ein zu Elbogen gehöriges Dorf und kam 1685 an die Herrschaft Tüppelsgrün. Noch zu Ende des 18. Jahrhunderts war Altrohlau ein kleines Dorf mit 35 Anwesen. Als hier Benedikt Haslacher, der bisherige Leiter der Dallwitzer Porzellanfabrik, im Jahre 1811 eine Steingutfabrik erbaute, begann der industrielle Aufstieg des Ortes. Die Bewohner, die vorher ausschließlich in der Landwirtschaft tätig waren, fanden nun in der Fabrik lohnenden Verdienst, und Zuzug von auswärts setzte ein. Mit der Erweiterung der Steingutfabrik und der Gründung weiterer gleichartiger Unternehmen, sowie vieler selbständiger Porzellanmalereien entwickelte sich das Dorf zu einer Industriestadt, die durch den Bau der Eisenbahnlinie Karlsbad-Johanngeorgenstadt dem modernen Verkehr angeschlossen wurde. 1930 zählte Altrohlau 6.683 Einwohner, darunter 56 Tschechen, also kaum 1%. Im Jahre 1944 war die Bevölkerungszahl auf 7.078 gestiegen.

Asch

Das Ascher Gebiet gehörte ursprünglich zum Egerer Territorium, wurde aber aus dieser Zugehörigkeit bereits im ersten Drittel des 13. Jhs. herausgelöst, indem die Vögte von Plauen von Reichs wegen damit belohnt wurden. Diese übertrugen 1289 die Pfarre St. Niklas und das Patronatsrecht an den deutschen Ritterorden. 1331 wurde Asch durch König Johann von Böhmen als damaligem Reichsverweser wiederum, und zwar bis 1400, mit dem Egerer Land vereinigt; dann wurde die Zedtwitzsche Herrschaft Neuberg mit Asch reichsunmittelbar, wodurch die Sonderstellung von Asch gegenüber Böhmen bis zur Anerkennung der böhmischen Landeshoheit im Jahre 1775 gegen Zusicherung eines evangelischen Konsistoriums und Erneuerung der Steuerfreiheit, die übrigens erst 1865 aufgehoben wurde, begründet worden ist. Der Kreis Asch entwickelte sich zu einem bedeutenden Textilindustrie-Zentrum mit fast allen Sparten derselben. Hauptsitze: Asch, Roßbach, Haslau, Neuberg und Grün.

Die drei silbernen Fische im Stadtwappen von Asch, am gebräuchlichsten übereinander streichend, gelegentlich auch gekreuzt dargestellt, sind Äschen und beziehen sich damit auf den Ortsnamen. Am frühesten ist das Wappen im Siegel der Richter und Schöffen von Asch auf einem Schreiben an die Stadt Eger aus dem Jahr 1662 nachzuweisen.

Auschowitz

In Anlehnung an eine frühzeitliche Ringanlage, deren Spuren sich bis in die Gegenwart erhalten haben, ist Auschowitz nach der Lokationsurkunde vom 3. September 1341 durch Umsiedlung aus einem seither verschollenen Dorf Kappelz entstanden, das um 1330 vom Tepler Abt Petrus I. nördlich davon gegründet worden war. Das Dorf entwickelte sich, von den ursprünglichen Freibauernhöfen ausgehend, entlang einer Talfurche und weitete sich erst im 18. Jahrhundert auf der Höhe durch ein Kirchenviertel aus. Der Siedlungsform nach war Auschowitz ein Straßendorf. Die Pfarrkirche zu St. Antonius von Padua, als Filiale der Pfarrei Pistau errichtet, wurde am Platz einer früheren Dorfkapelle im Jahr 1790 erbaut, wobei ein Teil der Einrichtung und Ausstattung von der gegen Ende des 18. Jahrhunderts aufgelassenen und dann abgetragenen Kreuzkirche bei Staab übernommen wurde. Bis in das 17. Jahrhundert hinein schürfte man hier, in einer ländlichen Siedlung, auch nach Silber. Dann wurde der in der Nähe der Berghalden gelegene Säuerling schon im 18. Jahrhundert, also noch vor der Gründung Marienbads von fremden Gästen zur Kur gebraucht, die im stattlichen Haus des Dorfrichters von Auschowitz ihren Aufenthalt nahmen.

Bad Königswart

an der mittelalterlichen Handelsstraße von Eger gegen Pilsen und Prag gelegen, entstand im Schutz einer spätestens im 13. Jh. erbauten Burg als Grenz- und Zollort. Diesen erhoben i.J. 1448 die Herren von Plauen, die den Herrschaftsbesitz von den Landgrafen von Leuchtenberg erworben hatten, zu einem Marktflecken. Nach wechselnder Besitzinhabung kam Königswart um die Mitte des 17. Jhs. an die Grafen von Metternich-Winneburg, die hier im Jahre 1690 mit dem Bau eines Schlosses begannen. Der aus diesem Geschlecht stammende österreichische Staatskanzler Fürst Clemens Wenzel Metternich erweiterte in den Jahren 1833 bis 1839 den Schloßbau und gründete ostwärts des Marktfleckens i.J. 1822 einen Kurort. Dieser und der alte Marktflecken wurden dann zur Stadt Königswart vereinigt.

Das Wappen von Bad Königswart, ein von Rot und Silber gespaltener und mit dem Rumpf eines zum Grimmen geschickten goldenen Löwen belegter Schild, deutet durch den goldenen Löwen auf die Herren von Plauen, die seit dem Beginn des 15. Jahrhunderts im Besitz der um Königswart gebildeten Grundherrschaft waren.

Bischofteinitz

Im 12. Jahrhundert erstmals genannt, war „Tein" ein altes Vilikationsgut des Prager Bischofs. Das für 1229 bezeugte „Haus des Bischofs" wurde alsbald eine Burg und das hier entstandene Dorf ein Marktflecken, den 1351 Kaiser Karl IV. zur Stadt erhob. Im Jahr darauf wurde die Stadt mit einer durch zwei Tore unterbrochenen Mauer umgeben. Von wirtschaftlicher Bedeutung war die Bewilligung der Zolleinnahme gegen Ende der Regierungszeit Karls IV. In kirchlicher Beziehung war Bischofteinitz mit seiner 1251 konsekrierten Kirche St. Christophorus der Mittelpunkt eines 52 Pfarreien umfassenden Archidiakonates. Zur Mitte des 15. Jahrhunderts ging die Herrschaft zunächst pfandweise und im 16. Jahrhundert als Eigentum in weltlichen Besitz über, und zwar an die Familie von Lobkowitz und 1622 an Graf Maximilian von Traut-

mannsdorff. Bei diesem gräflichen und seit 1805 fürstlichen Geschlecht blieb es bis zur Gegenwart.

Das Wappen der Stadt wurde von König Ferdinand I. im Jahre 1546 verliehen und von Ferdinand II. 1622 erneuert und erweitert. Gegenüber dem älteren Wappen ist das rückwärtige Feld des halbgespaltenen Schildes in Rot und Silber geteilt und auf der Brust des Adlers die Abkürzung für Ferdinand II. hinzugefügt worden.

Bleistadt

verdankt seine Entstehung dem Bergbau. Obwohl auf dem zur Herrschaft Hartenberg gehörigen Gebiet schon seit dem 14. Jahrhundert Bergbau betrieben wurde und 1350 Bleibergwerke bei dem Dorf Horn, drei Kilometer nördlich des späteren Bleistadt, bezeugt sind, ist die Gründung der Bergstadt doch erst in die zwanziger Jahre des 16. Jahrhunderts zu setzen. Vermutlich überliefert das im Jahre 1523 angelegte älteste Bergbuch zugleich auch den Zeitpunkt der Entstehung Bleistadts überhaupt. Ursprünglich Schlickscher Bergbauort, wurde Bleistadt von König Ferdinand I. durch Urkunde vom 16. Jänner 1558 zur

königlichen freien Bergstadt erhoben und damit aus dem bisherigen Untertansverhältnis zur Herrschaft Hartenberg gelöst. Im 17. Jahrhundert verlor der Bergbau auch hier seine frühere Bedeutung und wurde um 1865 gänzlich eingestellt.

Das mit Urkunde vom 15. Feber 1594 verliehene Wappen, das ein einfacheres aus der ersten Hälfte des 16. Jahrhunderts ersetzte, enthält den böhmischen Löwen und bezieht sich durch Bergwerksgöppel und Berggezäh auf den hier dereinst betriebenen Bergbau.

Buchau

wird erstmals in einem Privileg aus dem Jahre 1349 kundbar, durch das den Bürgern das Recht der freien Veräußerung ihres Erbbesitzes gewährleistet wurde. Wann Buchau sich zu einer Stadt entwickelte, ist nicht überliefert. Borso v. Riesenburg beurkundete als Grundherr i.J. 1366 den Gebrauch des Luditzer Stadtrechtes für Buchau, wodurch belegt ist, daß diese Stadt zum Egerer Stadtrechtskreis gehörte. Die Riesenburge veräußerten zu Beginn des 15. Jhs. ihre Besitzrechte an Ulrich von Hasenburg, der Buchau kurz darauf (1410/11) an die Herren von Plauen übereignete. Nach 1567 wechselten die Grundherren mehrfach, bis zuletzt die Grafen

Czernin die zuständige Grundherrschaft waren. In der Gegenwart war Buchau eine Landstadt mit dem Sitz eines Bezirks(Amts)gerichtes und bekannt durch die Schuherzeugung.

Das Wappen von Buchau hält durch den rechts vom Tor schräg gestellten Schild mit einem silbernen Rechen die Erinnerung an die Herren von Riesenburg wach, die in der ältesten zeit bis 1407 die Grundherren gewesen sind und denen die Stadt vermutlich auch ihre Entstehung, zumindest aber den entscheidenden Ausbau verdankt.

Chiesch

an der Schnella gelegen und beliebte Sommerfrische, entstand im Anschluß an eine zur Mitte des 15. Jahrhunderts (1467) zerstörte Burg als bäuerliche Siedlung. Wiederholt wechselten in der älteren Zeit die Grundherren, doch waren spätestens zur Mitte des 15. Jahrhunderts die Herren von Guttenstein, aus deren Geschlecht auch der Gründer des Stiftes Tepl, Hroznata, stammt, Inhaber der Chiesch zugehörigen Herrschaft. Über Verwendung Burians von Guttenstein wurde Chiesch 1475 zur Stadt erhoben (Saazer Stadtrecht). Das hier bestandene Karmeliterkloster ist von Kaiser Josef II. aufgehoben worden. In neuerer Zeit durch seine großen Vieh- und Jahrmärkte bekannt, war Chiesch Mittelpunkt

einer Grundherrschaft, die zuletzt im Besitz der Grafen Laschansky gewesen ist. Das Schloß wurde vom Grafen Prokop Laschansky im Jahre 1859 errichtet.

Das aus dem 15. Jahrhundert stammende Stadtwappen zeigt in blauem Feld eine silberne dreitürmige Stadtmauer mit offenem Tor und über dem erniedrigten Mittelturm schräg geneigt das Wappen der Herren von Guttenstein, einen goldenen Schild mit drei schwarzen Hirschgeweihen.

Chodau

wurde im Zuge der mittelalterlichen Kolonisation am Fuß des Erzgebirges in einem Chodenabschnitt (Chodau = „Ort des Grenzwächters") von den Zisterziensern des Klosters Waldsassen gegründet und bildete den Mittelpunkt des dortigen Waldsassener Herrschaftsbesitzes, der im Jahre 1159 durch Schenkung Wladislaws II. dem Kloster übereignet worden war. Die Neugründung von Waldsas-

sen aus geht auch daraus hervor, daß dieses Kloster die ältere Pfarrkirche erbaute und ursprünglich im Besitz des Kirchenpatronates gewesen ist. Die Siedlungsteile Ober- und Unterchodau schlossen sich 1848 zu einer selbständigen Gemeinde zusammen, die 1869 zu einem Marktflecken erhoben wurde. Infolge der industriellen Entwicklung in der zweiten Hälfte des 19. Jahrhunderts erweiterte sich dieser Marktflecken und erhielt mit Urkunde vom 30. September 1894 das Stadtrecht verliehen.

Das am 3. Juni 1895 verliehene Stadtwappen bezieht sich in den vier Feldern auf die wirtschaftliche Struktur der Stadt: Kohlenbergbau, Landwirtschaft, Porzellanindustrie und Maschinenerzeugung und Handel. Das Herzschild mit dem Palisadenzaun hält die Erinnerung an den „Ort des Grenzwächters" fest.

Chotieschau

wurde als Prämonstratenser-chorfrauenstift um 1200 zu Ehren des hl. Wenzel gegründet. Die ersten Chorfrauen kamen aus dem Kloster Doxan a.d. Elbe, das für die Kolonisation auch anderwärts im Egerland von Bedeutung war. Als Pröpste fungierten die Chorherren des Stiftes Tepl. Bereits im 13. Jh. gehörten zum Grundbesitz des Klosters drei Marktflecken und etwa dreißig Dörfer, noch vor den Hussitenwirren waren es deren über fünfzig. Das Stiftsgebäude und die St. Wenzelskirche, infolge der Zeitverhältnisse mehrfach in Mitleidenschaft gezogen, wurden wiederholt renoviert; die Prälatur wurde in den Jahren 1614 – 1616 anstelle der alten völlig neu aufgebaut und der Neubau des Konventgebäudes 1638 begonnen und 1642 vollendet. In den Jahren 1734 – 1750 wurde abermals ein neues Konventgebäude errichtet und nach Abtragung der früheren Bauteile 1756 der Bau des gesamten Klosterviereks geschaffen. Doch wurde bereits 1782 das Kloster aufgehoben; das gesamte Vermögen fiel dem Religionsfonds zu und 1822 erwarb den Besitz Fürst Thurn und Taxis. Auch die Klosterkirche wurde 1782 gesperrt und dem Verfall preisgegeben. 1878 wurde das Konventgebäude samt Garten den Salesianerinnen des Klosters Moselweiß am Rhein vermietet, die 1901 eine Herz-Jesu-Kirche zubauten.

Dreihacken

Das Vorkommen von Kupfer, Alaun, Schwefel und Silber führte während der in dieser Gegend von Pflug von Rabenstein geförderten Bergbautätigkeit dazu, daß dem Ort 1538 eigene Bergfreiheiten verliehen wurden, die Kaiser Rudolf II. mit Urkunde vom 1. September 1606 erneuerte und erweiterte. Bei der Nennung der früheren Bergfreiheiten handelt es sich vor allem um eine Wiederbelebung des Bergbaues, insbesondere auf Kupfer, woran Nürnberger Gewerke interessiert waren. Durch die Widrigkeiten im Dreißigjährigen Krieg stark gehemmt, kam das Bergwerk erst in der 2. Hälfte des 17. Jahrhunderts einigermaßen wieder in Gang. Die höchste Ausbeuteziffer in dieser Periode wurde 1681 erreicht. Zur Wasserzufuhr für die Bergbaumaschinen mußte bei der Ticherhöhe im Tillenberggebiet das Wasser erst gesammelt und in einem langen Graben, „Tichergraben", zu einem Kunstteich westlich des Ortes geleitet werden. Bis zur Mitte des 18. Jahrhunderts wurde hier noch soviel Erz gefördert, daß der alljährlich fällige Zehent in Kupfer abgegolten wurde. Ein Wassereinbruch im Jahre

1749 legte das Bergwerk weitgehend lahm. Der Bergbau wurde dann 1836 überhaupt eingestellt. Dreihacken blieb seitdem als Dorf mit der auf Kosten des Religionsfonds 1787/1790 erbauten Pfarrkirche zu den Vierzehn Nothelfern eine ländliche Siedlung.

Die drei hackenförmigen Kerben in dem Stamm einer Tanne übertragen den Ortsnamen in die heraldische Darstellung und halten damit zugleich die Gründungssage des Ortes fest. Wann das Wappen verliehen worden ist, bleibt ungeklärt.

Duppau

gehörte, soweit die Quellen zurückreichen, zum Grundherrschaftsbezirk des Adelsgeschlechtes der Duppauer von Duppau, erlebte seine Blüte aber in der Zeit der Besitzinhabung durch die Grafen Schlick (1538 - 1621). Wann Duppau zur Stadt erhoben wurde, ist nicht überliefert; wahrscheinlich vollzog sich diese Entwicklung in der ersten Hälfte des 16. Jhs. Als Graf Christopf d. J. Schlick i. J. 1566 die bisherigen Rechte und Freiheiten bestätigte und neue hinzufügte, war  Duppau bereits eine Stadt. Ihre Stellung bis zur Mitte des 19. Jhs. ist durch das Verhältnis als grunduntertänige Stadt gekennzeichnet. Seit 1853 waren die Grafen von Zedtwitz die Inhaber der Herrschaft. Duppau genoß in der Gegenwart durch sein von weither besuchtes Konviktgymnasium einen besonderen Ruf.
Im Wappen von Duppau, dessen Entstehungszeit nicht bekannt ist, befindet sich kein besonderer Hinweis auf irgendeine historische Beziehung.

Eger

Urkundlich 1061 erwähnt war Eger der Verwaltungsmittelpunkt der „Regio Egere" als Teil des baierischen Nordgaues und nach 1146 eines Reichsgebietes. Mit dem Bau der Kaiserburg (Beginn um 1180) und der Entfaltung zu einer freien Reichsstadt waren die Grundlagen für die bedeutende Stellung Egers im Mittelalter in politischer Hinsicht und als Handelsstadt gegeben. Die Verpfändung an den Böhmenkönig Johann im Jahre 1322 leitete eine viele Jahrhunderte während Phase des Widerstandes gegen eine Einbeziehung in das Königreich Böhmen ein. Obwohl eine staatsrechtliche Einverleibung nach Böhmen niemals erfolgte, wurde Eger nach dem Zerfall des römisch-deutschen Reiches (1806) ein Teil  der österreichisch-ungarischen Monarchie und 1919 der Tschechoslowakei. Im Rahmen der staatlichen Verwaltungsorganisation im 19. Jahrhundert wurde Eger, das sich vornehmlich als Schul- und Ämterstadt zum Kulturzentrum des Egerlandes entwickelte, die Bezirksstadt für die Gerichtsbezirke Eger und Wildstein.
Das Wappen von Eger enthält als einziges in den Sudetenländern den Reichsadler, und zwar auf goldenem Grund über vergittertem

roten Feld. Die Elemente dieses seit der Wende des 13. zum 14. Jh. überlieferten Wappens finden sich bereits in dem aus der Mitte des 13. Jhs. stammenden Stadtsiegel. Das Stadtwappen ist seit 1664 auch als Stadtsiegel verwendet worden.

Einsiedl

Der Name der Stadt rührt daher, daß in der Nähe einer Kreuzung der nach Süden führenden Hochstraße, die den Ansatz für die Entwicklung eines Marktes bot, eine dem hl. Siardus geweihte Kapelle mit einer Einsiedlerbehausung gestanden war. Die Benennung nach dieser Einsiedelei bürgerte sich im 14. Jahrhundert ein; der Ort selbst hieß ursprünglich Mnechov und ist bereits in der Papsturkunde Gregors X. vom Jahre 1273 enthalten, durch die dem Stift Tepl die Schenkungen seines Gründers Hroznata bestätigt wurden. Während der Hussitenkriege verödete Einsiedl, wurde aber alsbald nach frischem Bevölkerungszuzug vom Tepler Abt Ratzko 1437 mit Stadtrechten begabt. Im Jahre 1526 wurde vom Stift Tepl eine Ratserneuerung erlassen und in diesem Zusammenhang die bis dahin bestandene Gerichtszugehörigkeit zu Rauschenbach aufgehoben. In den Jahren 1620 und 1637 wurden die Stadtfreiheiten durch eine Jahrmarktsprivilegierung und die Verleihung der Gerichtsbarkeit erweitert. Die günstige Lage an einer bedeutsamen Verkehrsstraße bildete die Voraussetzung für die Entwicklung des Wirtschaftslebens, war aber auch Ursache mancher Drangsale während der kriegerischen Zeitläufte.

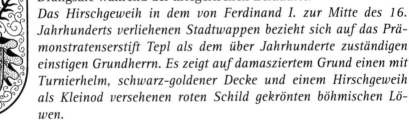

Das Hirschgeweih in dem von Ferdinand I. zur Mitte des 16. Jahrhunderts verliehenen Stadtwappen bezieht sich auf das Prämonstratenserstift Tepl als dem über Jahrhunderte zuständigen einstigen Grundherrn. Es zeigt auf damasziertem Grund einen mit Turnierhelm, schwarz-goldener Decke und einem Hirschgeweih als Kleinod versehenen roten Schild gekrönten böhmischen Löwen.

Eisendorf

Hart an der Grenze zwischen Böhmen und Bayern gelegen, ist Eisendorf erstmals gegen Ende des 16. Jahrhunderts im Jahr 1589 urkundlich genannt. Es war als Rittergut, bestehend aus Dorf mit Meierhof und dem Herrenhaus, im Besitz der Familie Pergler von Perglas, die es 1610 an Christine von Waldvogel verkaufte. Zu Beginn der zwanziger Jahre des 17. Jahrhunderts als abgebrannt und öd bezeichnet, gelangte Eisendorf am 3. Juli 1625 mit allem Zugehör an Wolf Wilhelm Freiherrn v. Laminger und im Jahre 1796 an die Freiherren von Kotz. Die Pfarrkirche St. Barbara ist in protestantischer Zeit bereits erwähnt. Von 1654 an wurde hier katholischer Gottesdienst gehalten. Die Kirche wurde 1774 völlig neu wiedererbaut. In den wechselnden Zeitläuften ist der Ort wiederholt, insbesondere durch Truppendurchmärsche, in Mitleidenschaft gezogen worden; die „Tillyschanze" in der Nähe der Grenzsäule erinnert noch heute an eine dieser bedrängenden Begebenheiten während des Dreißigjährigen Krieges. Im Jahr 1905 wurde Eisendorf, damals 129 Häuser und 1.170 Einwohner zählend, zum Markt erhoben.

Elbogen

Mit der frühesten Nennung Elbogens im Jahre 1227 ist zugleich die Existenz der Burg überliefert. Deren Entstehung reicht indes in noch frühere Zeit zurück. Vorübergehend war sie im Besitz der Staufer und kam dann an Böhmen, wobei Anfang des 13. Jhs. der Sitz des Verwaltungsmittelpunktes der Provinz Zettlitz nach Elbogen verlegt wurde. Sie bildete den Ansatz und das Kernstück für die städtebauliche Entwicklung Elbogens. Der genaue Zeitpunkt der Stadterhebung ist nicht bekannt, doch ist aus der Beurkundung Kaiser Karls IV. vom 24. November 1352, die eine Bestätigung der von König Johann verliehenen früheren Privilegien darstellt, zu folgern, daß die Bewidmung mit Egerer Stadtrecht spätestens vor 1346 erfolgt ist. Ausgehend von der ursprünglichen verwaltungsmäßigen Eigenständigkeit des Elbogener Landes entwickelte sich die Stadt zum Sitz einer größeren Verwaltungseinheit, des 1714 dem Saazer Kreis angegliederten und 1850 endgültig aufgehobenen „Elbogener Kreises".

Das Stadtwappen wurde von König Ferdinand I. im Jahre 1561 verliehen. Der gepanzerte Rechtsarm spielt auf den Namen der Stadt an; der böhmische Löwe mit einem Schlüssel in der Pranke nimmt Bezug auf die Stellung Elbogens als Grenzfeste an einem wichtigen natürlichen Eingangstor nach Böhmen. Als Wappen wurde gelegentlich nur der Schild mit dem gepanzerten Rechtsarm über einer Mauer ohne den Schlüssellöwen verwendet.

Engelhaus

ist in Anlehnung an die im 13. Jh. erbaute Veste Engelsburg entstanden. Die heutige Benennung der Stadt stammt erst aus dem 17. Jh.; vorher wechselte der Name zwischen „Engelstadt" und „Engelsburg". Wie sich der siedlungsmäßige Ausbau des Ortes im einzelnen vollzog, ist nicht bekannt, ebenso kann mangels einer Stadterhebungsurkunde und anderer Quellen nicht genau angegeben werden, wann Engelhaus eine Stadt wurde. Vermutlich aber kommt hierfür das letzte Viertel des 15. Jhs. in Betracht, als Heinrich III. von Plauen nach wechselvollen Wirren auf Grund des am 2. Mai 1482 in Brüx geschlossenen Vertrages wiederum in den Besitz der Engelsburg gekommen war. In einer Urkunde aus 1497, die vom „Bürgermeister und Rat zur Engelstadt" ausgestellt ist, heißt es, daß „ein neuer Anfang bey uns" sei.

Auch deuten die Heroldsbilder im Engelschild des Stadtwappens im besonderen auf die Herren von Plauen.

Das Wappen der Stadt Engelhaus zeigt in dem mit Sternen besäten blauen Feld vor einer Felsenburg St. Michael mit Flammenschwert und auf einen mit drei kleinen Schilden belegten goldenen Schild gestützt. Das vordere dieser drei kleinen Schilde ist rot mit silbernem Andreaskreuz, das hintere blank und das untere schwarz mit einem rotbewehrten goldenen Löwen.

Falkenau

Im Anschluß an eine Burg, nach der erstmals 1279 der Ministeriale Albrecht aus dem nordgauischen Geschlecht der Nothaft benannt ist, wurde hier im Mittelpunkt der Nothaftschen Güter vermutlich in der zweiten Hälfte des 13. Jhs. mit dem Ausbau einer Stadt begonnen. Nach dem Abzug der Nothaft um die Wende des 13. zum 14. Jhs. erscheint für kurze Zeit Falkenau als königliche Kammerstadt, war aber bereits 1339 eine untertänige Stadt der nach ihr benannten Herrschaft. Da die Stadtprivilegien durch Brand vernichtet waren, wurden sie 1397 durch Wenzel IV. erneuert und unter gleichzeitiger Verleihung der Schlackenwerther Stadtrechte bestätigt. Von 1434 bis 1622 gehörte die Herrschaft den Grafen Schlick und von da ab den Reichsgrafen v. Nostitz-Rhienek. Seit Mitte des 19. Jhs. wurde Falkenau zum Mittelpunkt eines Braunkohlenreviers und

chemischer und metallurgischer Produktion. Nach der Ausweisung der Deutschen erhielt Falkenau 1948 den neuen Namen Sokolov.
Das Wappen von Falkenau ist als ein „redendes" nach dem Ortsnamen (Au, auf der es Falken gab) gebildet. Der „Wastel" auf dem Marktplatz, das Standbild eines Ritters in Jagdkleidung mit einem Hund zu seinen Füßen und einem Falken auf seiner rechten Schulter, wiederholt dieses Motiv, das auch in einer Gründungssage der Stadt überliefert ist.

Fleißen

wird erstmals in der Urkunde des Papstes Lucius III. aus dem Jahre 1185, durch welche dem Zisterzienserkloster Waldsassen Schenkungen in einem beträchtlichen Umfang bestätigt wurden, als Vlizen kundbar. Um die gleiche Zeit war Fleißen der Sitz eines Ministerialen und zählt damit zu den älteren Burgstellen der staufischen Periode im Reichsland Eger. Infolge der vollständigen Übernahme Fleißens in den Besitz des Klosters Waldsassen im 13. Jh. verlor dieses Lehensdorf seine Eigenschaft als Ministerialensitz, behielt aber – später als freies Kronlehen – noch für lange Zeit die hohe und niedere Gerichtsbarkeit. Die das Bild Fleißens in der Gegenwart formende Entwicklung hat ihren Ursprung in der ersten Hälfte des 19. Jahrhunderts. Das ehemalige Dorf entwickelte sich zu einem Industrieort (insbesondere Wirkwarenstrickerei) und wurde am 12. September 1900 zum Marktflecken erhoben.

Das am 26. November 1902 verliehene Wappen enthält den Anfangsbuchstaben des Ortsnamens sowie die Jahreszahl der Markterhebung und symbolisiert durch Anker und Kammrad mit flugbereiter Biene die aufstrebende industrielle Entfaltung des Marktfleckens.

Franzensbad

Die in der Umgebung von Eger zahlreich auftretenden Säuerlinge waren schon im Spätmittelalter bekannt und geschätzt. Im 16. Jahrhundert fanden sich bereits Gäste in Eger ein, die hier das in Tonkrügen in die Stadt gebrachte Mineralwasser zur Trinkkur gebrauchten, auch wurde ebenfalls seit dem 16. Jahrhundert der „Egerer Sauerbrunn"

nach auswärts, selbst in entfernter gelegene Gebiete des Auslandes versendet. Als erstes Gebäude in unmittelbarer Nähe der Heilquellen des heutigen Franzensbad wurde 1661 ein Brunnen- und Füllhaus und 1694 ein Gasthaus errichtet, das mit den 1708 eingebauten Bädern unmittelbar dem Kurgebrauch diente. Die entscheidende Wendung in der Entwicklung zum Kurort trat durch das Wirken des Egerer Stadtphysikus Dr. Bernhard Vinzenz Adler ein. 1792 wurde hier ein Kurort, namens Franzensdorf, gegründet, der 1807 in Franzensbad umbenannt wurde und zur Mitte des 19. Jahrhunderts im Ausbau so weit gediehen war, daß er 1852 als selbständige Gemeinde konstituiert werden konnte. Am 23. Juli 1865 wurde Franzensbad zur Stadt erhoben. Das Eigentum an den Quellen und einer Reihe von Kureinrichtungen ging 1904 an die Kurstadt über, die mit Karlsbad und Marienbad das Bäderdreieck im Egerland von internationalem Ruf bildete.

Im Wappen von Franzensbad bedeutet der silberne Schrägrechtsbach den Strom der Gesundheit, zu dem die sechs Hauptquellen des Kurortes führen. Der Adler mit Äskulapstab bezieht sich auf Dr. B. V. Adler (1752 - 1810) und der rote Hahn auf den böhm. Oberstburggrafen v. Rothenhann als dem eifrigen Förderer des Kurortes im entscheidenden Anfangsstadium seiner Entwicklung. Zum Wappen gehört ein Spruchband mit der Devise Concordia parvae res crescunt (durch Eintracht wachsen kleine Dinge).

Frühbuß

Wenig erinnert heute mehr an den Bergbau um Frühbuß, der seit dem Spätmittelalter durch Auswaschen der Zinngraupen aus dem Geröll der Gebirgsbäche und durch Abbau der Zwittergänge in Schächten und Gruben betrieben wurde. Das Ortsgebiet gehörte seit Anbeginn seiner Entwicklung zur Herrschaft Heinrichsgrün und kam 1435 in den Besitz der Grafen Schlick, die 1446 auch die benachbarte Herrschaft Neudek erwarben und wie auf allen ihren Besitzungen auch hier den Bergbau intensivierten. Im Zusammenhang damit ist Frühbuß gegründet und zu einer Bergstadt erhoben worden. Zunächst freilich waren die Rechte und Freiheiten einer Bergstadt nur auf 15 Jahre befristet und mußten dann stets erneuert werden.

Eine solche Bestätigungsurkunde aus dem Jahre 1553 nennt den Grafen Viktorin Schlick, der 1546 gestorben ist, als den Gründer des Bergortes, in welchem sich ein Stadtgericht und ein Bergamt befanden. Die Bevölkerung hielt zäh an der evangelischen Lehre fest und wurde erst in den achtziger Jahren des 17. Jahrhunderts, als mittlerweile die Grafen Nostitz (seit 1627) die Grundherren geworden waren, zum Katholizismus bekehrt. Nach dem Niedergang des Bergbaues lebte die Bevölkerung von Viehzucht und

Wiesenbau, von Spitzenklöppelei und Waldarbeit, von etwas Handel und schließlich von Fabrikarbeit im nahen Neudek.

Das im Jahre 1672 auf Veranlassung des Grafen Hartwig von Nostitz durch Kaiser Leopold verliehene Wappen von Frühbuß besteht aus dem Familienwappen des 1651 in den Reichsgrafenstand erhobenen Adelsgeschlechts Nostitz, dem lediglich der Schild mit den Bergwerkszeichen hinzugegeben ist.

Gießhübel

Vom Gießhübler Sauerbrunn an der Westseite des Buchberges entspringend und daher auch Buchsäuerling genannt, berichtet der erste Karlsbader Badearzt Dr. Wenzel Payer bereits zu Beginn des 16. Jahrhunderts, daß er in Tonkrügen nach Karlsbad geschafft wurde, um hier als Tafelwasser für Einheimische und Kurgäste zu dienen. Die Quelle selbst wurde von dem Schlaggenwalder Arzt Reudenius erstmals 1613 näher beschrieben und wegen ihres Kohlensäure-, Soda- und Eisengehaltes als bekömmliche Heilquelle in Verbindung mit den Karlsbader Thermen empfohlen. Im Jahre 1829 kaufte Wilhelm Frhr. von Neuberg die hier um eine frühere Burg entstandene Herrschaft und legte den Grund für den künftigen Kurort: er ließ die Quellen fassen, eine Kolonnade, sowie ein Kur- und Badehaus erbauen und um diese Einrichtungen einen Park anlegen. 1844 kam ein neues Kurhaus hinzu, ebenso 1862. Durch die zunächst pachtweise (1867) und dann käufliche (1873) Übernahme des gesamten Quellgebietes durch den Karlsbader Industriellen Heinrich Mattoni erlangte der inzwischen durch eingehende wissenschaftliche Untersuchungen des Säuerlings und zahlreiche Publikationen weithin bekanntgewordene kleine Kurort eine neue Stufe seiner Entwicklung und die Einrichtung der Mineralwasserversendung machte alsbald *Mattonis Gießhübler* zu einem der verbreitetsten Tafelgetränke.

Gossengrün

Die Anfänge des Ortes reichen in das Mittelalter zurück. Als ein zur Herrschaft Hartenberg gehöriges Dorf dürfte Gossengrün, das „Grün des Gozzo", im Zug der kolonisatorischen Erschließung des nördlichen Falkenauer Bezirkes etwa um die Mitte des 13. Jahrhunderts entstanden sein. Die Anlage als Reihendorf war noch in der Gegenwart deutlich erkennbar. Mit seiner um die Mitte des 14. Jahrhunderts

Peter und Paul geweihten Kirche war Gossengrün frühzeitig ein Pfarrdorf und entwickelte sich im 15. Jahrhundert zu einem Marktflecken. Obwohl seit Beginn des 14. Jahrhunderts Nachrichten über Bergbautätigkeit in der Herrschaft Hartenberg überliefert sind, ist über Art und Ausmaß des Bergbaues in Gossengrün selbst nichts bekannt. Die Urkunde König Wladislaws II. aus dem Jahre 1485, durch die dem Markt das Wappen mit Bergbausymbolen verliehen wurde, zählt zu den frühesten unmittelbaren geschichtlichen Quellen des Ortes. Übereinstimmend wird diese Urkunde als Stadterhebungsurkunde bezeichnet, obwohl sie lediglich über die Verleihung eines Wochenmarktes und des Wappens aussagt. Zu welchem Zeitpunkt Gossengrün, das zur Mitte des 19. Jahrhunderts noch zur Herrschaft Hartenberg gehörte, zur Stadt erhoben wurde, ist ungewiß. Seit dem 19. Jahrhundert nahm Gossengrün durch Spitzenerzeugung und Bandnäherei (1819 – 1821 eigene Fachschule) und im Zusammenhang mit der Graslitzer Musikinstrumentenerzeugung eine beachtliche Stellung ein.

Auf Fürsprache des Grafen Wenzel Schlick als Inhaber der zuständigen Grundherrschaft verlieh König Wladislaw II. mit Urkunde vom 18. Juli 1485 das Wappen an Gossengrün, einen blauen Schild mit geharnischtem Unterarm von links, Schlegel und Bergeisen gekreuzt haltend, „damit sie desselben Wappens in Panier und Fähnlein, desgleichen zu einem Stadtsiegel zu gebrauchen und mit grünem Wachs zu siegeln" das Recht haben.

Graslitz

Am Zusammenfluß des Silberbaches mit der Zwodau entstand um die Mitte des 14. Jahrhunderts als Mittelpunkt eines Herrschaftsgebietes zunächst ein Gutshof und bald darnach auf dem Hausberg eine Burg, Greßlein genannt, die 1412 unter Beteiligung der Egerer Zünfte erstürmt und zerstört wurde. Im Anschluß daran erwuchs aus kleinen Anfängen eine Siedlung, die durch Urkunde vom 15. August 1370 von Karl IV. zur Stadt erhoben und mit Elbogener Stadtrecht begabt wurde. Der hier und in der Umgebung betriebene Bergbau bildete die wesentlichen wirtschaftlichen Voraussetzungen für Graslitz, das durch die im Jahre 1601 erteilte Bergordnung den Status einer Bergstadt erhielt. In der Gegenwart hatte insbesondere die Graslitzer Musikinstrumentenindustrie eine weit über die engen Grenzen der Umgebung hinausreichende Bedeutung, zumal diese auch auf Export, der sich auf viele europäische und überseeische Länder erstreckte, aufgebaut war.

Das Wappen von Graslitz, das vermutlich 1541 verliehen worden ist, enthält im blauen Schild den silbernen Anfangsbuchstaben des Ortsnamens. In der ältesten Form des Stadtsiegles wird der gotische Kleinbuchstabe g mit der Jahreszahl 1541 von einer Krone überhöht. Seit dem 17. Jahrhundert sind als Schildhalter des Buchstabenwappens zwei Greifen dargestellt.

Groß-Sichdichfür

Das Dorf entstand aus einer Einschicht an der alten Straße von Eger nach Pilsen durch allmähliche Zusiedlung. Aus der früheren Zeit sind keine unmittelbaren Nachrichten überliefert, doch ist der Ort auf einer Waldrainungskarte des Stiftes Tepl aus dem Jahre 1683 in einer Ortsansicht dargestellt und in handschriftlichen Karten des 18. Jahrhunderts als ein Straßendorf eingezeichnet. Diese ältere, ländliche Dorfanlage war in der Gegenwart, außer in ihrem südlichen Ortsteil, kaum mehr erkennbar, da Groß-Sichdichfür zu einem Vorort des benachbarten Weltkurortes Marienbad geworden ist und städtische Bauweise dadurch hier Raum gewann. Das dem Ortsnamen entsprechende Dorf Klein-Sichdichfür, ebenfalls ein Straßendorf und eine Siedlung herrschaftlicher Waldarbeiter, liegt unweit davon in südlicher Richtung. Das als Waldarbeiterkolonie zu Beginn des 19. Jahrhunderts gegründete Klemensdorf ist um 1930 in Groß-Sichdichfür einbezogen worden. Die Kirche in pseudoromanischem Stil mit dem Patrozinium St. Anna wurde in den Jahren 1908 bis 1911 von dem Marienbader Baumeister Forberich erbaut.

Haid

am Ostrand des nördlichen Böhmerwaldes unweit der geschichtlich bedeutsamen Burg Pfraumberg gelegen und bereits in Quellen des 14. Jahrhunderts als städtische Siedlung bezeugt, war seit je ein grundherrlicher Ort. Von der Mitte des 12. Jahrhunderts sind die zuständigen Grundherren die Herren von Schwanberg gewesen, von 1650 bis 1720 die Grafen von Götz und seit 1720 die Reichsfürsten zu Löwenstein. Das Schloß, in der bis zur Gegenwart erhaltenen Form, wurde bei Einbeziehung von Resten der alten Schwanberger Burg im Jahre 1818 erbaut; dessen Turm mit aufgemauerter Steinpyramide als Dach ist nachgerade zum Wahrzeichen der Stadt geworden.

Das bis zur Gegenwart gültige Stadtwappen von Haid wurde durch Kaiser Rudolf II. im Jahre 1602 verliehen. Es zeigt in blauem Schild auf grünem Schildfuß ein doppeltürmiges silbernes Stadttor mit hochgezogenem Fallgitter und zwischen den Türmen das Wappen der Schwanberger: in Rot ein silberner Schwan; Helmzier mit Schwanenhals.

Hartenberg

knapp an der Ostgrenze des ehemaligen Egerer Reichsterritoriums im Landkreis Falkenau gelegen, war seit Anbeginn der Mittelpunkt der gleichnamigen Grundherrschaft, die sich hier am Gebirgshang in der mittelalterlichen Rodungsperiode gebildet hat. Die frühesten urkundlichen Erwähnungen der Herren von Hartenberg sind aus dem 13. Jahrhundert überliefert. Von 1361 bis 1407 war Hartenberg im Besitz der böhmischen Könige, ging dann an Janko von Malerzik und 1467 an die Grafen Schlick über, 1547 fiel die Herrschaft wieder an die Krone Böhmens, stand 1553 - 1564 unter Heinrich von Plauen und 1564 - 1594 unter der Stadt Elbogen. Von 1597 bis 1761 waren die Herren von Pißnitz deren Inhaber und nachfolgend durch weibliche Erbfolge die Grafen Auersperg und seit 1901 die Baronin Kopal-Henneberg-Spiegel. Die Herrschaft reichte westwärts bis Gossengrün und schloß ursprünglich auch das Gebiet der nachmaligen Bergstadt Bleistadt in sich.

Gossengrün gehörte bis 1848 als grundherrliche Stadt zur Herrschaft Hartenberg. Ihr Wappen, das 1485 verliehen wurde, zeigt in Blau von links einen geharnischten Unterarm, Schlegel und Bergeisen an gelben Stielen gekreuzt haltend.

Haslau

war während der Stauferzeit, da das Gebiet um Eger ein Reichsland gewesen ist, der Sitz eines zur Egerer Reichsburg lehenbaren Rittergutes. Die erste urkundliche Erwähnung fällt in das Jahr 1219. Dann war Haslau ein Leuchtenbergisches Lehen, das im 15. Jahrhundert an den Egerer Bürger Jur verkauft wurde. 1477 kam Haslau an Wilhelm von Perglas, 1492 an die Familie Malersik, dann nach einer kurzen Zwischeninhabung durch Wolf von Perglas 1575 an die Familien Reitzenstein und Steinheim. Die Steinheim verkauften nach dem Dreißigjährigen Krieg im Jahre 1665 das Gut an den Obristen Karl Schönaych, dessen Witwe es 1679 an den böhmischen Oberstkanzler Graf von Nostitz veräußerte. Durch Tausch an die Freiherren von Mosern gekommen, wechselten nach 1795 die weiteren Besitzer in rascher Folge, bis 1853 die Familie Wilhelm von Helmfeld zu ihren anderen Besitzungen im Egerer Gebiet auch Haslau hinzu erwarb, die dann bis in die Gegenwart Besitzer dieses Gutes geblieben ist.

Heiligenkreuz

Im Landkreis Bischofteinitz gelegen, ist aus einem ursprünglichen Chodendorf erwachsen und zum Sitz einer Grundherrschaft geworden, die Heiligenkreuz, Weißensulz, Eisendorf und Neuhof umfaßte und zunächst im Besitz des Grafen Laminger stand. 1678 wurde sie als landtäfliches Gut samt Schloß, Rittersitzen, Maierhöfen und Brauhäusern an Zdenko Kaplirsch von Sullewitz, den Präsidenten des Wiener Hofkriegsrates, verkauft. Nach seinem Tod (1686) erbte sie seine Witwe, eine geborene Zucker von Tamfeld, in deren Familie die Herrschaft, die inzwischen 1713 in ein Fideikommiß verwandelt wurde, bis 1781 verblieb. Dann ging sie durch Erbfolge in weiblicher Linie auf die Freiherren Kotz von Dobrsch über, die bis zur Gegenwart die Inhaber der Herrschaft blieben. Im Schloß zu Heiligenkreuz wurde eine wertvolle Bibliothek verwahrt, deren Bestände zum Teil noch auf die Grafen Laminger zurückgingen.

Heinrichsgrün

entstand als bäuerliche Siedlung innerhalb eines bis zum Hang des Erzgebirges vorgeschobenen Rodungsgebietes des Prämonstratenserstiftes Tepl, wird erstmals 1273 urkundlich erwähnt und war frühzeitig ein Ort, wo im Seifenbetrieb Zinn gewonnen wurde. 1340 erkaufte das Dorf Peter Plick, der ein Jahr später auch die Herrschaft Neudek, und zwar von Konrad Plick, erwarb. 1435 gelangte Heinrichsgrün, dessen Ortsflur damals noch das Gebiet der späteren Bergstadt Frühbuß in sich schloß, in den Besitz der Grafen Schlick, wurde von diesen 1537 zur Bergstadt erhoben, und erhielt 1627 als neue Grundherrschaft die Freiherren und späteren Grafen von Nostitz. Noch in der Gegenwart war Heinrichsgrün Herrschaftssitz. Zuletzt lebte die Bevölkerung von Landwirtschaft und Hausindustrie.

Das unter der Besitzinhabung der Herrschaft durch Graf Viktorin Schlick im Jahre 1545 von Ferdinand I. verliehene Wappen bezieht sich durch Keilhaue und Seifenrechen auf den Zinnbergbau und hält möglicherweise (durch den Hirsch) die Erinnerung an die ursprüngliche Zugehörigkeit dieses Gebietes zum Stift Tepl fest.

Hostau

war seit dem 13. Jahrhundert Mittelpunkt einer Grundherrschaft, deren Inhaber wiederholt wechselten. Das im Jahr 1456 von Tibur von Wolfstein verliehene Privileg, das das Recht zur freien Übertragbarkeit des Besitztums begründete und 1497 auch auf die herrschaftlichen Müller erweitert wurde, sowie die Privilegien von 1513 (Robotbefreiung vom 70. Lebensjahr an), 1539 und 1549 waren Etappen einer allmählichen Entwicklung, die in der im Jahr 1587 auf Fürbitte Georgs von Guttenstein durch Rudolf II. erfolgten Stadterhebung ihren äußeren Ausdruck fand. Im gleichen Jahr wurde Hostau das Recht auf zwei weitere Jahrmärkte sowie einen Roßmarkt und im Jahr 1598 auf Abhaltung von Wochenmärkten verliehen. Die Stadt mit dem Trauttmannsdorffschen Schloß war in der Gegenwart der Sitz eines Bezirks-(Amts)gerichtes.

Das Wappen von Hostau enthält in einem Teil des zwischen den beiden Türmen gestellten Wappenschildes mit dem Hirschgeweih den Hinweis auf die Herren von Guttenstein, unter deren Besitzinhabung im Jahre 1587 durch Rudolf II. das Stadtwappen verliehen wurde.

Karlsbad

Die Entstehung und die jahrhundertealte Bedeutung des Weltkurortes Karlsbad beruhen auf den hier hervorquellenden radioaktiven Glaubersalzthermen. Bereits den Römern bekannt, gaben sie erst im 14. Jahrhundert Veranlassung zur Gründung einer Siedlung, die nach Kaiser Karl IV. benannt und 1370 mit Elbogener Stadtrecht begabt wurde. Seit dem 16. Jahrhundert wurden die balneologischen Grundlagen für die Aufwärtsentwicklung des Kurortes geschaffen, dessen kurstädtisches Gepräge sich vor allem seit dem 18. Jahrhundert entfaltete.

Der Ruf Karlsbads als Kurstadt lockte seit dem Spätmittelalter eine steigende Anzahl von Kurgästen an, darunter sehr viele prominente Persönlichkeiten aus aller Welt. Die charakteristischen Heilungsmerkmale faßt der Spruch zusammen: „Das Karlsbad heilt dir, wenn es wo gebricht: Darm, Magen, Leber, Galle-Stein, Niere, Zucker, Gicht". Durch Eingemeindungen wurde Karlsbad im Jahre 1939 mit 53.339 Bewohnern die größte Stadt im Egerland.

Das Wappen von Karlsbad, im roten Feld der silberne böhmische Löwe über drei silbernen Querbächen, ist als Siegel der Stadt seit dem 15. Jahrhundert nachweisbar. Die Querbäche beziehen sich auf die Quellen der Kurstadt und der böhmische Löwe, der bis 1595 ungekrönt dargestellt wurde, auf die ehemalige Stellung Karlsbads als königliche Kammerstadt.

Kladrau

ist der Standort eines im Jahre 1115 von Böhmenherzog Swatopluk gegründeten bedeutsamen Benediktinerklosters, das vom Anbeginn mit weitreichendem Waldbesitz zwischen Tachau und Pfraumberg ausgestattet war. Dadurch vermochte das Kloster frühzeitig kolonisatorisch tätig zu sein. Die Bedeutung für die Erschließung des Grenzwaldes in diesem Abschnitt ergibt sich daraus, daß zum klösterlichen Gutskomplex gegen Ende des 14. Jahrhunderts außer der Stadt Kladrau zwei Marktflecken, drei Propsteien und 128 Dörfer gehörten. Während der Hussitenkriege waren die Mönche gezwungen nach Regensburg zu fliehen. Die damals angerichteten Zerstörungen konnten erst im Verlauf einer längeren Zeit wieder gutgemacht werden. Ende des 15. Jahrhunderts brannte das Kloster bis auf die Grundmauern nieder. Der Wiederaufbau des Konventgebäudes zog sich bis 1670 hin. Die Stiftskirche erfuhr zu Beginn des 18. Jahrhunderts nach den Entwürfen von Kilian Dientzenhofer eine völlige Umänderung, wobei die Wandmalerei von dem berühmten Münchner Künstler Cosmas Damian Asam geschaffen wurde. 1785 wurde das Stift aufgehoben. An der Klosterkirche wurde 1815 eine Expositur errichtet, aus dem Stiftsgebäude wurde nach zwischenzeitlicher anderweitiger Verwendung ein Bräuhaus.

Kneipelbach

Im Kneipelbachtal unweit Sandau liegt inmitten abgeschiedener Waldungen die Gnadenstätte Maria Kneipelbach. Die Marienverehrung an dieser Stätte geht bis in das erste Drittel des 18. Jahrhunderts zurück. Zunächst befand sich hier an einer Buche ein schlichtes Votivbild, das auf eine allgemeine Weisung Kaiser Josefs II. hin in Befolgung eines Erlasses der böhmischen Landesgubernialverwaltung entfernt werden mußte. Vom damaligen Pfarrer von Sandau, Dominik Göger, wurde es heimlich in seine Pfarrei gebracht und sein Nachfolger Johann Dietl ließ es wiederum zur öffentlichen Verehrung in der Kirche aufhängen. Mittlerweile waren an der Buche im Kneipelbachtal wechselnd andere Marienbilder angebracht worden, zu denen die Gläubigen pilgerten. Damit ergab sich auch, daß hier eine Kapelle erbaut wurde, die 1929 durch ein heftiges Unwetter aber arg beschädigt und im Jahre darauf durch Feuer zerstört wurde. Unter dem Patronat des Fürsten Metternich-Winneburg wurde in den Jahren 1931/32 eine neue Kapelle im Egerländer Fachwerkbau errichtet, in die dann das alte Votivbild feierlich überführt wurde.

Kreuzberg

Unweit Staab auf einem Berggipfel stand ehedem ein Kreuz, das allgemeine Verehrung genoß. Hier wurde auf Grund eines Gelübdes des Konvents des Klosters Chotieschau, sofern er im österreichischen Erbfolgekrieg nicht gezwungen würde zu fliehen, eine prunkvolle Kirche erbaut. Zum Vorbild diente dabei die Karlshofer Kirche zu Prag. Vier Altäre schmückten den Bau, deren vierter zuoberst der aus 28 Marmorstufen gebildeten und von 12 vergoldeten Engelfiguren flankierten Stiege das Gnadenkreuz trug. Die Wände der Kirche waren mit Fresken des Pilsner Malers Julius Lux ausgestattet und golden staffiert. 1756 wurde die Kirche in Obhut des Pfarrers von Staab übergeben. Durch die Aufhebung des Klosters Chotieschau im Jahre 1782 wurde der Kirche der finanzielle Rückhalt genommen; sie verfiel, die kunstvolle Stiege wurde als Treppe für das Luckawitzer Schloß verwendet, die Altäre wurden verteilt, die Orgel nach Kladrau gebracht und das Gnadenbild nebst einigen Statuen in der Kirche Tuschkau deponiert. Schließlich wurde die Kirche bis auf die Grundmauern abgetragen. Trotzdem war der Kreuzberg auch weiterhin als Gnadenstätte besucht. Dem Kaplan von Chotieschau P. F. F. Koch gelang es dann, mit Unterstützung der Grundherrschaft Thurn und Taxis und aus Spenden der Bevölkerung in den Jahren 1860 – 1862 eine neue Kirche zu erbauen, der 1902 ein Kreuzgang angeschlossen wurde.

Königsberg a.d. Eger

wurde als Stadt vom Prämonstratenserinnenkloster Doxan im Anschluß an die aus dem 12. Jahrhundert stammende Burg, deren Namen dann auf die Stadt überging, im Jahre 1232 gegründet. Noch in der zweiten Hälfte des 13. Jahrhunderts ist Königsberg vom Kloster Doxan als ein immerhin entlegener Besitz aufgegeben worden. In älterer Zeit gehörte die urkundlich erstmals im Jahre 1286 kundbar werdende Pfarrei Königsberg zum Patronat des Zisterzienserklosters Waldsassen, das darauf zugunsten der Kreuzherren mit dem roten Stern im Jahre 1311 verzichtete. Als Gründungsstadt entwickelte sich Königsberg planmäßig um den Marktplatz; inwieweit dabei der im 16. Jahrhundert als „Altstadt" bezeichnete Stadtteil am Fuße des Burgberges von vornherein mit einbezogen war, läßt sich mit Bestimmtheit nicht angeben. In der Gegenwart war die Möbelerzeugung von Königsberg von ganz besonderer Bedeutung.

Der böhmische Löwe im Stadtwappen von Königsberg bringt zum Ausdruck, daß hier – knapp an der Ostgrenze des Egerer Territoriums, das erst seit 1322 und da lediglich als Reichspfand zu Böhmen gehörte, – das Gebiet des Königreiches Böhmen seinen Anfang nahm.

Königswerth

Die ältesten Belege über das zur Herrschaft Falkenau gehörige Dorf Königswerth reichen in das 15. Jahrhundert zurück: 1483 ist ein Pfarrer „zu Königswerde" erwähnt. Gegenüber dem Ort bei Teschwitz stand im Mittelalter eine Feste, so wie der Flurname „Burgberg" unmittelbar bei Königswerth ebenfalls auf eine ältere Burganlage, die möglicherweise dem Ort den Namen gab, hindeutet. Noch unter Matthäus und Nikolaus Schlick gehörte Königswerth zum Lehen Elbogen, wurde aber dann von der Herrschaft Falkenau angekauft und 1553 von Graf Wolfgang Schlick dem Gut Falkenau einverleibt. 1567 war Königswerth evangelisch, blieb aber nach der Gegenreformation Filialkirche der Pfarre Falkenau. Im Gebiet von Königswerth wurde um 1800 Braunkohle fündig und ab 1870 berggerecht gewonnen, und zwar durch die Britannia-Kohlenwerke unter Leitung Bernhard Seebohms. 1922 ist bei Königswerth ein mustergültiger Gutshof im Egerländer Baustil errichtet worden. 1938/39 wurden die Britannia-Kohlenwerke in „Egerländer Bergbau-AG" umbenannt. Alljährlich im September zur Kreuzerhöhung feierte Königswerth sein Kirchenfest, das noch heute bei allen Heimatvertriebenen aus der Falkenauer Landschaft in lebhafter Erinnerung ist.

Konstantinsbad

Der Kurort Konstantinsbad ist die jüngste Siedlung des Weseritzer Hochlandes und verdankt seine Entstehung den heilkräftigen Moorlagern und den Schwefel- und Eisenquellen am Fuß des dichtbewaldeten Radischer Berges. Zwar waren die hier entspringenden Quellen, insbesondere der „Stinker", schon seit dem 16. Jahrhundert bekannt, doch baute die Gemeinde Neudorf erst 1809 inmitten des Moores ein kleines hölzernes Bad, zu dem alsbald ein steinernes Badehaus mit Badekammern, Gastwirtschaft und Fremdenzimmern hinzukam. Da indes die Gemeinde die daraus erwachsene Schuldenlast nicht zu tragen vermochte, übernahm auf ihr Ersuchen die Fürst Löwensteinsche Herrschaft 1836 den Betrieb. Durch Zuerwerb der Moorgründe wurden dann die wesentlichen Voraussetzungen für die Entwicklung des Kurortes geschaffen, der zunächst Bad Neudorf hieß. Seit 1873 bemühten sich im Wechsel verschiedene Gesellschaften um den weiteren Ausbau, der in ein neues Stadium trat, als Bad Neudorf im Jahre 1924 eine selbständige Gemeinde und zum Dank für die vielfältige Förderung durch Fürst Konstantin von Löwenstein in Konstantinsbad umbenannt wurde. 1927 wurde das moderne Kurhaus errichtet, 1929 das große Strandbad gebaut und während dieser Zeit erfolgte auch die bevölkerungsmäßige und bauliche Erweiterung des Kurortes.

Kuttenplan

das zur Mitte des 14. Jahrhunderts (1354) bereits als Pfarrdorf bezeugt ist, war durch Jahrhunderte der Mittelpunkt einer Grundherrschaft. Diese gehörte zunächst in den Besitz der Schwanberge, dann ab 1365 Henslin Weizsperger und in der Folgezeit wechselnd verschiedenen Grundherren bis zu Jobst Adam von Schirnding, der infolge seiner Teilnahme am Böhmischen Aufstand nach der Schlacht auf dem Weißen Berge (1621) dieser Herrschaft verlustig ging. Als konfisziertes Kammergut der Krone Böhmen wurde sie am 9. Dezember 1622 an den Freiherrn von und zu Haimhausen verkauft, in dessen Familie der Besitz bis in das 19. Jahrhundert verblieb. Kuttenplan selbst wurde im 16. Jahrhundert zu einem Marktflecken erhoben und brannte am 27. April 1733 mit Ausnahme des Judenviertels vollständig nieder, so daß das Aussehen dieses Ortes in der Gegenwart im wesentlichen durch den Wiederaufbau seit dem 18. Jahrhundert bestimmt war.

Das vermutlich aus der Zeit der Markterhebung stammende Ortswappen zeigt in Rot den silbernen bekrönten böhmischen Löwen, der in den Pranken eine goldene Speerfahne mit dem österreichischen Bindenschild – in Rot ein silberner Balken – hält.

Landek

Das Dorf gehörte schon in älterer Zeit zur Herrschaft des Stiftes Tepl und wurde im Jahre 1530 mit weiteren Zugehörungen dieser Klosterherrschaft an Johann Pflug von Rabenstein verpfändet, von dem es im Jahre 1544 Heinrich von Plauen erwarb. Das Kloster Tepl kaufte aber noch im 16. Jahrhundert, und zwar im Jahre 1592, diesen Besitz und damit auch Landek wieder zurück, so daß weiterhin – wie schon in der Zeit vor dem 16. Jahrhundert – das Prämonstratenserstift Tepl für Landek der zuständige Grundherr gewesen ist. Das Dorf besteht aus zwei Ortsteilen, dem älteren Kirchdorf Ostroschin mit der St.-Michaelskapelle, die zur Mitte des 17. Jahrhunderts als Ruine bezeichnet, nach Wiederherstellung 1689 vom Abt von Tepl neu eingeweiht und 1838 aufgelassen wurde, und dem jüngeren Reihendorf mit der Pfarrkirche Corporis Christi, die 1602 bzw. 1676 erneuert, dann aber 1782 durch Brand zerstört wurde. Das alte Kirchdorf „Am Berg" und das „Untere Dorf" vereinigten sich durch Bebauung des Verbindungsweges zu einer geschlossenen Ortschaft. Für die heutige Pfarrkirche St. Michael, deren Patron wiederum das Stift Tepl gewesen ist, wurde 1834 der Grundstein gelegt. Landek war vor allem im 17. und 18. Jahrhundert ein vielbesuchter Wallfahrtsort. Die Gemeinde hat neun Säuerlinge. Der Krautbau wurde hier seit altersher stark betrieben.

Lauterbach-Stadt

Bergbau wurde in dieser Gegend bereits frühzeitig betrieben, aber erst gegen Mitte des 16. Jahrhunderts boten die Anbrüche am Fuß des Knock in der Flur „Berggruben" und am Mückenberg die Veranlassung zur speziellen Entwicklung einer Bergstadt. Am 20. Juni 1551 verlieh König Ferdinand I. ein Bergprivileg für den Zinnbergbau, der – wie in dieser Urkunde erwähnt wird – „eine gute Zeit her" in Betrieb war und „von Tag zu Tag" zunehme. Für die innerbetriebliche Regelung des Bergwerks galt die 1548 im Druck veröffentlichte Bergordnung von St. Joachimsthal. Durch diese zugleich als Stadterhebungsurkunde zu wertende Bergfreiheit für Lauterbach kam die städtische Entwicklung erst eigentlich in Fluß. Anschließend an das bisherige Straßendorf wurden ein geräumiger

Marktplatz und die darin einmündenden Gassen angelegt. Eine vollständige Verbauung wurde allerdings nicht erreicht, nicht einmal am Markt selbst. Der allgemeine Niedergang des Bergbauwesens in der zweiten Hälfte des 16. Jahrhunderts hemmte auch den kurz zuvor einsetzenden Aufschwung Lauterbachs. Während des Dreißigjährigen Krieges kam der Bergbau dann fast gänzlich zum Erliegen. Nach dem großen Stadtbrand vom Jahre 1772 erstand mit der neuen Pfarrkirche St. Michael (1774/75) auch die Stadt wieder, im Äußeren allerdings mehr in dörflicher Bauweise.

Das Stadtwappen, durch den mit einer Keilhaue gekreuzten Seifenrechen auf den Zinnbergbau deutend, wurde mit Privileg König Ferdinands I. vom 20. Juni 1555 verliehen. Der schreitend dargestellte böhmische Löwe bezieht sich auf die Stellung Lauterbachs als eine königliche Bergstadt, der gewellte Balken spielt als „Bach" auf den Ortsnamen an.

Leskau

bis zu Beginn des 16. Jahrhunderts ein Dorf, erhielt durch den Grundherren Heinrich von Schwanberg im Jahre 1508 das Marktrecht und das Recht zum Bierbrauen verliehen und im Jahre 1524 die Bestätigung dieser Rechte durch König Ludwig, sowie im Jahre 1537 durch Kaiser Ferdinand I. Leskau besitzt eine Pfarrkirche, die schon im 14. Jahrhundert erwähnt wird und in den Jahren 1740 und 1780 erneuert wurde, und gehörte vom 15. bis in das 17. Jahrhundert zur Herrschaft Schwanberg. Im Jahre 1647 wurde der Ort durch die Schweden gänzlich zerstört. Die noch in der neueren Zeit abgehaltenen vier Jahrmärkte am 19. März, 2. Mai, 4. Juli und 15. Oktober hatten für das Wirtschaftsleben Leskaus eine besondere Bedeutung.

Das Wappen von Leskau wurde über Verwendung des damaligen Grundherrn von Kaiser Ferdinand I. im Jahre 1537 verliehen. Der silberne Schwan im roten Feld verweist dabei auf die Herren von Schwanberg.

Lichtenstadt

verdankt seine Entstehung, worauf auch die tschechische Bezeichnung Hroznetin, die aber durch keine der mittelalterlichen Urkunden belegt werden kann, hinweist, dem im nordwestlichen Böhmen reich begütert gewesenen Adeligen Hroznata, dem Gründer des Prämonstratenserstiftes Tepl (1197). Von allem Anbeginn bis 1434 gehörte das Rodungsgebiet am Abhang des Erzgebirges, dessen Mittelpunkt dann Lichtenstadt geworden ist, zur ausgedehnten Grundherrschaft des genannten Klosters. Als einer der ältesten Marktplätze in Böhmen wird Lichtenstadt bereits im Jahre 1219 urkundlich genannt. Am 24. Feber 1386 wurde der Marktflecken vom Tepler Abt zur Stadt erhoben. Während der Hussitenkriege kam Lichtenstadt an die königliche Kammer. Durch Jahrhunderte bestand hier eine große Judengemeinde, die vor allem im 16. Jahrhundert eine Bedeutung erlangte, als in den erzgebirgischen Bergstädten, insbesondere St. Joachimsthal, der dauernde Aufenthalt von Juden verboten war.

Das Wappen von Lichtenstadt, in Rot auf grünem Schildfuß ein silberner Zinnenturm und davor gelehnt ein goldener Schild mit drei schwarzen Hirschgeweihen und je einer Hirschgeweihstange an den Schildenden, erinnert durch diese Geweihe an die einstmalige Zugehörigkeit zum Stift Tepl.

Liebenstein

ist um die Mitte des 13. Jahrhunderts als zur Egerer Reichsburg gehöriger Ministerialensitz entstanden. Noch im 13. Jahrhundert (1292) starb das hier sitzende Reichsministerialengeschlecht aus und Burggraf Friedrich von Nürnberg wurde mit dieser Burg belehnt. Zur Zeit der Verpfändung des Egerer Landes an Böhmen (1322) war sie aber bereits zerstört und wurde um 1349 wieder aufgebaut, wobei sie für die Egerer als offenes Haus erklärt wurde. Wegen Gewalttaten des Lehensträgers Goswein wurde Liebenstein am Ende des 14. Jahrhunderts eingezogen, an den Egerer Burgpfleger Johann Landgraf von Leuchtenberg verliehen und von diesem im Jahre 1400 der Egerer Patrizierfamilie Rudusch verkauft. Seit 1425 hatten die Herren von Zedtwitz, die 1790 in den Reichsgrafenstand erhoben wurden und 1879 das Prädikat Zedtwitz-Liebenstein annahmen, Schloß und Herrschaftsbesitz Liebenstein zu eigen.

Loretto bei Alt-Kinsberg

Außerhalb des Dorfes Alt-Kinsberg mit der Ruine einer in das 13. Jahrhundert zurückreichenden, ehemals zur Reichsburg Eger lehenbaren Burg, in der der Stifter des Tepler Klosters Hroznata als Gefangener sein Leben beendet haben soll, errichteten die Egerer Jesuiten nach der Mitte des 17. Jahrhunderts die Lorettokapelle. Diesem Bau liegt der Gedanke zugrunde, eine Gnadenstätte genau nach dem Plan des Hl. Hauses in Nazareth entstehen zu lassen. Nach der Grundsteinlegung im Jahre 1664 flossen zu diesem Vorhaben reichliche Spenden aus dem gesamten Egerland, aus Böhmen und Bayern zu. Im Jahre 1665 wurde von dem Pönitentiar Samuel Laberhutti das Gnadenbild Unserer Lieben Frau, eine Holzstatue mit vergoldetem Kupfermantel und angegossenen alten Silbermünzen, dem Egerer Jesuitenrektor übergeben und hier zur öffentlichen Verehrung aufgestellt. im Jahre 1668 war der Bau der Wallfahrtskapelle mit der großartigen Anlage des Kreuzweges beendet. Von da an war Loretto bei Alt-Kinsberg ein vielbesuchter Wallfahrtsort. Im Jahre 1914 wurde die Gnadenkapelle restauriert und im darauffolgenden Jahr fand hier eine weit über den lokalen Bereich sich auswirkende bedeutsame Kundgebung des marianischen Glaubens statt.

Loretto bei Haid

Diese Mariengnadenstätte in unmittelbarer Nähe des Fürst Löwensteinschen Schlosses in Haid entstand im Jahre 1688 aus der bereits im 14. Jahrhundert von den Schwanberg gestifteten Marienkapelle und besteht eigentlich nur aus einem viereckigen Kreuzgang. In diesem befinden sich zahlreiche Bilder und Statuen, darunter schöne Nachbildungen bekannter Gnadenstatuen der Gottesmutter, sowie zwei Votivtafeln der Familie Pröll aus dem Anfang des 18. Jahrhunderts. Das Gewölbe ist mit Freskomalereien verziert, in den Seitennischen befinden sich barocke Altäre und den Hauptaltar ziert ein großes Kruzifix und das lebensgroße Gnadenbild der sogenannten Schwarzen Mutter Gottes. Die Hauptwallfahrtstage waren Mariä Verkündigung, Mariä Geburt, Mariä Namen und Mariä Heimsuchung. Diese Wallfahrtstage waren wie meist an Wallfahrtsstätten auch mit Märkten verbunden, die durch den Zustrom vieler Menschen aus der näheren und weiteren Umgebung dem Festestreiben ein hier sonst ungewohntes lebhaftes und buntes Gepränge gaben.

Lubenz

ist als Siedlung bereits im 14. Jahrhundert urkundlich überliefert. In kirchlichen Aufzeichnungen ist zum Jahre 1384 auch schon der Bestand einer eigenen Kirche bezeugt. Welchen Entwicklungsgang im besonderen der Ort genommen hat, ist nicht bekannt, ebenso auch nicht der genaue Zeitpunkt, wann Lubenz zum Marktflecken erhoben wurde und weitere Privilegien, die für den Werdegang des Ortes bedeutsam waren, verliehen worden sind. In der Gegenwart war Lubenz der Sitz eines Amtsgerichtes und der Standort einer Porzellanfabrik. Im übrigen beruhte die Erwerbstätigkeit der Bevölkerung auf dem Kleingewerbe und der Landwirtschaft.

Das Wappen von Lubenz soll aus der zweiten Hälfte des 15. Jahrhunderts stammen und durch Vermittlung der damaligen Grundherren, der Herren von Janowitz, verliehen worden sein. Es zeigt in Silber auf grünem Schildfuß zwei einzeln stehende rote Zinnentürme mit offenen Toren und dazwischen einen schwarzen Adler mit gespreizten Schwingen.

Luditz

verdankt seine Entstehung als Stadt dem in Westböhmen reich begüterten Geschlecht der Herren von Riesenburg, die 1280 in den Besitz des schon im 12. Jahrhundert bezeugten Dorfes kamen. Die Entfaltung zur Stadt fällt spätestens in die ersten Jahrzehnte des 14. Jahrhunderts, denn 1325 wurde Buchau mit dem Recht begnadet, das früher die Stadt Luditz verliehen bekommen hatte. Es war Egerer Stadtrecht, das in Luditz und übrigens von hier aus in einer Reihe anderer Städte in Geltung gewesen ist. 1375 wurden die Stadtrechte bestätigt und 1416 erhielt Luditz einen achttägigen Pfingstmarkt bewilligt. In der Zeit zwischen 1537 und 1568 waren die Besitzer von Luditz die Herren von Plauen, die am 4. Feber 1540 nicht nur alle bisherigen Privilegien der Stadt bestätigten, sondern die Rechte der städtischen Selbstverwaltung wesentlich erweiterten. Im Juli des gleichen Jahres erhielt Luditz das bis zur Gegenwart gültige Wappen verliehen.

Im Wappen der Stadt Luditz, das auf Fürsprache Heinrichs IV. von Plauen durch König Ferdinand I. im Jahre 1540 verliehen wurde, ist im schwarzen Feld der Plauensche Löwe und im goldenen Feld der Rechen der Herren von Riesenburg enthalten. Beide Adelsgeschlechter waren als Besitzer der Herrschaft Luditz maßgebend an der Entwicklung der Stadt beteiligt.

Manetin

dürfte vermutlich um die Wende des 12. zum 13. Jahrhundert gegründet worden sein. Damals waren die Johanniter die Grundherren in dieser Gegend, ihnen wird auch die Erhebung des an einer für das Mittelalter bedeutsamen Handelsstraße nach Prag gelegenen Ortes zu einem Marktflecken zugeschrieben. Wann Manetin die Stadtrechte verliehen erhielt, ist nicht bekannt. Die Pfarrkirche, die dem hl. Johannes dem Täufer geweiht war, wird bereits im 14. Jahrhundert kundbar; ihre dann bis zur Gegenwart gebliebene Gestalt erhielt sie aber erst nach dem großen Stadtbrand vom Jahre 1712. Manetin gehörte seit der frühesten Zeit zur gleichnamigen Herrschaft, die nach der Güterkonfiskation im Jahre 1622 an das Adelsgeschlecht Mitrovsky und im Jahre 1694 an die Grafen Laschansky kam.

Über den Zeitpunkt der Verleihung des Wappens von Manetin sind keine genauen Anhaltspunkte überliefert. Das im vorderen Teil des rot/gold gespaltenen Schildes enthaltende Johanniterkreuz bezieht sich auf die ältesten Grundherren der Herrschaft Manetin.

Maria Kulm

weithin das Landschaftsbild beherrschend, war einer der wohl am meisten besuchten Wallfahrtsorte im Egerland. Eine durch eine Urkunde vom Jahre 1383 festgehaltene Zuwendung macht den Bestand der Kirche schon für diese Zeit kundbar. Im Jahre 1401 wurde Maria Kulm zu einer Pfarre und 1683 zur Propstei des ritterlichen Kreuzherrenordens mit dem roten Stern erhoben. Die Kirche in ihrer heutigen Gestalt entstand in den Jahren 1690 – 1701, der Kreuzgang mit den dazugehörigen Kapellen stammt aus dem Jahre 1708. Der Hochaltar ist gleichzeitig Gnadenaltar, das Gnadenbild selbst stellt eine holzgeschnitzte Madonnenfigur dar, Maria auf einem Stuhl sitzend und den Christusknaben stehend auf dem Schoß haltend. Ein Kranz von zwölf Sternen umgibt ihr Haupt und kostbare Gewänder wallen an ihr herab. Die Marienverehrung knüpft hier an Unsere Liebe Frau in der Haselnußstaude an, deren Legende in die Zeit des 14. Jahrhunderts zurückreicht. Mit der Erbauung der Kulmer Wallfahrtskirche hängt eine andere Legende zusammen, die als die Geschichte von den Kulmer Räubern volkstümlich geworden ist und übrigens bereits zu Ende des 15. Jahrhunderts von Paul Niavis zu einer Gesprächsnovelle in lateinischer Sprache verwendet wurde.

Maria Sorg

An der Stelle einer älteren, dem hl. Adalbert geweihten Kapelle, von der man zu Ende des 17. Jahrhunderts nur noch wenige Spuren der Grundmauern und einen Stein mit eingehauenem Kreuz aufzufinden vermochte, wurde im Jahre 1691 zunächst eine hölzerne Kapelle errichtet, zu der erstmals am Fest der Heimsuchung Mariä des Jahres 1694 mit erzbischöflicher Genehmigung eine öffentliche Prozession zog. Im Jahre 1699 war der steinerne Bau einer Wallfahrtskirche, einer schlichten barocken einschiffigen Anlage, vollendet, in die aus der hölzernen Kapelle auch das hier verehrte Gnadenbild, eine Madonnenfigur im Strahlenkranz, überführt wurde. Mit kaiserlichem Diplom vom 19. Jänner 1754 wurde den Kapuzinern die Besorgung des Gottesdienstes anvertraut, die hier nun ein Hospiz errichteten. Das Hospiz und die mit der Marienkirche verbundene Ordenskirche wurden in den Jahren 1754 – 1765 erbaut. Die Klosterbaulichkeiten sind um einen quadratischen Hof angeordnet, wobei deren Nordseite die Marienkirche und ein Teil der Ostfront die Ordenskirche einnehmen, die übrigen Teile des Gevierts bilden das Hospiz. Die Kapuziner führten bereits 1754 neben dem Marienfest die Portiunkulafeier ein.

Maria Stock

Diese Gnadenstätte, unweit von Luditz gelegen, verdankt ihre Entstehung dem Prämonstratenserpater Johann Rick. Auf seine Anregung und Veranlassung hin wurde aus Spenden der Bevölkerung zunächst eine kleine Kapelle errichtet, für die ein Maler das Mariahilfbild von Passau kopierte und die alsbald mit einem kleinen Vorbau versehen wurde. Um an dieser Stätte auch das hl. Meßopfer zelebrieren zu können, wurde im Jahre 1734 die Bewilligung zur Errichtung eines Altars erwirkt. 1736 wurde nach einer vom Bischof angeordneten kommissionellen Untersuchung das Gnadenbild als wundertätig erklärt und gestattet, dorthin in feierlicher Prozession pilgern zu dürfen. Diese bischöfliche Erklärung trug dazu bei, daß Maria Stock immer häufiger als Gnadenstätte aufgesucht wurde und in den Jahren 1736 – 1738 der Bau der Wallfahrtskirche in der heutigen Form errichtet werden konnte. Immer stärker wurde die Zahl der Pilger, so daß 1748 allein 40.000 Kommunikanten gezählt wurden. Doch beeinträchtigte das allgemeine Verbot Kaiser Josef II. gegen Ende des 18. Jahrhunderts den raschen Aufschwung des Wallfahrtsortes derart, daß Maria Stock fortan nie mehr die Bedeutung als Wallfahrtsstätte zu erreichen vermochte wie in der ersten Hälfte des 18. Jahrhunderts.

Marienbad

zählt zu den jüngsten Siedlungen im Egerland und verdankt seine Entstehung den Heilquellen, die mindestens seit dem 16. Jahrhundert bekannt waren. Als Gründer des Kurortes ist das Prämonstratenserstift Tepl anzusprechen, dessen Apotheker 1749 erstmals eine Quelle fassen und daneben ein Kreuz aufstellen ließ („Kreuzbrunn"). 1785 wird erstmals der Name Marienbad als Bezeichnung einer der hier entspringenden Heilquellen kundbar. Mit 1797 begann die bauliche Entwicklung zu einer Siedlung, die sich 1812 als eigene Gemeinde konstituierte und 1818 zu einem öffentlichen Kurort erklärt wurde. Diese Anfangsentwicklung und die Voraussetzungen für die weitere Entfaltung schuf insbesondere Abt Karl Kaspar Reitenberger, der unter großen Schwierigkeiten und persönlichen Opfern dem Kurort zu seiner Existenz verhalf. Nach planmäßigem Ausbau wurde Marienbad 1865 zur Stadt erhoben. In der Gegenwart war Marienbad ein Weltkurort mit rund 18.000 Einwohnern.

Das Wappen wurde der Kurstadt Marienbad 1866 verliehen. Die Marienfigur darin bezieht sich auf den Ortsnamen, das zweite Wappenbild symbolisiert das bedeutsamste Baudenkmal aus den Anfängen des Kurortes, den Kreuzbrunnen, und die Brunnenschale mit der Äskulapschlange zwischen zwei Tannen spielt auf den Charakter Marienbads als Kurstadt und auf deren Lage inmitten ausgedehnter Waldungen an.

Michelsberg

Nordöstlich von Plan gelegen, war Michelsberg schon vor den Hussitenkriegen eine Stätte des Bergbaues, erlebte aber insbesondere im 16. Jahrhundert seine Blüte als Bergstadt. Der Name geht offenbar auf die alte St. Michaels-Kapelle zurück, die unweit der dermaligen Pfarrkirche stand. Die Grube „Glück mit Freuden" war im 16. Jahrhundert der bedeutsamste Michelsberger Betrieb. Infolge der Ereignisse nach der Schlacht auf dem Weißen Berge, in deren Zusammenhang viele Anhänger der evangelischen Lehre auswanderten, kam der Bergbau, der vor allem auf Silber betrieben wurde, in Verfall; lediglich das Bergwerk „Glück mit Freuden" konnte einigermaßen gehalten werden. Als 1721 neue Anbrüche fündig wurden, nannte man dieses Bergwerk „Das neue Glück mit Freuden". Nunmehr wurden Rotgülden- und Glanzerz, weißes und schwarzes Silber, so-

wie Blei, Kupfer und Kobalt gewonnen. Seit dem 17. Jahrhundert entwickelte sich hier ähnlich wie im Erzgebirge die Spitzenklöppelei als Ersatzindustrie für den fortschreitend bedeutungsloser werdenden Bergbau.

Das Wappen, in Gold der Erzengel Michael, seinen Spieß in den Rachen eines Drachens stoßend, dazu ein roter Schild mit Bergwerksgezäh, wurde durch den Grundherrn, Grafen Franz Ernst Schlick, im Jahre 1660 verliehen, wobei gleichzeitig auch die Berechtigung erteilt wurde, daß Michelsberg mit grünem Wachs siegeln durfte.

Mies

wird als Stadt erstmals im Jahre 1266 urkundlich erwähnt; die Anfänge reichen indes in frühere Zeit zurück und hängen mit dem hier schon im 12. Jahrhundert betriebenen Silberbergbau zusammen. Die Stadt wurde durch König Johann, Kaiser Karl IV. und König Wenzel IV. mehrfach privilegiert, insbesondere war die Verleihung des Prager Stadtrechtes im Jahre 1372 und – da Mies an der alten Verkehrsstraße von Prag nach Nürnberg lag – das Zollprivileg vom Jahre 1382 bedeutsam. Während der Hussitenkriege kam die Stadt wiederholt in Bedrängnis und wurde teilweise zerstört. Von König Georg von Podiebrad erhielt Mies im Jahre 1461 neben der Privilegienbestätigung und dem Recht, mit rotem Wachs zu siegeln, auch das bis zur Gegenwart gültige Stadtwappen verliehen. Als bemerkenswertes Baudenkmal ist der aus der Mitte des 16. Jahrhunderts stammende repräsentative Bau des Rathauses im Renaissancestil erhalten, dessen Fassade gegen Ende des 19. Jahrhunderts mit einem reichen Sgraffitoschmuck geziert wurde.

Der gekrönte böhmische Löwe zwischen den beiden Türmen der silbernen gezinnten Stadtmauer im blauen Feld deutet darauf, daß Mies eine königliche Stadt gewesen ist. Als Siegel wurde dieses Stadtwappen seit der zweiten Hälfte des 15. Jahrhunderts verwendet. Am Brückenturm ist unterhalb einer Inschrift aus dem Jahre 1560 das Stadtwappen in Stein angebracht.

Muttersdorf

am Fuß des Stockauer Gebirgsrückens westlich von Hostau im Bezirk Bischofteinitz gelegen, ist durch seine dem hl. Bartholomäus geweihte Kirche erstmals zum Jahre 1384 bezeugt. Über die Grundherrschaftsverhältnisse in der älteren Zeit ist nur wenig bekannt. Erst mit 1510, als Georg Widersperg das „Städtchen" Muttersdorf von Nikolaus Henniger von Seeberg kaufte, sind die Entwicklungsvorgänge deutlicher erkennbar. Die Familie Widersperg, die 1760 in den böhmischen Freiherrenstand erhoben wurde, war dann bis 1857 die Grundherrschaft für Muttersdorf und das benachbarte Gut Schwanenbrückl. Seit dem Anfang des 16. Jahrhunderts wurde hier auch Bergbau auf Kupfer betrieben. Wie in

vielen anderen ehemaligen Bergbauorten wurde als Nachfolgerindustrie hier die Spitzenklöppelei heimisch, wobei weiterhin der Marktflecken Mittelpunkt der Grundherrschaft blieb.

Das im Jahre 1577 verliehene Wappen des Marktes Muttersdorf enthält in dem Bergknappen den Hinweis auf den hier im 16. Jahrhundert betriebenen Kupferbergbau und der Wolf ist dem Familienwappen der Widersperg entnommen, die im Jahre 1510 in den Besitz von Muttersdorf kamen.

Netschetin

mit seiner bereits im Jahre 1384 erwähnten Pfarrkirche zum hl. Jakob, die aber 1750 samt der Pfarrei ganz neu wieder aufgebaut wurde, gehörte durch viele Jahrhunderte zur Herrschaft Breitenstein. Die grundlegenden Privilegien für das Gemeinwesen als Marktflecken erhielt Netschetin im Jahre 1511 von König Wladislaw II. Der Grundherr Bohuslaw Griesbeck von Griesbach erweiterte zu Beginn des 17. Jahrhunderts diese Grundrechte durch Verleihung der Braugerechtsame. Die außerhalb des Marktfleckens stehende Breitensteiner Schloßkapelle zur hl. Anna wurde im Jahre 1657 von Adam Wenzel Freiherrn von Kokorzowa erbaut.

Das Wappen von Netschetin wurde durch König Wladislaw II. mit Urkunde vom 7. September 1511 verliehen. Es zeigt in Rot einen silbernen, doppeltürmigen Torbau, in dessen spitzbogigem, offenen Torbogen ein Ritter mit Hellebarde und Schwert steht.

Neuberg

war im Mittelalter der Sitz des Adelsgeschlechtes der Herren von Neiperg (Neidberg), eines Seitenzweiges der bereits 1135 urkundlich bezeugten Herren von Raitenbach. 1288 wurde das an das Reich heimgefallene Lehen den Vögten von Plauen überlassen, war aber im 14. Jahrhundert wieder im Besitze Albrechts von Neuberg und wurde 1331 gegen verbriefte Steuerfreiheit, die erst 1865 vom österreichischen Reichsrat aufgehoben wurde, ein Lehen der Krone Böhmen. 1394 ging die Veste mit ihren Zugehörungen in weiblicher Erbfolge auf die Herren von Zedtwitz über, die noch in der zweiten Hälfte des 18. Jahrhunderts die Reichsunmittelbarkeit ihres Gebietes, der Herrschaft Neuberg-Asch, mit großem Nachdruck verfochten. In wirtschaftlicher Hinsicht bildete die schon durch eine Weberzunftordnung von 1651 nachweisbare Textilindustrie auch in der Gegenwart einen bedeutsamen Faktor.

Neudek

Das Gebiet von Neudek, dessen Zinn-, Eisen- und Bleivorkommen bereits im ausgehenden Mittelalter vom Egergraben her und in seinem nordöstlichsten Teil (Gerichtsbezirk Platten) im 16. Jahrhundert von Sachsen aus erschlossen wurden, gehörte um 1200 zu jenem großen Waldgebiet von Lichtenstadt, das der später selig gesprochene Gründer des Prämonstratenserstiftes Tepl Hroznata diesem zur Kolonisation übereignete. Die Stadtrechte erhielt Neudek 1602 verliehen. Unter den Besitzern waren die Grafen Schlick, die von 1448 bis 1602 Neudek zu eigen hatten, für den Ort am bedeutsamsten. Der Niederbruch des Bergbaues, den seit der zweiten Hälfte des 16. Jahrhunderts das Erzgebirge traf, wirkte sich hier nicht in dem Ausmaß wie anderwärts aus. Die Eisenförderung und die seit 1680 aufgenommene Blecherzeugung blieben bis zur Gegenwart (Eisenwerke Rothau-Neudek) in Betrieb. Daneben erwuchs in der NWK, die sich aus der Gründung Ant. Schmiegers (1834) entwickelte, ein wesentlicher Wirtschaftsfaktor.

Im Wappen von Neudek vereinigen sich die Wappen zweier Grundherren, des Prämonstratenserstiftes Tepl (Hirschgeweih) als dem ältesten und der Grafen Schlick, unter deren Besitzinhabung sich die wesentlichste Entwicklung der Bergstadt vollzog. Als Zeichen für den Bergbau sind Schlegel und Bergeisen gekreuzt den auf die Grundherrschaft bezüglichen Wappenteilen beigesetzt.

Neumarkt

mit seiner zu den ältesten Pfarreien im Tepler Stiftsland gehörigen Pfarrkirche zu St. Johann dem Täufer gehörte mit kurzen Unterbrechungen in der Zeit von 1469 – 1475 und von 1544 – 1547 bis in das 19. Jahrhundert hinein zur Grundherrschaft des Stiftes Tepl. Der Ursprung des Ortes dürfte auf einen früheren Bergbau in dieser Gegend zurückzuführen sein. Zum Zeitpunkt der ersten urkundlichen Nennung (1233) hatte Neumarkt zumindest die Anfangsentwicklung bereits hinter sich. Am 23. Juni 1439 verlieh der Tepler Abt Ratzko den Neumarkter Bürgern das freie Erb- und Verfügungsrecht über ihr Eigentum. Damals ist Neumarkt im wesentlichen der Stadt Tepl gleichgestellt worden. Im Jahre 1470 kam das Recht eines öffentlichen Marktes hinzu. Aus diesem Landstädtchen stammt der Gründer des Weltkurortes Marienbad, der Tepler Abt Kaspar Karl Reitenberger.

Das Wappen von Neumarkt, aus dem 15. Jahrhundert stammend, zeigt in Gold auf grünem Schildfuß einen Raben mit einem Ring im Schnabel und darüber ein schwarzes Hirschgeweih, die Zugehörigkeit zum Prämonstratenserstift Tepl betonend. Der Rabe dürfte in gleicher Bezogenheit aus dem Wappen eines Tepler Abtes entnommen sein.

Neusattl

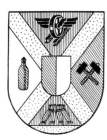

war wie das benachbarte Altsattl ursprünglich ein zu Stein-Elbogen lehenbares Gut und gehörte als solches im Wandel der Zeit verschiedenen Gutsherren. Zu Anfang des 15. Jahrhunderts ist das aus Eger stammende Bürgergeschlecht Honiger bezeugt, von dem es im Jahre 1427 an die Stadt Elbogen verkauft wurde. Zu Beginn des 16. Jahrhunderts erscheint Neusattl zum Bauern- und Ruggericht nach Elbogen gehörig und im Lehensbesitz der Thüssel von Taltitz, die dieses Rittergut 1599 abermals an die Stadt Elbogen verkauften. Im Zusammenhang mit der Industrialisierung in der zweiten Hälfte des 19. Jahrhunderts wurden die im Boden ruhenden Schätze, Kohle und Kaolinerde, erschlossen, wodurch das bisherige Dorf, das dann 1899 zu einem Marktflecken erhoben wurde, sich zu einer beachtlichen Industriesiedlung erweiterte.

Das anläßlich der Markterhebung am 4. Feber 1899 verliehene Wappen kennzeichnet durch Flugrad (Industrie und Handel), Flasche (Glasfabrikation), Berggezäh (Kohlenbergbau) und Getreidegarben (Landwirtschaft) die wirtschaftlichen Grundlagen für den Aufschwung Neusattls.

Nürschan

nördlich von Chotieschau im Landkreis Mies gelegen, verdankt seine Stadtwerdung dem Kohlenbergbau. Bis um die Mitte des 19. Jahrhunderts war Nürschan ein nach Auherzen eingepfarrtes und zur Allodialherrschaft Chotieschau gehöriges Dorf mit rund dreißig Häusern. Der auf dem Grund dieser Herrschaft betriebene Kohlenbergbau, dessen Ertrag zunächst für die Kalk- und Ziegelbrennerei bestimmt war, griff in der zweiten Hälfte des 19. Jahrhunderts auch auf das Gebiet um Nürschan über und bedingte eine industrielle Entwicklung des bisherigen Dorfes. Binnen wenigen Jahrzehnten war diese Entwicklung soweit fortgeschritten, daß Nürschan am 29. Jänner 1892 zur Stadt erhoben wurde. Im Jahre 1944 zählte die Stadt 4.042 Einwohner.

Das im gleichen Jahre der Stadterhebung verliehene Wappen bezieht sich mit dem schwarzen Dreiberg und dem Berggezähschild auf den Kohlenbergbau, während die drei Kornähren über der Stadtmauer an den Namen des Bürgermeisters Dr. Korn erinnern sollen.

Petschau

entwickelte sich im Anschluß an eine mit der landesfürstlichen Zollstätte verbundenen Burg zunächst zu einem Suburbium und nach der Verlegung des Herrschaftssitzes auf den Talfelsen, wodurch sich der Baubeginn des bis zur Gegenwart erhaltenen Schlosses ergab, zu einem Marktflecken. Auf Veranlassung der Brüder Borso d. Ä. und Borso d. J. von Riesenburg erhob König Wenzel IV. im Jahre 1399 Petschau zu einer Stadt. Noch im 14. Jahrhundert wurde Petschau der Mittelpunkt der westböhmischen Herrschaftsanteile der Herren von Riesenburg und im 16. Jahrhundert unter den Grafen Pflug von Rabenstein ein Bergbauort, der allerdings alsbald durch das rasch zur Bedeutung gelangte benachbarte Schlaggenwald überflügelt wurde. Seit 1813 war Petschau, das in der Gegenwart durch die Musikschule einen besonderen Ruf genoß, im Besitz der Herzöge von Beaufort-Spontin.

Das vermutlich aus der Zeit kurz nach der Mitte des 16. Jahrhunderts stammende Stadtwappen von Petschau bezieht sich durch den zwischen den beiden Rundtürmen auf den Boden gestellten Schild, dessen Wappentier – der ungekrönte silberne böhmische Löwe – einen Bergschlegel hält, auf den hier im 16. Jahrhundert aufgekommenen Bergbau.

Pfraumberg

entstand unmittelbar im Anschluß an die gleichnamige alte Grenzburg, die für lange Zeit im Chodengebiet nördlich von Taus als Mittelpunkt eines eigenen Verwaltungsbezirkes von besonderer Bedeutung war. Zur Zeit des Böhmenkönigs Johann von Luxemburg erhielt der als Städtchen bezeichnete Ort wichtige Rechte verliehen (1331), so den Verkauf von Getreide und anderer Kaufmannsware ohne Zoll an den Burggrafen, die freie Vererbbarkeit ihrer Güter an die nächsten Verwandten, das Holzbezugsrecht aus den zur Burg gehörigen Wäldern, sowie Jagd- und Fischereirechte. Die Lage an dem von der Burg bewachten Auslandsweg bestimmte durch Jahrhunderte die wirtschaftlichen Grundlagen von Pfraumberg, das in der Gegenwart zu einem beliebten Ausflugsziel geworden ist.

Das Wappen von Pfraumberg, in Silber auf grünem Schildfuß ein natürlicher Baum mit beidseits des Stammes emporkletternden Bären, wurde im Jahre 1596 von Rudolf II. verliehen und ist auch in den mit der Unterschrift „Sigillum Civitatis Pfraumbergensis" versehenen Amtssiegeln von 1596 und 1615 enthalten.

Pilsen

zählt nicht zum geschlossenen Siedlungsbereich des Egerlandes, war aber für viele Südegerländer Städte und Dörfer in vielerlei Beziehung der Kristallisationspunkt von besonderer Bedeutung. Im Mittelalter gab es zwei Städte, die Pilsen hießen: das im 15. Jahrhundert zu Pilsenetz umbenannte ältere, und das von König Wenzel II. im 13. Jahrhundert am Zusammenfluß der Miesa und Radbusa gegründete Neu-Pilsen, das auch durch seinen regelmäßigen Grundriß auf eine planmäßige Lokation hinweist. Als Stadt, die mit dem Nürnberger Stadtrecht der Altstadt Prag bewidmet war, gewann Pilsen alsbald eine für die gesamte weitere Umgebung (insbesonder auch als Stützpunkt auf dem Handelsweg gegen Innerböhmen und Prag) überragende Stellung, die sich in der neueren Zeit durch industrielle Massierung um vieles verstärkte.

Das Wappen von Pilsen ist wiederholt vermehrt worden: das Herzstück stammt aus dem 13. Jahrhundert und wurde zu Beginn des 14. Jahrhunderts in die bis heute gültige Form verändert; Feld 1 wurde im Jahre 1466 von Papst Paul II. verliehen, Feld 2 von König

Georg von Podiebrad, Feld 3 von König Sigismund im Jahre 1433 und Feld 4 stellt anscheinend das ursprüngliche Wappen dar. Außerdem verlieh Papst Gregor XIII. im Jahre 1578 als Beiwerk zwei gegeneinander gekehrte und geschlossene Turnierhelme mit rot/silberner Helmdecke, dahinter aufragend zwischen Lorbeerzweigen eine Hellebarde und ein Kommandostab, sowie das von zwei Engeln gehaltene Spruchband mit der Inschrift „In hoc signo vinces".

Plan

Die Siedlung, aus der sich die Stadt Plan entwickelte, entstand in Anlehnung an eine Burg, die später durch das Schloß ersetzt wurde. Frühzeitig, bereits zur Mitte des 13. Jahrhunderts, ist der Bestand der Pfarrkirche St. Peter überliefert, dessen Patronat zunächst beim Zisterzienserkloster Waldsassen ruhte und dann auf die Grundherren überging. Verkehrsgünstig an der Handelsstraße von Prag über Pilsen nach Eger gelegen, wird Plan 1379 als ein befestigtes Städtchen genannt, das in enger Beziehung zur Herrschaft Plan stand. Unter der Besitzinhabung durch die Grafen Schlick im Zeitabschnitt von 1517 bis 1665 entwickelte sich Plan zu einer Bergstadt, in der seit dem zweiten Drittel des 17. Jahrhunderts auch Münzen geprägt wurden. Als Besitzer der Herrschaft wurden die Schlick von den Grafen Sinzendorf abgelöst, die bis 1823 die Grundherren gewesen sind. Dann gehörten Schloß und Herrschaft Plan bis in die neueste Zeit den Grafen Nostitz-Rhieneck.

Das bis zur Gegenwart gültige Wappen von Plan, das ein früheres ersetzte, wurde im Jahre 1661 von Graf Franz Ernst Schlick verliehen. Die Farbgebung Weiß-Rot und die in gewechselten Farben in das Feld gesetzten Ringe sowie die geschweifte silberne Spitze deuten auf dieses in Nordwestböhmen reich begütert gewesene Geschlecht hin.

Bergstadt Platten

Zu Beginn der dreißiger Jahre des 16. Jahrhunderts wurden unterhalb des Plattenberges auf dem damals noch zur kursächsischen Herrschaft Schwarzenberg der Herren von Tettau gehörigen Gebiet durch Bergleute aus Schneeberg i. Sa. reiche Zinnvorkommen entdeckt, die zur Errichtung des Bergwerkes St. Wolfgang führten. Kurfürst Johann Friedrich von Sachsen gab 1532 den Auftrag zur Anlage einer Bergstadt. Nach anfänglichen Schwierigkeiten entstand hier alsbald um einen quadratischen Marktplatz eine Bergbausiedlung, die im Jahre 1533 ihre Bergrechte verliehen erhielt. Es war der Aufbau der Bergstadt schon weit gediehen, als im Zusammenhang mit den Auseinandersetzungen zwischen dem Kaiser und den im Schmalkaldischen Bund zusammengeschlossenen protestantischen Fürsten durch den Prager Vertrag vom Jahre 1546 das Gebiet von Platten und Gottesgab dem Königreich Böhmen einverleibt wurde. Platten selbst wurde nunmehr bergrechtlich und gebietsmäßig St. Joachimsthal unterstellt; auch die kirchliche Inspektion wurde von Zwickau nach St. Joachimsthal verlegt. In der Gegenreformations-

zeit emigrierten zahlreiche Familien in das benachbarte Sachsen und gründeten 1654 unweit ihrer verlassenen Heimat die nach dem sächsischen Kurfürsten benannte Stadt Johanngeorgenstadt. *Das Wappen der Bergstadt Platten, zugleich auch als Zinnmarke verwendet, betont durch den österreichischen Bindenschild und den böhmischen Löwen die 1546 erfolgte Einbeziehung in das Königreich Böhmen. Der mit einer Keilhaue gekreuzte Seifenrechen kennzeichnet die Stadt als einen Zinnbergbauort.*

Purschau

Als Kirchdorf ist Purschau durch Besetzungen der Pfarreistellen seit dem 14. Jahrhundert urkundlich überliefert. Gemeinsam mit Uschau gehörte der hier im Schutz einer Feste entstandene Grundbesitz mit Dörfern, Maierhöfen, Mühlen und einem Brauhaus als Lehen zum Schloße Tachau, wurde dann aber zu Beginn des Dreißigjährigen Krieges nach der Flucht des bisherigen Lehensträgers Josef Sebastian Pergler von Perglas und der in Auswirkung der Schlacht auf dem Weißen Berge erfolgten Konfiskation durch kaiserliche Resolution vom 27. Jänner 1625 dem Offizier Hieronymus De la Porta abgetreten. Das in diesem Gutsbesitz eingeschlossene, nicht landtafelfähige Gut Uschau der Besitzungen der Pergler von Perglas gelangte 1629 an Katharina Asterl von Astfeld, das Gut Purschau aber 1634 zunächst an Johann Preusslinger und 1681 an Veronika Asterl von Astfeld. Der Gemeinschaftsbesitz über Purschau und Uschau ging 1687 von dieser Familie auf Johann Siegmund Graf von Götz, Herrn von Haid, und zu Beginn des 18. Jahrhunderts auf Franz Ignaz Freiherr von Wunschitz über, der ihn 1728 an den Grafen von Losi verkaufte. Auf dem westlich des Ortes gelegenen Berg wurde 1663 die weithin sichtbare St. Annakapelle errichtet, die zu einem vielbesuchten Wallfahrtsort aus der engeren und weiteren Umgebung geworden ist.

Rabenstein

war, auf einer felsigen Bergzunge im Schnellatal gelegen, zunächst ein Burgdorf und erhielt 1337 die Stadtrechte von Saaz verliehen. Die Eigenschaft als Stadt ging später aber verloren, so daß Rabenstein in der Gegenwart als ein Marktflecken im Landkreis Luditz geführt wurde. Die Burgherren von Rabenstein entstammten verschiedenen Adelsgeschlechtern; darunter waren die Herren von Horschowitz, von Steinberg, von Guttenstein, dann die Grafen Schlick, die Schwanberg und die Grafen Kolowrat. Im Jahre 1705 erbaute Franz Anton Graf von Pötting an der Stelle der alten Burg das Schloß, in dem seit 1748 die Grafen Laschansky als die letzten Grundherren der Rabensteiner Herrschaft ihren Wohnsitz nahmen. Das Schloß, Reste der alten Burgmauer, die Barockkirche

mit dem ehemaligen Klostergebäude der Karmeliter und auf der Anhöhe die Ruinen zweier Warttürme zeugen von der Vergangenheit des Ortes.

Das Wappen von Rabenstein stammt vermutlich aus dem 14. Jahrhundert, noch aus der Zeit also, da städtische Rechte in Übung waren. Es zeigt in rotem Feld das Oberteil des bekrönten silbernen böhmischen Löwen, der in dem Unterteil eines schwarzen Adlers endigt.

Ronsperg

hieß ursprünglich Pobiechowitz und wurde im 14. Jahrhundert der Sitz des Adelsgeschlechtes der Dobrohost, die sich dann Ramsperger oder Ronsperg nannten. Im Schutz der gegen Ende des 15. Jahrhunderts zerstörten Burg entwickelte sich das Dorf zu einem Marktflecken, wurde im Jahre 1424 zu einer Stadt erhoben und 1502 unter gleichzeitiger Verleihung des älteren Stadtwappens in Ronsperg umbenannt. Nach Aussterben des hier gesessenen Zweiges der Herren von

Ronsperg gingen die Besitzrechte an der Herrschaft nach einer Zwischeninhabung durch Albrecht von Guttenstein auf die Herren von Schwanberg auf Haid (1543 - 1620) und nach mehrfachem Besitzwechsel in der Folgezeit zuletzt (1864) auf die Grafen von Coudenhove über. In der Gegenwart war Ronsperg eine auf Kleinhandwerk und Gewerbe begründete Landstadt.

Das von Rudolf II. im Jahre 1596 auf Veranlassung der Brüder Peter und Bartholomäus von Schwanberg verliehene Wappen ist

die um das Familienwappen der Schwanberg (Schwan) vermehrte Form des ursprünglichen, im Jahre 1502 verliehenen Stadtwappens, das die Beziehungen zu den Herren von Ronsperg (Steinbock) betont.

Roßbach

im nordwestlichsten Zipfel Böhmens gelegen, wird erstmals in der Landbeschreibung des Regnitzlandes vom Jahre 1388 erwähnt. Wann und unter welchen Umständen der Ort in den Besitz der Herren von Neuberg kam, ist nicht überliefert; jedenfalls aber verkauften am 15. Juni 1413 Konrad von Neuberg und seine Söhne ihre dortigen Besitzrechte an Heinrich von Zedtwitz auf Neuberg. Seither gehörte Roßbach zur Zedtwitzschen Herrschaft Asch und teilte deren Geschicke und Schicksale. In der ersten Hälfte des 15. Jahrhunderts ist für Roßbach eine Kapelle, noch nicht aber eine Pfarrkirche bezeugt; selbständige Pfarre, zu der Gottmannsgrün und Friedersreuth gehörten, wurde Roßbach erst zu Beginn des 16. Jahrhunderts. Zum Marktflecken wurde der Ort am 16. Juni 1881 erhoben. Die Industrialisierung machte Roßbach zu einem bedeutenden Textilplatz: Teppiche, Gardinen, Tuche, leonische Gespinste, auch Wirkwaren. Im ganzen Egerland bekannt war der „Roßbacher Magenbitter".

Ein eigenes Marktwappen besaß Roßbach nicht, verwendete aber seit etwa 1830 ein Gemeindesiegel mit einem nach rechts gewendeten springenden Roß über schrägvergittertem Unterteil. Vermutlich seit der Markterhebung (1881) ist in den Siegeln der Marktgemeinde ein aus einem Bach trinkendes Roß dargestellt.

Sandau

das erstmals 1197 urkundlich erwähnt wird, gehörte in frühester Zeit zum Stift Tepl, wurde aber schon zur Mitte des 13. Jahrhunderts davon losgetrennt und kam damit in engere Beziehung zur Herrschaft Königswart, die bis zur Gegenwart die zuständige Grundherrschaft geblieben ist. Im 14. Jahrhundert durch Kriegseinwirkungen fast verödet, erfolgte nach einer zunächst geplanten Verlegung in die Nähe der Veste Borschengrün der Wiederaufbau in der 2. Hälfte des 14. Jahrhunderts auf dem alten Platz. Noch von Karl IV. erhielt Sandau die Marktrechte, die 1448, als die Königswarter Herrschaft inzwischen an die Herren von Plauen gekommen war, erweitert wurden. 1464 erhielten die Märkte Königswart und

Sandau die Bier- und Schankgerechtsame als ausschließliches Recht für die gesamte Grundherrschaft verliehen. Wann Sandau zur Stadt erhoben wurde, ist nicht überliefert. Während des 19. Jahrhunderts entwickelte sich hier als Hausindustrie die Erzeugung von Lackdosen.

Das Wappen von Sandau zeigt in Rot auf grünem Schildfuß zwei einzelstehende, silberne Rundtürme mit dunklen Kegeldächern, dazwischen einen blauen Schild mit gekröntem Turnierhelm und blau-silberner Decke, daraus wachsend eine weißgekleidete Gestalt mit erhobenen Händen; in diesem Schild ein silberner Rüdenkopf mit goldenem Halsband.

Sangerberg

Die in einer geschützten Mulde auf der Hochfläche des Kaiserwaldes gelegene Stadt erhielt 1380 durch Borso von Riesenburg nach Luditzer (Egerer) Stadtrecht die ersten Freiheiten als Grundlagen einer selbständigen Entwicklung. Gleichwohl wird zu Beginn des 16. Jahrhunderts (1518) Sangerberg, in dessen Nähe sich damals ein Hammerwerk befand, noch als Dorf bezeichnet. Die um die Mitte des 14. Jahrhunderts erfolgte Belehnung der Brüder Slavko und Borso von Riesenburg, der damaligen Inhaber der Herrschaft Petschau, mit dem Bergbau in der dortigen Gegend durch Kaiser Karl IV. dürfte die Veranlassung zur Gründung Sangerbergs als Stadt gewesen sein. Die Anfänge der Siedlung selbst gehen noch etwas weiter zurück. Der 1357 zu einem Kirchdorf ausgebaute Ortsteil Groß- oder Altsangerberg, der Herrschaft Petschau zugehörig, war ursprünglich dem später als Kleinsangerberg bezeichneten Ortsteil als einem selbständigen Dorf, das dem Stift Tepl gehörte, benachbart. Beide Siedlungen gingen vermutlich im 14. Jahrhundert in dem Siedlungsbereich der Stadt auf. Das von der Herrschaft Petschau als Arbeiterkolonie erbaute Straßendorf Windbühel oder Neusangerberg entstand 1772. Der Bergbau erstreckte sich seit der 2. Hälfte des 15. Jahrhunderts auf Silber, seit der Mitte des 16. Jahrhunderts auf Zinn

und wurde im 19. Jahrhundert mit der Stillegung der Leonhardzeche aufgelassen. Eine besondere Bedeutung gewann Sangerberg seit dem 17. Jahrhundert durch den Hopfenhandel.

Ohne daß Sangerberg in neuerer Zeit ein Wappen im Siegel führte, ist ein solches – vielleicht sogar nur als Entwurf – bekannt geworden. Es zeigt in Blau einen von Hopfen umrankten silbernen Anker. Damit würde die Beziehung zu dem seit dem 17. Jahrhundert betriebenen Hopfenhandel und Hopfenbau ausgedrückt sein.

Seeberg

ist erstmals in jener bedeutsamen Urkunde Ludwigs des Baiern vom 4. Oktober 1322 erwähnt, durch die das Reichsland Eger dem Böhmenkönig Johann von Luxemburg als Pfand zugesprochen wurde. Seit dieser Zeit war diese in der Stauferzeit entstandene und zur Reichsburg Eger lehenbare Feste bis 1434 im Besitz der Stadt Eger, kam dann an die Grafen Schlick, 1461 an die Egerer Patrizierfamilie Juncker, 1485 an Nikolaus Schlick und 1497 an die Neiperg. Von diesen ging Seeberg 1580 an Georg Wolf von Brand, 1635 an Melchior Adam Moser und noch im gleichen Jahre an Veit Dietrich von Steinheim über. 1662 zur Krone Böhmen eingezogen, übernahm Seeberg Hartwig Freiherr von Nostiz, der es nach Allodifizierung an den kaiserlichen Obristen Jacques Gerard verkaufte. 1703 erwarb die Stadtgemeinde Eger das Rittergut durch Kauf und blieb in dessen Besitz bis zur Gegenwart.

Schlackenwerth

wird urkundlich erstmals um 1207 genannt. Die regelmäßige Anlage der Stadt um einen langgestreckten Straßenmarkt deutet auf eine Neugründung ohne Einbeziehung einer älteren Siedlung. Wann Schlackenwerth zur Stadt erhoben wurde, ist nicht überliefert. Als den Bürgern 1331 das Recht zuerkannt wurde, den Grundzehent in Geld abzustatten, war dieser Ort bereits eine königliche Stadt, deren Bedeutung im Mittelalter vor allem darin lag, daß sie vor dem Egerübergang bei Rodisfort Stützpunkt des Durchgangshandels gewesen ist. Nach der Privilegierung als königliche Leibgedingstadt (1350) wurde ihr von König Wenzel IV. im Jahre 1387

das Elbogener Stadtrecht verliehen. Schlackenwerth war im 17. und 18. Jahrhundert markgräflich Badensche Residenz der Herrschaft, die 1787 an das Kaiserhaus und 1811 in den Besitz des Großherzogs von Toskana kam.

Das Wappen der Stadt Schlackenwerth, in dem aus dem Spätmittelalter stammenden Siegel durch beidseits der Ecktürme emporkletternde Wölfe erweitert, enthält sieben eng beisammenstehende Tortürme, vor deren mittlerem ein Löwenschild lehnt.

Schlaggenwald

gehörte ursprünglich zu der unter Borso und Slavko von Riesenburg stehenden Herrschaft Petschau. Infolge der Verleihung des Schurfrechtes an die Herren von Riesenburg durch Karl IV. im Jahre 1353 wurde der Grund zur bergbaulichen Entfaltung in diesem Gebiet gelegt. Vor 1411 ging die Herrschaft an die Herren von Plauen über, die Schlaggenwald um 1490 das Egerer Stadtrecht verliehen. Als 1495 der Besitz an die Pflug von Rabenstein kam, setzte der großzügige Ausbau zu einer der bedeutenderen Bergstädte Nordwestböhmens ein, der seinen Höhepunkt in der ersten Hälfte des 16. Jahrhunderts erreichte. Kurz vor der Mitte des 16. Jahrhunderts wurde die bis dahin grundherrliche Zinnbergbaustadt ein königliches Kammergut und zum Sitze eines Berg(ober)amtes, das 1868 aufgehoben wurde. Der Zinnbergbau und die Verarbeitung des Zinns hatten hier eine überörtliche Bedeutung.

Das am 1. Juni 1547 verliehene Wappen, das ein älteres mit den Wappenzeichen der Riesenburg, der Herren von Plauen und der Pflug von Rabenstein ungültig machte, enthält den böhmischen Löwen, den etwas veränderten österreichischen Bindenschild, den Löwen der Herren von Plauen, sowie Zinnseifenrechen mit Schlegel und Bergeisen gekreuzt.

Schönbach

wird urkundlich erstmals um das Jahr 1158 erwähnt. Der Ort lag in jenem Rodungsgebiet des nördlichen Teiles des Egerer Landes, das 1154 von Herzog Friedrich von Schwaben dem neu gegründeten Kloster Waldsassen geschenkt worden war. Das Kloster Waldsassen ist es auch gewesen, das bei König Ludwig dem Baiern erwirkte, daß Schönbach 1319 zur Stadt erhoben und mit Egerer Stadtrecht begabt wurde. 1348 wurde dieser waldsassensche Gutsbezirk samt der Stadt an Rüdiger von Sparneck verkauft, der dieses Gebiet mit dem inzwischen dazu erworbenen Wallhof an Kaiser Karl IV. übertrug und es aus dessen Hand als Mannlehen der Krone Böhmen wieder in Empfang nahm. Aber noch zu Lebzeiten Karls IV. erfolgte der dann endgültige Verkauf der Herrschaft an Böh-

men (1370). Die Stadt Schönbach war bis zur Gegenwart der Sitz einer Jahrhunderte lang verwurzelten Musikinstrumentenindustrie.

Das aus der Zeit nach 1370 stammende Wappen der Stadt Schönbach, der silberne doppelschwänzige Löwe auf rotem Grund, ist das Landeswappen von Böhmen und betont offenbar die von Karl IV. für Böhmen gelungene Erwerbung des ehedem im Egerer Territorium gelegenen Schönbacher Ländchens.

Schönfeld

Im Bereich der Herrschaft Petschau gelegen, verdankte Schönfeld nicht erst der Bergbautätigkeit im 16. Jahrhundert seine Entstehung, vielmehr war hier bereits im Jahre 1355 für den grundherrlichen Zinnbergbau ein Gericht, eine Zinnwaage und die Bergbauverwaltung errichtet. Vom König und den Besitzinhabern der Herrschaft vielfach privilegiert, erhielt Schönfeld mit Urkunde vom 12. November 1529 die Marktrechte verliehen. Für den Bergbau war die für Schönfeld und Schlaggenwald im Jahre 1509 erlassene Zinnbergbauordnung, die sächsisches Bergrecht nach dem Muster von Annaberg verkörperte, maßgebend. Im 16. Jahrhundert wurde Schönfeld durch die Entwicklung der benachbarten Bergstadt Schlaggenwald überflügelt. Siedlungsmäßig ist Schönfeld aus dem Dorf Dreilinden erwachsen. In diesem älteren Siedlungsteil stand auch die erstmals 1404 erwähnte Pfarrkirche St. Katharina, die 1848 durch Brand vernichtet wurde. Die Bedeutung Schönfelds lag im Zinnbergbau und seit der zweiten Hälfte des 16. Jahrhunderts auch in der Verarbeitung des Zinns. Bis 1732 war Schönfeld der Schlaggenwalder Zunft zugehörig, gründete in diesem Jahre eine eigene, der die Zinngießer von Petschau, Einsiedl und Lauterbach beitraten, und war im 18. Jahrhundert neben Schlaggenwald eine der bedeutsamsten Produktionsstätten für Gebrauchszinn in Böhmen.

Das mit dem Schlaggenwalder eng verwandte Wappen von Schönfeld wurde durch König Ferdinand I. am 1. September 1547 verliehen. Der böhmische Löwe und insbesondere die rot-weiß-rote Teilung erinnern an die politischen Ereignisse – die Niederwerfung des Aufstandes im Schmalkaldischen Krieg – und das von zwei Händen gehaltene Berggezäh mit dem Seifenrechen kennzeichnet den Zinnbergbau. Von einem älteren Wappen, das nach der Entwicklung der Bergstadt vor der Mitte des 16. Jahrhunderts vermutet werden könnte, ist nichts bekannt.

Schönthal

bis 1488 ein als Schickeblos bezeichnetes Dorf, das seit Beginn des 13. Jahrhunderts zum Besitz des Klosters Mühlhausen und seit 1437 zur Herrschaft Theusing gehörte, wurde auf Veranlassung Heinrichs III. von Plauen im Jahre 1488 bei gleichzeitiger Umbenennung mit den Rechten der Stadt Buchau begabt. Zur Zeit der Stadterhebung wurde anschließend an die ältere Dorfsiedlung der Marktplatz errichtet, wobei die Giebelfronten der Häuserreihen zum viereckigen Platz gestellt wurden. Die dorthin einmündenden Gassen blieben dann allerdings zunächst in ihrer Anfangsentwicklung stecken. Ortsbrände, insbesondere der große Stadtbrand von 1656, veränderten das Ortsbild, das in neuerer Zeit durch kleinstädtische Bauformen und ländliches Bauwerk, vornehmlich Holzblockbau und einfache Fachwerkhäuser, gekennzeichnet war, ganz erheblich. Viele bekannte Musiker in berühmen Orchestern stammen aus Schönthal.

Das Wappen von Schönthal stammt aus dem 15. Jahrhundert. Es zeigt in Rot über grünem Schildfuß einen Ritter mit Schild, Lanzenfahne und Helmzier auf rechtssprengendem Roß. Das silberne Andreaskreuz im roten Ritterschild, die gold-schwarze Lanzenfahne und das schwarze Schirmbrett mit goldenem Löwen der Helmzier des Ritters verweisen auf die Herren von Plauen.

Schweißing

Der Ansatz der siedlungsmäßigen Entwicklung Schweißings war eine bereits im 12. Jahrhundert nachweisbare Feste, der Sitz der Herren von Schweißing, die erstmals 1176 mit dem Prädikat „de Swaysin" (dies auch die älteste Ortsnamenform) kundbar werden. Der Ort selbst muß noch im Mittelalter entstanden sein, denn die zur Mitte des 14. Jahrhunderts (1355) urkundlich belegte Pfarrkirche St. Peter und Paul war ursprünglich ein romanischer Bau, dessen einziger erhaltener Bauteil, der Turm, in den ansonsten gänzlich barocken Umbau des 17. Jahrhunderts einbezogen wurde. Außer dieser Kirche bestand hier noch eine St. Niklaskapelle, die um die Wende zum 15. Jahrhundert urkundlich bezeugt ist. Im Jahre 1407 ging Schweißing in den Besitz eines anderen Adelsgeschlechtes über, der Herren von Pabienitz, die sich seit 1443 ebenfalls „von Schweißing" nannten. Diesen folgten zur Mitte des 16. Jahrhunderts die Przichowsky von Przichowitz, die an Stelle der alten Feste 1723 das Schloß erbauten und 1795 Schweißing an Josef Ritter von Bigatto verkauften. Nach dessen kinderlosem Tod (1812) erbte die Besitzungen Karl Anton Freiherr von Juncker mit der Bedingung, daß mit seinem Namen auch der seines Besitzvorgängers verbunden werde. Seither waren bis in die Gegenwart die Juncker-Bigatto im Besitz von Schweißing.

Staab

kam als Dorf sehr frühzeitig in den Besitz des um 1200 gegründeten Prämonstratenserinnen-Chorfrauen-Stiftes Chotieschau und verblieb in diesem Grundherrschaftsverhältnis bis zum Jahre 1453. Auf Verwendung des Chotieschauer Propstes wurde Staab im Jahre 1315 von König Johann zu einem Marktflecken und im Jahre 1335 zu einer Stadt erhoben. Diese liegt zu beiden Seiten der Radbusa; am linksseitigen Ufer ist um einen ursprünglich rechteckigen Marktplatz, in den im Jahre 1665 das auf Kosten des Johann Georg Müller von Mühlental erbaute Rathaus gestellt wurde, in regelmäßigen Häuserblocks der Siedlungskern gelegt, während

sich in dem unregelmäßigen Stadtteil am rechtsseitigen Ufer die Pfarrkirche zu St. Maria Magdalena befindet. Die Stadt bewahrte, ungeachtet der neueren Fassaden, im wesentlichen einen barocken Charakter.

Das im Jahre 1363 verliehene Wappen enthält in dem von zwei Engeln gehaltenen Schild die drei Hirschgeweihe des Stiftswappens von Chotieschau, das dem Tepler Stiftswappen gleicht, da Chotieschau und Tepl vom gleichen Adeligen Hroznata gegründet wurden.

St. Anna bei Plan

Auf der Anhöhe zwischen Plan und Kuttenplan steht die ehedem von weither besuchte Wallfahrtskirche St. Anna, die als solche bereits im 15. Jahrhundert nachweisbar ist. Über ihre Entstehung sind zeitliche Anhaltspunkte nicht überliefert; zu Beginn des 16. Jahrhunderts wurde hier ein Neubau errichtet, der am 16. Juni 1515 eingeweiht wurde. Daß seit alters St. Anna eine Wallfahrtskirche gewesen ist, ergibt sich aus der quellenmäßigen Überlieferung, daß im Frühjahr 1507 eine von Pilsen dorthin unterwegs befindliche Prozession überfallen und ausgeplündert wurde. Während der Reformationszeit war die St. Annakirche geschlossen und verfiel, bis sie 1624 durch Graf Heinrich Schlick wieder hergestellt wurde. Im Jahre 1645 wurde hier auf Bitten des Grafen Heinrich Schlick von Papst Innozenz X. die Genehmigung zur Errichtung einer Bruderschaft erteilt, die durch Kaiser Josef II. im Jahre 1784 aber wieder aufgehoben wurde. Durch Blitzschlag brannte am 21. Mai 1721 die Kirche bis auf die Grundmauern nieder und wurde alsbald neu aufgebaut, so daß im Juli 1726 die vom Brand geretteten Statuen und Bilder in feierlicher Prozession dorthin übertragen werden konnten. Nach dem ersten Weltkrieg wurde neben der St. Annakirche das Studienseminar der Redemptoristen errichtet.

Tachau

Vor dem Ausbau zu einer Stadt war Tachau inmitten eines Chodenbezirkes eine der drei Grenzburgen am Osthang des nördlichen Böhmerwaldes. Im Schutze dieser aus dem 12. Jahrhundert stammenden Burg entstand frühzeitig ein Marktflecken, der sich alsbald zu einer Stadt (1285 erstmals als solche bezeichnet) entfaltete. Reiche Privilegierungen, darunter die Verleihung der eigenen Gerichtsbarkeit im Jahre 1337, führten zur Blütezeit Tachaus in den Regierungsjahren Kaiser Karls IV. Tachau hatte Altstadt-Prager Stadtrecht, das seinerseits zum Nürnberger Stadtrechtskreis gehörte. Die Bedeutung der Stadt zu ihrer Blütezeit beruhte auf der verkehrsgünstigen Lage an der Handelsstraße vom Westen über Pilsen nach Prag. Nach Verlegung der Tachauer Zollstätte nach Weiden zu Ende des 14. Jahrhunderts verlor Tachau einen wesentlichen Faktor seiner bisherigen Stellung, blieb aber weiterhin

Mittelpunkt eines Herrschaftsgebietes, das seit 1784 im Besitz der gräflichen und später fürstlichen Familie Windischgrätz war.

Den gekrönten silbernen böhmischen Löwen im roten Schild führte Tachau gleich Königsberg a. Eger als Ausdruck dafür, daß hier die erste Stadt auf dem Boden des Königreiches Böhmen berührt wurde, wenn man vom Westen hier in das Land kam. Auch im ältesten Stadtsiegel aus dem 14. Jahrhundert ist der gekrönte böhmische Löwe, hier allerdings auf allen Vieren schreitend, enthalten.

Tepl

Die Anfänge der Stadt Tepl, in deren Nähe 1193 von dem damaligen Grundherrn Hroznata das Prämonstratenserstift Tepl gegründet wurde, gehen auf einen erstmals im 12. Jahrhundert kundbar werdenden Bürgerweiler zurück, mit dem eine Zollstätte an der Handelsstraße von Westen über Eger nach Prag verbunden war. 1197 wurde dieser Ort mit allem Zugehör dem Stift Tepl übereignet, das von diesem Zeitpunkt an ohne Unterbrechung die zuständige Grundherrschaft geblieben ist. Frühzeitig zu einem Markt entwickelt, erhielt Tepl 1385 die Stadtrechte verliehen. Aus der gleichen Zeit ist zum ersten Mal der Bestand der Pfarrkirche St. Ägidius überliefert, die 1567 durch einen Umbau mit drei Türmen ersetzt und 1797 zur Dekanalkirche erhoben wurde. Der Ackermanndichter Johannes von Schüttwa, später Stadtschreiber in Saaz und Notar in Prag, nannte sich zeitweilig von Tepl. In neuerer Zeit wurde Tepl Sitz eines Bezirksgerichtes (1849) und einer Bezirkshauptmannschaft (1868).

Unter den Köstern des Egerlandes war das Prämonstratenserstift Tepl das bedeutsamste. Es wurde von dem Adeligen Hroznata im Jahre 1193 gegründet. Die Klosterkirche, eine dreischiffige romanische Hallenkirche mit Merkmalen des Übergangs zur Frühgotik, wurde 1232 in Anwesenheit des Königs Wenzel eingeweiht. Ihre Innenausstattung und das Poral sind barock. Das Konventgebäude wurde 1689 von Christoph Dientzenhofer erbaut. Die Bedeutung des Stiftes Tepl beruhte im Mittelalter auf einer weit ausgreifenden Kolonisation, wodurch es sich die Grundlagen seines reichen Grundbesitzes schuf, seit dem 16. Jahrhundert vor allem auf den speziellen Leistungen für Wissenschaft und Erziehung und während der Jahrhunderte von der Gründung bis zur Gegenwart auf der seelsorglichen Betreuung eines weiten Umkreises. Im 19. Jahrhundert wurde das Kloster durch Abt Reitenberger zum Gründer der Weltkurstadt Marienbad. Die reichhaltige und in vielen einzelnen Kostbarkeiten wertvolle Stiftsbibliothek sowie das umfangreiche Klosterarchiv unterstreichen die Bedeutung Tepls als Kulturstützpunkt. Nach dem Zusammenbruch kam ein Großteil des Konvents zunächst in das 1921 von Tepl aus wiedererrichtete Kloster Speinshart/ Oberpfalz und am 26. Mai 1949 hielt der ausgewiesene Konvent seinen Einzug im Kloster Schönau im Rheingau.

Das Wappen der Stadt Tepl wurde im Jahre 1503 von König Wladislaw II. verliehen. Die drei Hirschgeweihe beziehen sich auf Hroznata, den Gründer des Stiftes Tepl, das mit der Stadt Tepl das gleiche Wappen führte, gelegentlich mit der Unterscheidung, daß auf dem städtischen Wappen eine fünfzackige Mauerkrone und auf dem stiftischen Wappen Mitra, Krummstadt und Doppelkreuz aufgesetzt waren.

Theusing

ursprünglich zum Besitz des Prämonstratenserklosters Mühlhausen im südlichen Böhmen gehörend, wurde 1437 an Jakob von Wrzesowitz verpfändet. Dessen Sohn Johann baute die hier um 1200 gegründete Propstei zu einer Burg um. Infolge seiner Parteinahme für König Georg von Podiebrad hatten seine Besitzungen unter Kriegseinwirkungen stark zu leiden. Dabei wurde auch die benachbarte damalige Stadt Uittwa zerstört (1466) und ein erheblicher Teil der Bevölkerung 1469 nach Theusing übersiedelt. So erweiterte sich dieser Ort planmäßig zu einer Stadt. Nach dem Erwerb der Herrschaft durch Heinrich III. von Plauen (1485) wurde Theusing Mittelpunkt der böhmischen Besitzungen dieses sächsischen Adelsgeschlechtes, kam dann nach einer Zwischeninhabung an den Herzog von Sachsen-Lauenburg, weiters in markgräflich Badenschen Besitz und schließlich (1813) gleich Petschau in den Besitz des Herzogs Beaufort-Spontin. Die Schuh- und Filzschuherzeugung war durch Generationen ein Haupterwerbszweig, der nach dem 1. Weltkrieg fabriksmäßige Erweiterungen erfuhr. Auch durch große Mühlen- und Brettsägebetriebe gewann Theusing in den letzten Jahrzehnten an Bedeutung.

Das am 19. September 1500 verliehene Wappen von Theusing vereinigt das 1478 verliehene ältere Wappen (in Gold ein geharnischter Rechtsarm, das aus dem Uittwaer Wappen übernommene rote Herz haltend) mit dem goldenen rotbekrönten Plauenschen Löwen auf schwarzem Grund.

Tschernoschin

an der Straße von Eger nach Prag im Bezirk Mies gelegen, besteht im wesentlichen aus den längs eines langgestreckten Straßenmarktes gruppierten Häusern. Die in der Mitte des Marktplatzes auf einer Anhöhe stehende Pfarrkirche, um die bis zum Ende des 18. Jahrhunderts ein Friedhof gelegt war, ist bereits 1374 urkundlich bezeugt und war ursprünglich dem hl. Nikolaus geweiht. Im Jahre 1611 brannte sie ab und wurde nach dem Wiederaufbau im Jahre 1614 dem hl. Georg geweiht. An ihrer Stelle wurde in den Jahren 1711 bis 1736 auf Kosten des Grafen Prosper von Sinzendorf das bis in die Gegenwart erhaltene Gotteshaus erbaut. Im Jahre 1541 wurde Tschernoschin auf Veranlassung des damaligen Grundherrn Kru-

schina von Schwanberg zum Marktflecken erhoben. In der Gegenwart war der mittlerweile zu einer Stadt gewordene Ort bekannt durch seine Schuherzeugung.

Das vermutlich aus der Mitte des 16. Jahrhunderts stammende Wappen von Tschernoschin, in Rot auf grünem Schildfuß ein rechtsgewendeter weißer Schwan, ist das Familienwappen der Herren von Schwanberg und bezieht sich auf die Grundherrschaft, der Tschernoschin die Markterhebung verdankt.

Tuschkau

wird erstmals im Jahre 1186 als ein zum Benediktinerkloster Kladrau gehöriges Dorf erwähnt und entwickelte sich im 13. Jahrhundert zu einem Marktflecken. Im Jahre 1545 erfolgte die Stadterhebung durch König Ferdinand I. Das Patronatsrecht über die Pfarrkirche stand den Äbten des Klosters Kladrau zu, während die Grundherrschaft wiederholt wechselte. Im Jahre 1370 wurde die Pfarrei durch das Kloster Kladrau in eine Propstei umgewandelt. Die Kirche selbst, Johannes dem Täufer geweiht, wurde durch häufige Umbauten bis zum Ende des 17. Jahrhunderts vielfach verändert und dann in den Jahren 1777/78 durch den bis zur Gegenwart erhaltenen Neubau ersetzt. Das Pfarrhaus, ein barocker Bau aus der ersten Hälfte des 18. Jahrhunderts, diente den Pröpsten von Kladrau als Sommersitz.

Das zugleich mit der Stadterhebung im Jahre 1545 verliehene Wappen von Tuschkau nimmt mit dem im vorderen Teil enthaltenen halben schwarzen Adler in silbernem Grund auf den damaligen Grundherren Swihovsky von Riesenberg Bezug.

Tüppelsgrün

Das Dorf, in der alten Lautung „Dippolzgrun" geschrieben, zählt zu den zahlreichen, am Südhang des Erzgebirges zur Eger zu während des mittelalterlichen Siedlungsbaues entstandenen Grün-Orten. Im Elbogener Urbar der Grafen Schlick von 1525 sind hier 2 Höfe, 13 Halbhöfe, 1 Dreiviertelhof und 3 Herbergen, insgesamt 10 Höfe mit 19 „Mannschaften" (Anwesenheitsbesitzer) ausgewiesen; zur

Mitte des 19. Jahrhunderts standen hier 73 Häuser mit 427 Einwohnern (1939: 785 Einwohner). Die Pfarre St. Michael war zunächst eine Filiale von Lichtenstadt und wurde 1775 von der Markgräfin Elisabeth Augusta von Baden, der damaligen Besitzinhaberin der Herrschaft Schlackenwerth, zu der Tüppelsgrün bis 1819 gehörte, in eine Lokalie umgewandelt. Die Kirche selbst wurde 1786 von Grund auf neu erbaut. Im 19. Jahrhundert war Tüppelsgrün der Mittelpunkt einer selbständigen Herrschaft, zu der außerdem Zettlitz, Altrohlau, Ottowitz, Schankau, Sittmesgrün, Spittengrün, Edersgrün und Ruppelsgrün gehörten. Die Gewinnung von Porzellanerde und Braunkohle in diesem Landschaftsbereich bestimmte in neuerer Zeit die Wirtschaftsstruktur des Ortes, der durch das großzügig angelegte Strandbad häufig von Karlsbad und Joachimsthal aus aufgesucht wurde.

Uittwa

gehörte ursprünglich zu den Besitzungen der um 1200 vom Prämonstratenserkloster Mühlhausen errichteten Propstei Theusing, war zugleich eine Zollstätte an dem für das Mittelalter bedeutsamen Handelsweg über Eger und Luditz nach Prag und dürfte deshalb frühzeitig zu einer städteartigen Entwicklung gekommen sein. Allein bereits im 14. Jahrhundert geriet der Ausbau der Siedlung ins Stocken, vermutlich infolge der Privilegierung der „Königsstraße" von Eger längs des Egergrabens über Rodisfort, Kaaden und Saaz nach Prag. Nach der Übernahme der inzwischen aus dem Propsteigut gewordenen Grundherrschaft Theusing durch die Herren von Wrzesowitz (1437) wurde Uittwa 1466 in einer Fehde mit König Georg von Podiebrad zerstört. Wenige Jahre später ist ein beträchtlicher Teil der Bevölkerung Uittwas in das benachbarte Theusing umgesiedelt worden, das damit zur Stadt wurde. Der zugrunde gerichtete Ort blieb weiterhin Markt, der im 16.

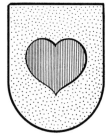

Jahrhundert bereits wieder von allen Orten der Umgebung mit den höchsten Abgaben an den Grundherrn belegt war. 1608 und 1658 wurden die Marktrechte neuerdings bestätigt. Im 19. Jahrhundert war Uittwa ausgesprochener Musikort.

Das Wappen des Marktfleckens Uittwa, das noch aus der Zeit vor 1466 stammt, zeigt in Gold ein rotes Herz. Dieses Uittwaer Wappen wurde dann nach der erwähnten Umsiedlung der Bevölkerung nach Theusing mit in das Wappen dieser Stadt übernommen.

Unterreichenau

Das Dorf Reichenau zur Pfarrgemeinde Falkenau gehörig und 1309 erstmals urkundlich belegt, war bereits im 15. Jahrhundert (1454) in Ober- und Niederreichenau, seit der zweiten Hälfte des 16. Jahrhunderts dann Unterreichenau geheißen, geteilt. Mit Beginn des 19. Jahrhunderts veränderte der Kohlenbergbau die Struktur des Dorfes, in welchem noch bis 1870 viel Hopfen gebaut wurde, erheblich. Zunächst wurde die hier vorgefundene Braunkohle von einzelnen Hofbesitzern gewonnen; durch die Erwerbung eines 1813/15 errichteten Kohlenwerkes durch Johann David Starck im Jahre 1833 entwickelte sich der Abbau der Braunkohlenflöze in Unterreichenau, Haselbach und Zwodau zu einem industriellen Unternehmen. Zudem waren vorher von Joh. David Starck zwölf Rußöfen zur Gewinnung von Oleum in Betrieb benommen worden. Wegen seiner Verdienste um die Industrialisierung im nordwestlichen Böhmen wurde Joh. David Starck 1836 geadelt und seine Familie 1873 in den Freiherrenstand erhoben. Die fortschreitend sich erweiternden bergbaulichen und industriellen Unternehmen wurden 1888 in die „Montan- und Industrialwerke, vormals Joh. David Starck" mit dem Sitz in Unterreichenau umgewandelt. 1901 übernahm deren Leitung die Kohlenhandelsfirma J. Petschek, Prag/Aussig, durch die auch die von der Familie Radler aufgebauten Kohlenwerke in das große Werk übernommen wurden.

Waltsch

ist bereits im 14. Jahrhundert, und zwar in den libri confirmationum zum Jahre 1538 als Pfarrdorf bezeugt. 1511 erhielt der Ort durch König Wladislaw die Marktrechte verliehen. In der Privilegienbestätigung des Kaisers Franz (um 1820) wird Waltsch als eine Stadt bezeichnet. Die Grundherrschaft, die im einzelnen seit dem 14. Jahrhundert verfolgt werden kann, wechselte oftmals; es sind die Duppauer, die Riesenburg, die Wrzesowitz, dann die Grafen Leißnig bezeugt, von 1571 bis zum 18. Jahrhundert waren die Stampach von Stampach die Grundherren, dann Graf Limburg-Styrum und dessen Nachkommen in der weiblichen Linie, von 1798 – 1890 die Familie Korb von Weidenheim und von da an die Grafen Thurn-Valsassina. In den dreißiger Jahren erwarb die Herrschaft Graf Larisch-Mönnich. Waltsch war bekannt durch einen vorzüglichen Obstbau, insbesondere Kirschen.

Das Wappen des Marktfleckens Waltsch wurde auf Verwendung Jakobs von Wrzesowitz im Jahre 1514 von König Wladislaw ver-

liehen. Es zeigt in rotem Schild auf grünem Schildfuß einen silberner Zinnenturm mit offenem Tor und hochgezogenem Fallgitter. Mit der Verleihung des Wappens erhielt der Marktflecken auch das Recht zugebilligt, mit grünem Wachs zu siegeln.

Weißensulz

war mit seinem Schloß der eigentliche Amtssitz der Fideikommißherrschaft zu Heiligenkreuz. Deren ältere Besitzer sind nicht bekannt; zu Ende des 17. Jahrhunderts waren die Grafen von Lammingen, dann über die Gräfin Anna Theresia von Metternich (gest. 1712) die Grafen Zucker von Damfeld die zuständigen Grundherren. Durch weibliche Erbfolge kam die Herrschaft zu Beginn des 19. Jahrhunderts an die Freiherren Kotz von Dobrsch. Als Amtsort der Herrschaft war Weißensulz der Sitz des Direktorial- und Steueramtes und hatte ein herrschaftliches Bräuhaus mit Branntweinbrennerei, einen herrschaftlichen Maierhof mit Schäferei, sowie etliche Mühlen. Die Kirche zur Hl. Mutter Jesu wurde 1691 von der Gräfin Anna Theresia von Metternich und anderen Wohltätern erbaut und im Jahre 1786 zur Pfarre erhoben.

Weseritz

wird urkundlich erstmals im Jahre 1227 erwähnt, doch gehörte der Ort zu jenem Gebiet, das in einer Schenkungsurkunde des Böhmenherzogs Friedrich vom Jahre 1183 als das Rodeland „Jerusalem" bezeichnet wurde. Als Dorf verblieb Weseritz in der älteren Zeit im Besitz verschiedener Grundherren. Gegen Ende des 14. Jahrhunderts, als das Herrschaftsgebiet, dem Weseritz zugehörte, durch Kauf an die Herren von Kolowrat kam, hob sich der Ort gegenüber seiner Umgebung heraus und wurde 1459 auf Verwendung von Johann von Kolowrat durch König Georg von Podiebrad zur Stadt erhoben. Seither war Weseritz eine grundherrliche Stadt und wurde zur Mitte des 19. Jahrhunderts zugleich Sitz eines Bezirks(Amts)gerichtes der neu errichteten Bezirkshauptmannschaft Plan und 1868 der Bezirkshauptmannschaft Tepl zugeteilt.

Im Wappen von Weseritz erscheint das Kolowratsche Familienwappen auf der Lanzenfahne und angedeutet im Schild des geharnischten Ritters als wichtiges Wappenelement, weil dieses Geschlecht von 1390 bis 1540 die zuständige Grundherrschaft gewesen ist.

Wickwitz

Am östlichen Rand des Egerländer Stammesgebietes liegt das Dorf Wickwitz, dessen Name erstmals 1226 kundbar wird. Sicherlich ist sein Ursprung aber in noch frühere Zeit zu setzen. Das Dorf gehörte, soweit die schriftlichen Quellen zurückreichen, zum Welchauer Gebiet des Prämonstratenserinnenklosters Doxan und kam 1726/27 allerdings nicht wie die übrigen Dörfer dieses Gebietes zur Herrschaft Hauenstein, sondern zur Herrschaft Schlackenwerth, die damals im Besitz der Markgrafen von Baden gewesen ist. Die ursprünglich ausschließlich ländliche Siedlung erfuhr in der Zeit der Industrialisierung insofern eine Veränderung ihrer Wirtschaftsstruktur, als die Porzellanfabriken in Jokes und Schlackenwerth Anziehungspunkte für einen Teil der Bewohnerschaft als Fabrikarbeiter wurden und in Wickwitz selbst sich Industriebetriebe (Farbwerke) ansässig machten. Auch auf die Ortsbevölkerung, die noch die Egerländer Mundart sprach, während in den benachbarten Orten ostwärts die nordwestböhmische Mundart heimisch war, hier also oberdeutsches mit mitteldeutschem Sprachgebiet zusammentraf, wirkte sich dieser Strukturwandel im einzelnen aus.

Wiesengrund

im Jahre 1939 so umbenannt, ist als Dobrzan seit dem Jahre 1259 urkundlich belegt. Die älteste urkundliche Erwähnung steht im Zusammenhang mit der Schenkung des Präsentationsrechtes für die Kirchen St. Niklas und St. Veit an die Magdalenerinnen des Augustinerordens. Im Jahre 1272 ist Dobrzan als ein Marktflecken und 1282 als eine Stadt bezeugt. Bereits seit dem letzten Viertel des 13. Jahrhunderts bestand eine enge grundherrliche und kirchliche Bindung zum Kloster Chotieschau, die bis 1804 anhielt; von diesem Zeitpunkt an war dann für die kirchlichen Belange das Stift Tepl zuständig, während die Landstadt, die in der Gegenwart der Sitz einer Landesirrenanstalt war und wirtschaftlich im Einflußbereich von Pilsen lag, weiterhin zur Klosterherrschaft Chotieschau gehörte.

Die drei Hirschgeweihe im Wappen von Wiesengrund deuten auf die jahrhundertelangen Beziehungen zum Kloster Chotieschau. Das Stadtwappen ist bereits in dem aus dem 16. Jahrhundert stammenden Siegel mit der Unterschrift Sigillum Matjus Civitatis Dobrzanensis überliefert.

Wildstein

im Jahre 1905 als Mittelpunkt der Ton- und Chamotteindustrie zur Stadt erhoben, entwikkelte sich im Anschluß an die in der staufischen Periode entstandene Burg gleichen Namens, die urkundlich erstmals 1225 bezeugt ist. Hier saßen zunächst die aus der Oberpfalz stammenden Nothaft, die auch anderwärts im Egerer Gebiet große Besitzungen hatten, aber schon zu Ende des 13. Jahrhunderts Wildstein an die Rabe von Mechelsgrün verkauften. Diese betrieben von hier aus im 14. Jahrhundert den weiteren kolonisatorischen Ausbau, insbesondere durch die Gründung der Burg Altenteich und der dazu gehörigen Herrschaft, die auch in der Gegenwart wieder mit der Herrschaft Wildstein vereinigt war. Bis in unsere Zeit hat sich die alte Burg erhalten, die seit der Mitte des 19. Jahrhunderts der Sitz des Bezirks(Amts)gerichtes war.
Die Stadt Wildstein führte keine eigenes Stadtwappen.

Wscherau

ist als Siedlung in Anlehnung an eine ältere Burg, deren Spuren auf der Anhöhe bei der St. Martinskapelle noch in der Mitte des 19. Jahrhunderts erkennbar waren, entstanden. Als älteste Besitzer werden die Herren Kokorzowetz von Kokorzowa genannt, dann zur Mitte des 15. Jahrhunderts die Herren von Guttenstein und im 16. Jahrhundert wiederum die zuerst erwähnte Adelsfamilie. Von den Grundherren erhielt Wscherau wiederholt Privilegien verliehen, die noch 1781 von Maria Theresia, 1786 von Kaiser Josef II. und 1802 von Kaiser Franz bestätigt worden sind. Wscherau ist der Geburtsort des weit über die Heimatgrenzen berühmt gewordenen Bildhauers Franz Metzner.

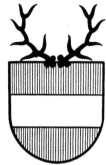

Das Wappen von Wscherau stammt vermutlich aus dem 16. Jahrhundert. Es ist ein roter Schild mit silbernem Balken und einem schwarzen Hirschgeweih am oberen Schildrand, das auf die Herren von Guttenstein zurückweist.

Zettlitz

In frühester Zeit war Zettlitz der Sitz eines zum Archidiakonat Saaz gehörigen Dekanats, also ein wichtiger Stützpunkt in der kirchlichen Organisation, und zugleich ein bedeutender politischer Mittelpunkt für einen weiten Strich der umliegenden Landschaft. Obwohl noch im 12. Jahrhundert die Funktionen der weltlichen Gebietsuntergliederung nach dem nahen Elbogen übertragen wurden, wodurch Burg und Stadt Elbogen für Jahrhunderte eine besondere Bedeutung im Egerland gewannen, blieb Zettlitz bis etwa in das 15. Jahrhundert ein Vorort des kirchlichen Aufbaues. Im Jahre 1240 wurde das Zettlitzer Kirchspiel samt Patronatsrecht der Obhut des Kreuzherrenordens übergeben. Damals war Zettlitz auch Mutterkirche für die Burgkapelle in Elbogen und die Kirche in Königswerth und noch im 14. Jahrhundert unterstellte Kaiser Karl IV. die Kirche des damals gegründeten Karlsbad der Kirche in Zettlitz, das schon um diese Zeit auch ein Wallfahrtsort gewesen ist. Während der Jahre 1567 bis 1624 war Zettlitz lutherisch und wurde nach Durchführung der Gegenreformation wieder dem Kreuzherrenorden übergeben. Die St. Anna-Kirche, 1694 durch bischöfliches Dekret eigens als Wallfahrtsort erklärt, erhielt ihr heutiges Aussehen durch den Neubau im Jahre 1738, zu dem im Jahre 1800 das Gebäude des Pfarrhofes hinzukam, und durch die gründlichen Renovierungen in den achtziger Jahren des 19. Jahrhunderts. Die Wallfahrt zu St. Anna entwickelte sich hier seit dem 18. Jahrhundert zu einem großen Volksfest.

Zieditz

Der früheste urkundliche Beleg für Zieditz stammt aus der Zeit um 1370. Im ältesten Lehenbuch der Landgrafen von Leuchtenberg, das in der Zeit zwischen 1396 und 1399 niedergeschrieben wurde, ist Zieditz unter jenen Dörfern im Elbogener Land verzeichnet, die von diesem oberpfälzischen Geschlecht zu Lehen gegeben wurden. Nach einer Zwischenübergabe an die Burggrafen von Meißen vor der Mitte des 16. Jahrhunderts erwarb Graf Wolf Schlick mit mehreren Orten und Zinshöfen auch Zieditz, das damit seit 1553 zur Herrschaft Falkenau gehörte. Gemeindemäßig war Zieditz ursprünglich Königswerth eingegliedert, später dann Theußau und Unterreichenau, und wurde erst 1886 eine selbständige Gemeinde. Durch den Braunkohlenbergbau im Maier-Werk (Zieditz-Haberspirker Braunkohlengewerkschaft) und in der Fischer-Glanzkohlenzeche (C.W. Weinkauf), sowie in den

Nachbarorten Maierhöfen und Buckwa (Wiener Kohlen- und Industrieverein) nahm Zieditz seit der zweiten Hälfte des 19. jahrhunderts eine rasche wirtschaftliche Aufwärtsentwicklung, für die auch die Errichtung der Eisenbahnlinie von Eger nach Karlsbad im Jahre 1870 und weiter nach Prag sehr förderlich gewesen ist, 1930 erhielt Zieditz eine Filialkirche, die der hl. Kreuzerhöhung geweiht war und jeweils von einem Kaplan der Erzdechantei Falkenau betreut wurde.

Zwodau

seit 1903 ein Marktflecken, wird urkundlich erstmals im Jahre 1454 erwähnt und gehörte seit 1553 zur Herrschaft Falkenau. Kirchlich war Zwodau bis 1843 nach Lanz eingepfarrt, kam dann zur Pfarre Falkenau und wurde 1925 mit seiner der Unbefleckten Empfängnis Mariens geweihten Kirche selbständige Pfarrei. Durch Zwodau führte vor der Zeit der Industrialisierung die Poststraße von Erfurt über Asch, Maria Kulm nach Karlsbad und Prag; es war hier bis 1831 auch eine Poststation eingerichtet, in der Johann Wolfgang von Goethe auf seinen Reisen von Weimar nach Karlsbad wiederholt abgestiegen ist und öfter übernachtete. Das ursprünglich ländliche Gebiet, in welchem noch bis zum Beginn der sechziger Jahre Hopfengärten standen, wurde durch die Industrialisierung umgeformt. 1830 errichtete Johann David Starck in einem Ortsteil von Zwodau eine Oleum-Fabrik, die nachmalige Kolonie Davidsthal, und am Haselbacher Berg einen Schacht zur Gewinnung der hier anstehenden Braunkohle, die sowohl im Tief- wie im Tagbau gefördert wurde. Die Mariahilf- und Mathiaswerke, vordem nach dem Erstbesitzer „Lausmannswerk" oder nach dem Zweitbesitzer „Peterwerk" genannt, wurden 1940 von den Montanwerken Unterreichenau übernommen und stillgelegt. 1920 war in Richtung Außenhof-Falkenau der Medardi-Tagbau erschlossen worden.

Städte und Stätten des Egerlandes im Bild

Ansicht des Egerer Stöckls.   *Nach einer handkolorierten Postkarte.*

Die Kaiserpfalz in Eger.   *Nach einer Fotografie.*

Der Hirschsprungfelsen bei Karlsbad. *Nach einer kolorierten Postkarte.*

Die Kreuzstraße im Weltbad Karlsbad. *Nach einer Fotografie.*

Das Kaiserbad in Karlsbad. *Nach einer historischen Postkarte.*

Die Sprudelkolonnade in Karlsbad.   *Nach einer Grafikpostkarte.*

Die Promenade beim Mühlbrunn in Karlsbad.   *Nach einer historischen Fotografie.*

Der Kurort Gießhübl Sauerbrunn bei Karlsbad. *Nach einer kolorierten Postkarte.*

Marienbad, Unterer Ferdinandbrunnen (Ursprung). *Nach einer Fotografie.*

Das Café „Rübezahl" in Marienbad.   *Nach einer alten Fotografie.*

Das Kurhaus in Franzensbad.   *Nach einer alten Fotografie.*

Elbogen an der Eger. *Nach einer original Steinzeichnung.*

Der Marktplatz in Elbogen. *Nach einer historischen Fotografie.*

Gesamtansicht der Stadt Asch. *Nach einer Postkarte von 1928.*

Seeberg bei Eger, Burgeingang. *Nach einer Korrespondenzkarte von 1937.*

Die Kirchengasse in Luditz.   *Nach einer kolorierten Postkarte von 1927.*

Petschau um 1860.   *Nach einer gedruckten Lithographie.*

Die Wallfahrtskirche Maria Kulm. *Nach einer alten Fotografie.*

Gesamtansicht von Maria Kulm. *Nach einer historischen Fotografie.*

Das Kloster Tepl. *Nach einem historischen Gemälde*

Herz-Jesu-Statue im Klostergarten zu Chotieschau.